改訂版

ジェンダー・スタディーズ

Gender Studies

女性学・男性学を学ぶ

牟田和恵＝編

大阪大学出版会

ジェンダー・スタディーズへの招待
——序にかえて

「ジェンダー」の起源

　「ジェンダー」という言葉、すでに知っている人が多いでしょう。この10年くらいで、日本でもずいぶん浸透してきた言葉です。

　この語の原語 gender はもともと、ドイツ語・フランス語などにある女性名詞・男性名詞などの文法上の「性」を表す語ですが、1960年代後半からの世界的な女性解放運動（ウーマンリブ。20世紀初頭の婦人参政権獲得運動を第一波フェミニズム運動というのに対し、この女性解放運動を第二波フェミニズム運動と呼びます）の進展のなかで、この語に新たな意味が加えられました。日本語や英語には文法上の性はないので、これらの外国語を学んだことがないと、モノの名前に男や女の性があるというのはピンとこないかもしれませんが、その言語を幼い時から母国語として身につけ話す人にとっては、ある単語が「女性」であったり、「男性」であったりするのは、当たり前で「必然」のように感じられます。しかし、実のところ、語の指し示す事物と性には本質的な関連はなく、いわば恣意的、もっと言えばデタラメなのです。たとえば「海」はフランス語では女性名詞 la mer であるのに対し、イタリア語では男性名詞 il mare です。両国がともに接している地中海は、同一のものであるにもかかわらず、フランス語では「女」、イタリア語では「男」なわけです。

　女性解放運動のフェミニストたちは、これは、人間の性差とみなされてい

i

ることと似ているのではないかと考えました。男女の性差は、たとえば女性には子宮や卵巣があり出産する機能をもっているから、女性には「母性本能」があり子育てや家事に向いているというように、生物学的な特性を理由として考えられてきたけれども、それは本当なのか？　幼いころから、「女は女らしく」と育てられ、教育されるから（たとえば日本では、1980年代まで、中学校・高校で「家庭科」を学ぶのは女子だけでした）、女性が家事・育児に慣れるのであり、社会で活躍する機会が限定されてきたから（男女雇用機会均等法の施行は1986年になってから）、職業をもつ女性は少数派である、ということではないのか。つまり、生物学的に基礎づけられた「自然」なものとして見えている性差は、実は、文法の性が恣意的であるのと同じく、歴史的・社会的に作られてきたものに過ぎないのではないか、性差とみなされていることの多くは、生まれつきのものなのではなく、社会や文化によって生み出され刷り込まれていくものなのではないか。こうしたことをフェミニストたちは看破し、この文法用語を拡張して用いるようになりました。すなわち、生物学的性差を表す「セックス」に対し、社会的・文化的性差としての「ジェンダー」です（その後の「ジェンダー」概念のさらなる深化については第5章参照）。この用語法は、広く浸透し、日本でも政府や自治体の政策用語としても使われるようになりました。

「ジェンダー・フリー」をめぐって

　男女共同参画社会基本法の制定（1999）等も追い風となり、2000年代前半、政府や自治体も、固定的な性役割にとらわれず男女が平等に自らの個性や能力を生かして自由に生活・行動できることという意味で、「ジェンダーフリー」という概念が広がりました。

　しかしここから、この概念に対する反動も始まっていきます。「ジェンダーフリー」は家庭を破壊する、男と女の区別をまったくなくして人間を均一なものにしようとしているなどの、誤解と偏見に満ちた言説が、インターネット上を含めて、噴出しました。実際は、家庭を壊すのではなく、男女平等の視点から家族メンバーのだれにとっても望ましい家族を作ろうというのが

ジェンダー・スタディーズへの招待

ジェンダーフリーの立場ですし、「男と女の区別をなくす」のではなく、人間の個性は「男」「女」のたった二種類ではなく、もっと多様であることを実現しようとするのがジェンダーフリーであるにもかかわらず、こうした誤解と偏見に満ちた「ジェンダーフリー・バッシング（叩き）」は、結構な勢力となり、残念なことにこうした誤解が一般にも少なからず広まってしまいました。今でも、インターネットで「ジェンダーフリー」を検索すると、バッシング派の情報がたくさん上がってきてしまいます。

　その状況を改めていくためにも、本書のいくつかの章では、「ジェンダーフリー」という表現を積極的に用いています。本書では他にも、ジェンダー・センシティブ（ジェンダーに敏感であること）、ジェンダー平等志向などの表現も用いていますが、いずれにしろ、男女平等を志向し、かつ、人の多様性を男／女のたった二種類に切り縮めることに反対する姿勢は共通しています。

女性学・男性学、そしてクイア理論

　「女性学　women's studies」も、第二波フェミニズム運動のなかで生まれました。これまでの学問研究と知のあり方が、無意識のうちにも、男性の視点に偏っていたことを発見・批判し[1]、女性の視点にたって、つまり、ジェンダーに敏感になって、問い直していこうとするものです。アメリカでは1970年代から、日本でも80年代以降、大学で「女性学」の科目や講座が設けられるようになりました。本書の各章にみられるように、さまざまな領域にわたって、ジェンダーの視点を生かした学問研究が盛んになりました。

　女性学が発展するなかで、ジェンダー視点にたつ学問研究は、さらに豊かになっていきました。男性中心社会とはいえ、すべての男性がつねに優遇されている、男性には何の不利益もない、などということでは決してありません。むしろ、「男は女よりも強く優れているべきだ」「～できないのは男ではない」というような、男性に対する押し付けや抑圧はさまざまな面で存在し、男性の生を生きにくいものにしています。そうした認識が、男性の生き方を問い直し男性の解放をめざす、男性学（men's studies）を生みました。

　また、同性愛者解放運動のなかからは、ゲイ・レズビアンスタディーズが

生まれ、それらは、トランスセクシュアルやトランスジェンダーの人々の運動も含めた展開のなかで、クイア理論（queer theory）と総称されるようになる、新たな思考・知的取り組みに発展しています。クイア理論とは、異性愛と性別二分法を「自然」「ノーマル」とみなしてきた思考に異を唱え、セックス／ジェンダー／セクシュアリティの関係や、「性」と「生」の社会的基盤について、批判的かつ学際的に問い直していこうとする試みです。この思潮は、これまでの「ジェンダー」の考え方を一層深めることにもつながりました。

　本書は、女性学から始まって現在進行形で発展している、こうしたジェンダーにかかわる知・学びのスタイルを紹介し共有しようとするものです。

基礎知識の習得

　ジェンダー・スタディーズの入門書である本書のねらいとするところは、具体的には以下のとおりです。

　まず第一には、現代を生きるための「ジェンダー」にかかわる基礎知識を獲得することです。現代社会では、女性にとっても男性にとっても、かつての期待されていた役割は変動し、当然とされてきた「慣習」に変化が現れ、何が「常識」なのかも変わってきています。たとえば、「セクハラ」は、かつては職場でありがちな仕方のないことで済まされていたのが、不当な人権侵害・労働権の侵害であるとみなされるようになり、「ドメスティック・バイオレンス（DV）」は、たんなる夫婦喧嘩だと見逃されたり、さらには夫としての権利だと正当化さえされていたのが、刑法犯罪にもあたる暴力であると認識されるようになり、それぞれ防止のための法規ができました。男女雇用機会均等法（1986）、男女共同参画社会基本法（1999）ほか、日本社会全体の政治経済に大きくかかわる法や制度も次々と生まれています。こうした変化の激しい状況のなかで、学生として、将来の社会人・家庭人として、知っておくべきこと・学んでおくべきことは多くあります。また、他方、議員クオータ制[2]のように、諸外国ではすでに取り入れられている新しい法や制度で日本ではまだ実現が遠いようなものもたくさんあります。グローバル

化する世界の一員として、私たちは諸外国の状況に学び役立てていく必要があるでしょう。本書の各章は、こうしたニーズにこたえるべく、構成されています。

しかし、そうしたことがらも、単なる表面的な知識として得るだけでは何もなりません。その背後にある考え方や歴史、思想を知ることなしには、意味が薄いでしょう。その点、本書は、より深い考察に至ることができるようにしたつもりです。

そして、強調しておきたいのは、こうしてジェンダーについて学ぶのは、知識を得ること自体が目的なのではなく、また、「女性の権利」のためだけでもなく、すべての人々の権利と尊厳のために、ということです。女性学は、女性差別とたたかい、人間としての解放をめざして発祥しましたが、いま女性学とジェンダー・スタディーズの射程は、「女の問題」を超えて、人が自由に生きられる社会の仕組みや構造と、人間と人間関係のありようをラディカルに問い豊かに創造していく知の営みに成長しました。この営みから、一人ひとりの読者が、多くを汲みとっていただけることを期待しています。

学ぶよろこびと専門的知へ

第二に、日常生活のさまざまな断面から、疑問をもつこと、考えることの面白さを知ること、つまり「学ぶ」楽しさを知ることも本書の目的です。本書の多くの章では、家族や性、学校や言葉など、日常的に身近で体験しているようなことがテーマとして取り上げられています。「ささいなこと」「わかっているつもりのこと」も、ジェンダーに敏感な視点で切り込んでいくことで、興味深いことがみえてきます。ジェンダー・スタディーズをきっかけとして、学びへの新たな一歩を踏み出していただきたいと思います。

そして、より専門的な知識への入り口に立つことが本書の第三のねらいです。本書は、入門書ではありますが、身近なテーマからグローバル社会にかかわる問題まで、人文学から社会学や法学・経済学など諸学問領域にまたがる、4部13章の多岐にわたる構成で、各章はそれぞれの分野で先端的に研究を進めている研究者によって執筆されています。わかりやすい叙述を心が

けながらも、その分野で現在重要な研究についてもふれていただき、各章に付された「発展的な学びのために」「課題」によって、興味関心が生じたら、さらに高度な学びに進めるよう、工夫しています。それらを活用し、本書をきっかけとして、知の入口から、さらに深く分け入ることにつながれば、編者としてそれ以上のよろこびはありません。

(牟田和恵)

注

1) 一例を挙げるなら、多くの言語で「人間」と「男性」が同じ言葉で表される（英語では man、フランス語では homme）ことは、知の男性中心主義の象徴といえるでしょう。

2) 国会・地方議会議員など政治家や、国・地方自治体の審議会委員、公的機関の議員・委員に、一定の割合で女性やマイノリティの人数を割り当てる制度のこと。議員のクオータ制は、社会に残る男女の性差別による弊害を解消していくために、積極的に格差を是正して、政策決定の場の男女の比率に偏りがないよう女性議員の数を増やす仕組み。北欧から始まり、現在、議員クオータ制をなんらかのかたちで取り入れている国は、国・地方レベルを合わせると、80 カ国を超える。なお、「クオータ制」のクオータは quota と綴り、「割り当て、分け前、分配」の意味である。世界各国でのクオータ制の現状については、http://www.quotaproject.org/ に詳しい。

目　　次

ジェンダー・スタディーズへの招待
──序にかえて ────────────────────── i

Part I　ことば・アートとジェンダー

第1章　日本語表現に潜むジェンダー ───────── 2
　　1　言語によるコミュニケーション ……………………………… 2
　　2　日本語についてのジェンダー研究 …………………………… 3
　　3　新聞記事にみられる日本語表現の観察 ……………………… 5
　　4　外からみた日本語におけるジェンダーの問題 …………… 9
　　5　言語表現や人々の意識に潜むジェンダーから何を学ぶか … 13
　　　コラム　ジェンダーの観点から批判的に言語活動を内省する … 16

第2章　ジェンダー・リテラシーで読み解く文学 ────── 18
　　1　文学とジェンダー ………………………………………………… 18
　　2　読みのこころみ …………………………………………………… 20
　　3　文学がひらく可能性 …………………………………………… 35
　　　コラム　アニメ『攻殻機動隊』 ……………………………… 38

第3章　現代アートとジェンダー ────────── 40
　　1　女性アーティストの作品からみる現代ニッポン ………… 40
　　2　美術・視覚文化とジェンダー研究 ………………………… 48
　　　コラム　女性アーティストの本を読もう！ ………………… 58

vii

Part II　家族と性をめぐる変動と挑戦

第4章　ワーク・ライフ・コンフリクト問題
——男の「性/せい」？ ———————— 62

1　男性の立場から考える ················· 62

2　ワークとライフをめぐる歴史 ················· 64

3　短時間労働の試みとフレキシビリティ・スティグマ ··· 67

4　男らしさの神話 ················· 73

5　ワークとライフの関係性 ················· 74

コラム　ホワイトカラー・エグゼンプションと
ワーク・ライフ・コンフリクト ················· 78

第5章　多様なライフスタイルと家族 ———————— 80

1　未婚化・晩婚化—何が問題なのか ················· 80

2　家族の歴史と現在 ················· 82

3　ジェンダー家族 ················· 86

4　新しい家族の試み ················· 91

5　現代社会の変動と家族 ················· 95

コラム　専業主婦 2.0 ················· 100

第6章　セクシュアリティと日本社会 ———————— 102

1　セクシュアリティを考える—なぜ考えるのか？ ········ 102

2　性について語る—いったい何を？ ················· 104

3　性教育の「謎」 ················· 108

4　タブーとしてのセックス ················· 109

5　グローバル社会での日本人の性 ················· 114

6　「道徳的本質主義」のしくみ ················· 117

コラム　「セックスの社会的用法」 ················· 121

第7章 「性別」は「女と男」ではない
　　　──多様な性の混沌を捕捉する ─────── 122

　　1　「性別」って何だろう？ ……………………………… 122

　　2　「性別違和」と性的少数者 ………………………… 125

　　3　問題は「社会で」起きている ……………………… 128

　　4　多様な性の深淵を探る ……………………………… 131

　　コラム　ミッキーマウスはミニーマウスと同一人物!? …… 139

Part III　ジェンダー視点で考える社会制度・福祉

第8章　教育とジェンダー
　　　──歴史と今をみつめる ───────── 142

　　1　教育を受ける権利とジェンダー　………………… 142

　　2　ジェンダーの視点からみた近代日本教育史 ……… 146

　　3　現代の学校教育とジェンダー秩序 ……………… 152

　　4　変わっていく学校、変わっていく社会 ………… 155

　　コラム　学力調査にみる性差 ……………………… 158

第9章　年金とジェンダー ───────────── 160

　　1　ジェンダーと社会保障法 ………………………… 160

　　2　老齢年金にみる女性の年金 ……………………… 163

　　3　遺族年金にみるジェンダー ……………………… 170

　　コラム　遺族補償年金男女格差違憲訴訟 ………… 176

ix

第10章　高齢者介護とジェンダー ——————————— 178

　1　介護とジェンダー——誰が介護し、誰が払うのか ……… 178

　2　ジェンダーの視点からみた戦後の福祉国家 …………… 180

　3　家事使用人の歴史と女性の貧困 ……………………… 182

　4　日本の在宅介護の展開——主婦を福祉の担い手に …… 184

　5　ホームヘルパーの仕事——主婦の兼業職から専門職へ … 187

　6　「再家族化」「市場化」「私費購入化」のなかで ………… 189

　7　日本も「再家族化」「市場化」「私費購入化」か？ …… 192

　　[コラム]　ジェンダー平等を測る取り組み
　　　　　　　—日本は17位、それとも102位？ ………………… 196

Part IV　グローバル社会とジェンダー

第11章　刑法の国際化とジェンダー ——————————— 200

　1　刑法とジェンダー ……………………………………… 200

　2　日本の刑法の後進性 …………………………………… 201

　3　欧米先進国の刑法 ……………………………………… 208

　4　フランス刑法の先進性 ………………………………… 210

　5　刑法の国際化とジェンダー平等の実現 ……………… 213

　　[コラム]　児童ポルノ・わいせつ物頒布等罪と表現の自由 … 216

第12章　「従軍慰安婦」問題 ————————————————— 218

　1　河野談話 ………………………………………………… 218

　2　「慰安婦」問題の解決から遠ざかる日本 ……………… 220

　3　「慰安婦」問題の解決を妨げる女性蔑視 ……………… 225

　4　日本人「慰安婦」——3人の人の語りに耳を澄ませる … 229

　5　「慰安婦」問題の解決に向けて ………………………… 233

　　[コラム]　「祖国と女達」（従軍慰安婦の唄） ………………… 236

第13章　女性差別撤廃条約と人権 ——————————— 238

　　1　人権保護のための条約の意義 ……………………… 238

　　2　人権の国際的保障 ……………………………………… 239

　　3　女性差別撤廃条約の概要 ……………………………… 244

　　4　女性差別撤廃条約の批准と国内法整備 ……………… 249

　　5　女性差別撤廃委員会による日本の報告書の審議 ……… 251

　　6　女性差別撤廃条約の意義 ……………………………… 255

　　コラム　女性差別撤廃条約と専業主婦 ……………………… 259

執筆者紹介 —————————————————————— 260

xi

Part 1

ことば・アートと
ジェンダー

第1章

日本語表現に潜むジェンダー

1 言語によるコミュニケーション

　人々は日々さまざまな背景をもつ相手と言語を用いてコミュニケーションを行い、メッセージの発信と受信を行っている。家庭や学校のなかで、職場や地域社会において、また、テレビや新聞などのメディア、さらには国境を超えたインターネットを通じて、熟知しない相手の場合も含め、何らかのメッセージのやり取りを行うことが増えている。昨今では、大学や職場で一般に用いられるEメールだけでなく、SNSといった比較的新しい媒体によるコミュニケーションも、頻繁に行われるようになった。

　このように、言語を用いて特定の相手と意思疎通を行う場合、あるいは不特定多数の相手にメッセージを送る場合にも、その目的とともにメッセージの話題や媒体に合わせて、適切に表現を選択する必要がある。そのなかで、注意すべき重要な点の一つは、聞き手・読み手への配慮ある態度が求められるということである。発信者である話し手・書き手が、まったく意図していなくとも、配慮を欠く言動があれば、その受信者は、無礼であると考えたり、不愉快な思いをしたりする。さらには、傷つくか侮辱を受けた、差別的だと反応する可能性もある。

　本章では、そのような問題を生じさせる言動について、ジェンダーの観点から、日本語における多様な表現とその運用を批判的（critical）に分析する。その際には、メディアの例として新聞記事の表現を取り上げるとともに、日

2

本語を母語あるいは外国語として用いる人々のコメントも引用し、ジェンダーにかかわる日本語使用の意識についても、それらを取り巻く社会や文化などの多様な視点から探ってみたい。

2 日本語についてのジェンダー研究

英語圏では、1960 年代のフェミニズム運動から女性のことばに関する研究が始まっている（湯川・斉藤 2002）。その後、Lakoff（1975）が英語における男女差（使用語彙の差異や、女性による断定表現回避の多用など）を指摘して以来、言語とジェンダーに関する多様な研究が展開されてきた。それらの成果は、現在の日本語の研究に対しても、少なからぬ影響を与えている。

日本語を対象とした研究では、1970 年代に日本でフェミニズムが生まれた後でも、こうした英語圏での研究とは異なって長く「女性語」の研究が主流をなしており、それらは、丁寧な敬語を特徴とする「女らしさ」というイデオロギーと結びつける研究が多かった（湯川・斉藤 2002）。

しかし、その後、寿岳（1979）が、ジェンダーの観点からの分析を行って、ことばに関するイデオロギーが女性への抑圧をもたらしていることを指摘した。この研究は日本語に関するジェンダーの研究に大きな一石を投じた。さらに、湯川・斉藤（2002：36）は、寿岳（1979）とともに重要な研究として中村（1993）の研究を取り上げて、単に客観的なデータとしての敬語や終助詞（「わ」、「わよ」など）の形式を論じる時代は終わり、「女ことば」という言語イデオロギーに関する政治的側面の解明が重要な課題になったとして高く評価している。

時代が移り、1990 年代以降さらに、さまざまなメディアでの日本語表現に関する社会言語学的な調査研究が行われてきた。新聞（報道記事に加え、読者の投書も含む）や雑誌、テレビコマーシャル、漫画、脚本、歌謡曲、外国人向けの日本語の教科書など、多様な媒体における日本語表現が分析の対象となり、そこに隠されたメッセージやイデオロギーなどについて批判的に論じる研究や批評も多くみられるようになった。

Part I　ことば・アートとジェンダー

　中村（2002：27-28）は、こうしたジェンダーに関するイデオロギーの支配について、「『女はこういう話し方をしなければならない』と押し付けるのではなく、『女らしい／育ちの良い／知的な女性はこういう話し方をするものだ』と語り続けることで、女たち自身が進んでそのような話し方を理想とするように仕向け、女の言語行動を支配するのである」と説明している。人々は日々言語を用いてコミュニケーションを行っていることから、言語による特定情報の頻繁な受信は、自身の思考、その発信の際の表現選択、さらには無意識に対してさえ、多大な影響を及ぼしかねないレベルでの支配を受ける可能性があるといえる。

　グローバリゼーションにより人や物、情報の動きがますます激しくなり、人々のあらゆる価値観が多様化している 21 世紀の現在、日本語のジェンダーに関する問題やそのとらえ方は変化しているであろうか。「看護婦」ではなく「看護師」、「保母」ではなく「保育士」といった職業にかかわる面では言い換えが行われるようになっている。その他の面で、まだ女性か男性か、といった二分法で固定的にとらえる言語表現や言動、あるいは差別的な言語表現の問題はないだろうか。

　先行研究において、現状では、一般に女性は男性より敬語を多く使い、丁寧な言い方をする傾向があり、「お箸」や「お魚」のように接頭辞「お」を付けることも、女性に多い現象である（荻野 2006）との指摘がみられる。また、「『おれ』『あったわ』『いくぞ』など、ジェンダー標示形式が含まれている発話は一言でも話者の性別がわかる」（因 2006：53）と考えられ、この点は英語の場合と異なる。さらに、現在では女性の使用者がかなり少なくなったか死語に近いと思われる文末の「～だわ」や「～かしら」は、むしろ、コミックスなどにみられる「役割語」（金水 2003）としてその存在が確認される。これによって、「役割」を明らかに見せる別の効果が生まれ、多様なメディアにおいてそれらが繰り返し使用されている。

　加えて、学校教育とのかかわりについても、小学校以降には、それまでに家庭でしつけられていた「女の子は女らしく、男の子は男らしく話す」といった言語面での社会的な規範が、社会の圧力となって個人に及んでくる（渋谷 2006：352）との指摘もある。

第1章　日本語表現に潜むジェンダー

　このように、日々用いられている日本語には、単に、ジェンダーの観点から具体的な形式面での差異がみられるだけでなく、それらを使用する人々の意識に刷り込まれ、多様な場面で再生産されている側面があることもわかる。

　一般的には、長い年月を経て、社会のさまざまな変化に伴い、新たな物や現象を名づける新たな表現が生まれ、また、時代に合わず顧みられることなく消滅していく表現もある。元来、言語表現とは変化するものである。

　一方で、言語表現には、意識的か無意識的かを問わず、使用の過程において明らかに定着し、表現を選択することによって使用する人々の意識を根強く規定し、時には常識として束縛し続ける場合もある。なにげなく使用する過程において、その表現が聞き手・読み手に対する配慮に欠け、否応なく差別感をもたらすことも、現実には多々起こっている。そのような言語使用の一端を明らかにするために、次節では、新聞記事を材料として観察と分析を行う。

3　新聞記事にみられる日本語表現の観察

　新聞や雑誌の記事には、見出しと本文がある。見出しにみられる短い表現は、本文の内容を凝縮した、あるいは特に要点を表すインパクトのあるものでなければならない。一般的に読者は、その見出し表現によって、記事の詳細を読むかどうかを判断することが多い。それらの表現から、読者は、自分の背景知識を活用しつつ記事内容やその背景を、推測したり想像したりすることが求められ、それによって、本文の文章読解がより容易に進む[1]。

　以下の例はいずれも 2014 年 6 ～ 8 月の『朝日新聞』の朝刊に掲載された記事で用いられていたものである。それぞれの日本語表現から何が読み取れるだろうか。また、それらの記述は、現代の日本社会の一端をどのように反映しているだろうか。

「家庭科男子」とは？

　2014 年 6 月 13 日の記事に「家庭科男子」という見出しの記事が掲載されて

5

Part I　ことば・アートとジェンダー

いる。この例は、「家庭科」と「男子」を結びつけた造語であり、この二語の結びつきに新奇性があるとともに、記事の見出しとして表現されていることから、新たな現象や出来事としてニュース性のある内容を示していると考えられる。

　中等・高等教育における「家庭科」という科目は、戦後、男女平等が定められて以降も、女子のみに必修が課せられていた時代が続いていた。しかし、1985年に日本が国連の女性差別撤廃条約に批准して以降、教育における男女平等を保証するため、1993年、1994年に相次いで、中学校、高等学校において「家庭科」が男女共修となり、現在に至っている。つまり、共修化以前の教育内容は、将来の女子と男子にそれぞれ期待される役割を明確に規定していた状況であった（本書第8章参照）。

　この「家庭科男子」という造語としての新奇性を探るため、さらに記事として続く以下の本文①を読み進める。この記事の記者が取材したある男子生徒の「家庭科男子」たるゆえんが具体的に描かれている。

　　記事本文①
　　　母親が仕事でいないとき、小麦粉などを買って、ホットケーキを作ったこともある。「家族に料理を1品作る」という冬休みの宿題では、ドライカレーに、ミカンをあしらった牛乳寒天をつけた。「家庭科は、普段の生活に役立つから面白い。クラスにも、『なんで男の子が家庭科をやるんだ』という雰囲気はなかったですね」
　　　家族や子育てについて出題された期末テストでは、学年で唯一の満点だった。

　なぜ、このような内容が記事として取り上げられるのか。授業を受けている科目の面白さに気づくことや、期末試験で満点という好成績を修めること自体は、他の科目でもあり得ることであり、何らニュース性をもつような珍しい現象ではない。しかし、それが、女子ではなく男子に起こった場合、非常に珍しい現象として取り上げられる。つまり、教育課程での共修化が実現した現在でさえ、男子が家庭科を好むことは一般的ではないとみられる風潮、あるいは人々の意識に潜むそのような固定観念が根強くあるからこそ、「家

庭科男子」が脚光を浴びるものといえる。

女子はこれまで家業と向き合ってきたか？

続いて、2014年7月23日の記事に掲載されていた見出し「女子、家業と向き合う」を取り上げる。この見出しには、具体的な背景の解説が次のように続く。これまで「家業と向き合う」のは男子であり、女子ではなかったという現状認識や歴史の存在が示唆される。

記事本文②
「跡取り娘」をめざします。そんな女子学生が、A※大の「跡継ぎ養成講座」で増えている。少子化の時代、家業の跡継ぎは男子、という「常識」はもはや通用しない。そんな中小企業の切羽詰った状況が、背景にある。

（※固有名詞を匿名とした。）

この記事では、大学で取り上げられる講義のテーマとしての斬新さや珍しさも感じられる一方、ジェンダー的観点からは、少子化の時代に、従来暗黙の了解として受け入れられていたはずの、家業の跡継ぎは男子であるといった慣習にとらわれず、女子<u>でも</u>よい、とされる新たな解釈が人目を引く。「常識」という表現に「　」が付されていることも、「もはや通用しない」という述語との組み合わせにより、批判的なコメントが暗示された強調的な言語表現であることを示している。

このような文章表現には、社会的・文化的に男子にのみ認められていたものに対する考え方が、少子化や経済的な状況といった社会構造を取り巻く変化によって、ジェンダーフリーとなりつつある様相がみてとれる。

寿退社をはねのける？

続いて、2014年8月2日の記事に掲載されていた見出しと本文の一部を以下のとおり抜粋する。これはさまざまな女性の働き方を取材してまとめた記事の一節である。

Part I　ことば・アートとジェンダー

　　記事の見出しと本文③
　　　「寿退社」はねのけ部長昇格
　　　12人の同僚は課長を除き全員女性で、制服はピンク色。ほとんどが数年で
　　寿退社した。

　これは、結婚を機に会社を退職する「寿退社」には目もくれず、社内での
部長への昇格を果たした、かなり少数派の女性について語られたものである。
女性が、黒や青ではなく、ピンク色の制服を着用し、昇格もなく数年でほぼ
全員が「寿退社」するという、ある会社の様子が描かれている。
　「寿退社」は「寿」が示すように、結婚、すなわち、おめでたい事情によ
り退社する意味を示す表現である。男性に向けての同様の行為を示す表現は
見当たらない。現在においても、「寿退社」はテレビ番組のドラマの会話な
どで見聞きするものである。
　上記の見出しの文は、「寿退社」がいまだに慣例的に行われていることが
少なくないからこそ、「はねのける」という、言わば、対象を不要なものと
して周囲からの圧力をふり払う強いニュアンスを込めた動詞で表現している
ということがわかる。

理系女子（リケジョ）の活躍？

　さらに、2014年7月9日の記事に掲載されていた文「『理系女子（リケジョ）』
の活躍を取材したいと依頼された。」について取り上げる。これは、ある女
性研究者が、自身について取材を受けた当時を語った様子が、記者によって
描かれている。
　なお、「理系女子」は、その短縮語として「リケジョ」といわれ、ややカ
ジュアルな用語として、現在多くのメディアに登場している。
　表現上、理系と文系、女子と男子の組み合わせは、「理系女子」「理系男子」
「文系女子」「文系男子」の4種類が存在し得る。しかし、実際には、「リケ
ダン」や「ブンジョ」、「ブンダン」といった他の組み合わせの短縮語は一般
に使用されておらず、「リケジョ」は社会における少数派の珍しい存在とし

第1章　日本語表現に潜むジェンダー

て注目されているわけである。

　このような記事の背景には、現在の日本では、大学の理系の学部や大学院に在籍する少数派の女子学生が、卒業・修了後に社会で研究者などとして活躍する様子がメディアによって取り上げられるようになった変化が指摘できる。以前から、少数派であっても、理系の女性研究者は存在したが、そのような女性の活躍を世間に広く知らせたいという、当時の取材申し込みがあった事実によって、上記の掲載文がその存在意義をもつことになるといえる。

　なお、佐竹（2001：169）は、新聞記事において「女性パワー」「女の視点で」「初の女性何々」といった女性が強調される背景を論じるなかで、次のような提案を行っている。

　　この際、いっそのこと「女性の視点」を徹底した記事を作ってみればいいかもしれない。選挙となれば、「熱い男の戦い」が繰り広げられ、結果は「また男性が全議席独占」や「男性議員九割超す」といった見出しになる。「男性大統領が訪日」「男性首相と会見」する。（中略）物事を決定しているのは男であること、報道の重点は男の活動にあることが見えてくるだろう。

　第2節で述べたように、日々私たちが多様なメディアから入手する情報の表現がバイアスのかかった状態で提示されていれば、私たち自身の言語運用の際にも、影響を受ける可能性が高い。多種多様な情報があふれる現在、メディアの情報とその背景を批判的に読み、時には上記のように、「女性」と「男性」という二つの表現を入れ替えて再表現することによって、そのバイアスをより明確に認識することができる。

4　外からみた日本語におけるジェンダーの問題

　本節では、筆者が日頃教育現場で接する、日本語を母語としない留学生、および日本人学生の視点から観察したジェンダーの問題を扱う。なお、ここ

9

Part I　ことば・アートとジェンダー

での日本人学生は、日本語を母語としながらも海外生活が長く、他の言語も高度なレベルで運用できる学生である。つまり、日本語を、言わば外国語として観察する視点をもつ話者である。

　以下、日本のメディアによる表現、あるいは日本語学習時に知り得た日本語表現に対するコメントなどを例示しながら紹介する。

「かわいい」女性タレントの文末イントネーション

　昨今、海外において、日本のポップカルチャーの人気が高まっており、「かわいい」という表現も話題にのぼることがある[2]。「かわいい」は、たとえば、英語の cute などより説明する対象が広い（例：形容される対象は、子どもや少女などの年齢が低いものに限らない）ことが知られている。

　複数の国・地域での海外生活の長いある日本人学生によると、外国では、日本のテレビ番組に登場する女性タレントが話す日本語について、女らしさを強く感じ、その「かわいらしさ」が受けているという。その学生は、人によって多少の違いはあるものの、女性タレントたちが文末を高く上げて話すことが多いが、無理して上げすぎているような違和感を覚えると語った。メディアに現れるタレントが、「女性」や「かわいらしさ」を意識して、発言の中の個々の表現だけでなく、文全体あるいは文末表現にみられるイントネーションも、誇張された形でジェンダーの差異を強く印象づける方法を、ストラテジー（方略）として選んでいることに対して違和感をもつというわけである。

　このような音声面の特徴に加え、ジェスチャーなどの非言語的要素も、個々の表現の言語的要素と組み合わさって、ジェンダーを相手に意識させる手段としてメディアで広く機能しているものといえる。

日本語を話す男性は女っぽい？

　ある男子留学生は、子供の頃より家族から言われてきた「家長」となるべき男子としての役割を考え続けてきた。彼の国には、紳士道という考え方があり、明示的に言われたことはないが、教育を受けるなかで自然と身についたという。つまり、彼の社会では男性と女性の役割を分け、女性をリードす

る男性が望ましいと考えられており、男性は明確に意見を言うように教育されていたという背景がある。

　そのような彼の観察によると、日本人はコミュニケーションの方法が、女性と男性とで似ており、男性にも女性性がうかがえるという。日本人ははっきりと発言をしないことが多く、女性っぽいと映る。つまり彼は、母国の社会の規範からみて、自身の観察に基づき、日本の男性を「女性っぽい」とコメントしたわけである。

　このようなとらえ方は、日本語について個々の表現、すなわちミクロな観点からのジェンダー差ではなく、よりマクロな観点からみたものだといえる。コミュニケーションの場面で他者をリードし、明確に、かつ積極的に発言をすることによって、「男性らしさ」を見せることが一般的であるという文化のもとで培われた者の、「外から見た日本語」として興味深い観察である。この留学生の母国の場合と比較すれば、他者との協調や連携をより重視する日本社会においては、コミュニケーションの場面で必ずしも男性がリーダーシップをとるよう強い社会規範が働くわけでもないため、ジェンダーによる差が明確であるとはいえない。そのため、日本語が「女性っぽい」とみられることがあり得るのである。

日本語のジェンダーをめぐる留学生の意見

　日本語を母語としない留学生は、来日後に雑誌やテレビ番組、コマーシャルなどのメディアでさまざまな日本語表現を見聞きし、意見交換を行うこともある。

　たとえば、ある男子学生は、日本の大学に入学後、メディアで初めて「女子力アップ」という表現を知った。自分で弁当を作ってきた女子は、「女子力が高い」と解釈されることがわかり、それに対する疑問をもった。特に男女平等の進んだ北欧からの留学生は、「女子力」という言葉には抵抗感をもつことが多いようである。

　日本では「女子力」ということばは、コマーシャリズムのなかでも受け入れられ、比較的若い世代の間においても使用され、必ずしも差別的であるとは受けとめられていない。しかし、情報は、発信する側から受信者側が影響

Part I　ことば・アートとジェンダー

を受けたり、扇動されたりする可能性がある。こういった新しい表現に接し、その表現が示す望ましい方向に、受信者が自身の行動パターンを調整することはないだろうか。雑誌やテレビコマーシャルで繰り返し接することで、強く意識したり熟慮したりすることもなく、それに基づいて自身の思想を変化させることもあるのではないだろうか。

日本語の授業から──終助詞「ね」は女性が、「僕」は男子が使う？

　日本の大学あるいは大学院に留学する多くの学生たちは、母国で、あるいは入学前の日本の教育機関において、事前に日本語を学んでくる。非母語話者のある男子学生は、母国の大学で日本語を学んだ際に、いくつかのステレオタイプに気づいたと語った。

　まず、中学校と高校で日本語を学んだ際に、終助詞の「ね」は、女性が使うもので、男性は使わないと習った。女性は「そうですね」、男性は「そうです」と言うものだと教師から聞いた。

　また、教科書（筆者注：母国で開発されたもの）の会話文では男の子が「僕」を使っており、若い人しか使わないものだと教えられてきたが、来日後、60代の男性でも「僕」を使っていたので、大変驚いたという。

　このように、日本語の情報や日本人が多くない環境において、言語資源としての教材はきわめて重要な位置を占める。そういった教材や、それを活用する教師の言動によって、日本や日本でのジェンダーのイメージが、好むと好まざるとにかかわらず、学生たちに定着する可能性の高いことがわかる。

　なお、女性による「僕」の使用については、以前より、社会言語学的な分析が行われている。たとえば、「女性による男性語への越境」（小矢野2000：147-148）と表現され、「私的な親しい女性同士の雑談」や「親しい異性との日常会話」でもみられ、「当人たちは違和感を持たないのが普通」である。さらに、遠藤（2001）では、明治時代にも「女学生が自分のことを『ボク』と呼ぶ例があって」その語の使用をたしなめる文章が雑誌に記載され、当時の新聞にもその使用の実際を紹介する記事があるという。遠藤（同上：37-38）では、現在の女子学生に検討させた、女性による「ボク・オレ」に関す

第 1 章　日本語表現に潜むジェンダー

るレポートの内容分析からは、肯定派が否定派をかなり上回ったこと、および周囲の干渉が絶対的なものではないことなどが明らかにされている。

　さらに、このようなジェンダー標示形式は、呼称に限らず、意図的に選択され、「言語使用に対する制約の一つではあるが、表現を多彩にする装置でもあり得る」（因 2006：68-69）という知見も提示されており、物事を単純に二分法で分類していては決して到達し得ない言語コミュニケーションの複雑さと奥深さの存在が指摘できる。

5　言語表現や人々の意識に潜むジェンダーから何を学ぶか

　以上、新聞というメディアで扱われる日本語表現や、留学生や日本人学生の具体的なコメントをもとに、日本語という言語にみられるジェンダーについて述べてきた。

　新聞記事の短い表現に凝縮されたメッセージから、長年再生産されてきたジェンダーにまつわる考え方や、それに反発して行動してきた女性の意識、さらには昨今のグローバル化の影響も受け、急速に変革が求められている職場の存在なども明らかとなった。また、ここで扱った、留学生たちから語られた内容は、地域や母語など育った背景は多様であっても、時には違和感や反感を覚えたりもしながら、日本語にみられるジェンダーについて批判的に語られたものであった。母国と日本の場合との比較から、社会における言語コミュニケーションがかかわるジェンダーの意識の差異を指摘するコメントもあった。さらに、海外の教育機関における日本語の授業での教科書や教師によるインプットが、日本語表現に潜むジェンダーとそれへの意識を定着させていく実態の一端もみられた。

　現在の学生たちの間にも、高校で女子のみが家庭科を履修し男女雇用機会均等法が制定される前に進路を検討した者の学生時代とは異ならない考え方も、存在している。ジェンダーに関する思考の慣習的な再生産が、長きにわたって続いてきたものだと考えさせられる。メディアなどの頻繁な発信による影響から「当たり前」や「常識」に変えられる言語イデオロギーには、十

13

Part I　ことば・アートとジェンダー

分に警戒する必要がある。

　本章では、言語に関連するジェンダーについて、日本語という特定の言語において扱った。ジェンダーに関する研究は狭義の言語学や社会学の範囲にとどまるものではなく、きわめて学際的な分野と考えられる。内外の文献から歴史をひもとき、記述を試みることも可能である。また、実際の社会における言語活動とその背景にある意識を、新聞や雑誌、テレビドラマや映画、漫画、インターネット上のメディアから、あるいは具体的な人々のコミュニケーション活動から、データを収集し、多様な問題や課題に迫ることが可能である。ジェンダーの切り口によって新たに見えてくる風景が必ず存在すると思われる。

　言語を用いてコミュニケーションを行う者自身が、問題意識をもち、ジェンダーフリーで客観的な観察眼をいかに強く持ち得るかが肝要である。自身の意識に偏りがないか内省を行い、自身で熟考する姿勢を保ちつつ、本章で示したような多様な背景の他者と協働し、さまざまな言語コミュニケーションのあり方について、二分法ではない批判的で建設的な議論を継続していくことが重要である。

（村岡貴子）

注
1）　外国語教育学の分野では言語学習ストラテジー（strategy：方略）の研究がある（オックスフォード 1994、竹内 2007 など）。文章の読解では、まず題目に注目して既有知識を活性化した上で本文を読むこと、図表やイラストを本文理解に援用するなど、ストラテジーの重要性が示されている。
2）　四方田（2006）は日本における「かわいい」文化について歴史的な分析もふまえ、多様な観点から論じている。

参考文献
因京子 2006、「談話ストラテジーとしてのジェンダー標示形式」日本ジェンダー学会編『日本語とジェンダー』ひつじ書房
遠藤織枝 2001、「女の子の「ボク・オレ」はおかしくない」遠藤織枝編『女とことば』明

石書店

金水敏 2003、『ヴァーチャル日本語　役割語の謎』岩波書店

小矢野哲夫 2001、「反逆する女性ことばの挑戦」『ジェンダー学を学ぶ人のために』世界思想社

Lakoff, Robin. 1975, *Language and Woman' Place,* New York: Harper & Row.

中村桃子 1993、「フェミニズムと言語研究　客観的科学からイデオロギー研究へ」『日本語学』12巻6号、明治書院

中村桃子 2002、「『言語とジェンダー理論』の理論」『言語』Vol.31, No.2、大修館書店

西之園君子・中村民恵 2000、「戦後における小・中・高等学校の家庭科教育の変遷（第1報）」『鹿児島純心女子短期大学研究紀要』第30号

荻野綱男 2006、「ことばの男女差」鈴木良次編『言語科学の百科事典』丸善出版

オックスフォード、L. レベッカ 1994『言語学習ストラテジー ── 外国語教師が知っておかなければならないこと』（宍戸通庸・伴紀子訳）凡人社

佐竹久仁子 2001、「新聞は性差別にどれだけ敏感になったか」遠藤織枝編『女とことば』明石書店

渋谷勝己 2006、「バリエーションと国語教育」鈴木良次編『言語科学の百科事典』丸善出版

寿岳章子 1979、『日本語と女』岩波書店

竹内理 2007、『達人の英語学習法 ── データが語る効果的な外国語習得法とは』草思社

四方田犬彦 2006、『「かわいい」論』ちくま新書

湯川純幸・斉藤正美 2002、「イデオロギー研究としての『日本語とジェンダー』研究」『言語』Vol.31, No.2、大修館書店

・発展的な学びのために・

斎藤美奈子 2000、『物は言いよう』平凡社

　　気鋭の文芸評論家である斎藤美奈子氏が、新聞や雑誌の記事で扱った実際の問題発言や小説の一節など多数の例を取り上げ、明快かつ批判的にジェンダーにかかわる差別について議論を展開したもので、斎藤氏曰く、「評論でもエッセイでもなく実用書」である。FC（Femi Code の略）という、言動が差別にならないかを検討するための基準をキーワードとして用いており、各問題事例の難易度が★の数で示されていることも興味深い。

Part I　ことば・アートとジェンダー

『日本語とジェンダー』誌（サイト情報：http://www.gender.jp/index.html）
　　　2001 年に刊行された日本語ジェンダー学会の学会誌。年一回刊行
　　されており、インターネット上で公開されている。研究論文のみな
　　らず、研究ノート、年次大会の基調講演やフォーラムなどの報告が
　　掲載され、この分野の最新情報が得られる。

・課　題・

1. インターネット上の日本語で書かれたニュースや評論、ブログ、広
　告など、どれかジャンルを決めて、ジェンダーにかかわる問題を含
　む表現や文章を複数探し出し、問題の背景を分析しなさい。

2. 日本語以外の外国語において、本章で取り上げたような日常生活で
　用いられている表現のなかでジェンダーの観点から問題を含む、あ
　るいは議論が生じているケースがないかを調べ、結果を日本語の場
　合と比較しなさい。その際には、新聞や雑誌、インターネット上の
　情報などを参照し、必要に応じて引用を行うこと。可能なら、日本
　語を母語としない学生や教員にインタビューをしてデータを集めな
　さい。

Column

ジェンダーの観点から批判的に言語活動を内省する

　人々は、過去から長い間、あるいは日々の生活において、創作活動を行う
場合を除き、強く意識もせずに、言語を意思疎通のためのツールとして使用
してきた。日本語の例として、職業の場合、「女流作家」「女社長」、家族関
係では夫を「主人」、妻を「家内」と呼び、日常のふるまいでは「女のくせに」
「男勝り」など、ジェンダーに関する議論の対象となった表現は多々存在す

第1章　日本語表現に潜むジェンダー

るが、これらは単なる記号なのだから目くじらを立てなくてもよいとして再
考を好まぬ人もいるだろう。

　佐々木恵理氏は、「非性差別語への言語改革に今必要なこと」『女とことば
―女は変わったか　日本語は変わったか』（2001、明石書店）において、性
差による職業上・法律上の表現の言い換えや新たな言葉の出現がある一方で、
社会の空気として言語改革への態度は消極的だと指摘しており、言語を「改
革する」という行為が、和を重んじ、突出せず、その場を丸くおさめること
が良しとされる日本の文化的精神にそぐわず、改革の土壌を築きにくいこと
に原因があるのではないかと述べている。

　現在、私たちは、物や人の移動が迅速かつ大量に行われる世界において、
思想や信条などの多様な価値観が激しく交錯する、一つの物差しで測れない
課題を多く抱える時代に生きている。必ずしも和を重んじ、丸くおさめるこ
とに腐心しつつ生活を続けているわけでもない。しかし、言語を用いた他者
とのコミュニケーションにおいて疑問の提示、異議申し立て、協議や説得を
行う意思や行動力をどれほどもっていることだろう。じっくりと内省したい。

　従来の思い込みに縛られた狭い視野のなかで何かを観察したり考えたりし
ても、新しい発想やオリジナリティある思考は生まれない。大学で「科学」
を学び、研究を深化させるためには、先人の築いた科学の業績に大いに学び
つつ、一方で、従来の常識にとらわれずに、自由に、かつ柔軟に思索、思考
する態度が必須である。同時に、他者の意見を謙虚に聞き、批判的に自身の
言動を内省する態度を涵養することも重要である。正解か不正解かの単純な
二分法だけでは、世界で日々生じる複雑な問題を解決することは不可能である。

　先述したとおり、言語活動と人々の意識にはジェンダーに関する先入観が
潜む。このような先入観をもったまま行動すれば、多くの物事への思考停止
状態を引き起こし、ひいては他者を傷つける不用意な言動とともに不幸をも
もたらす。ボーダレスな社会といわれる現在、二分法ではなく、多様な背景
を有する他者との継続的な議論から英知を獲得し、ともに行動し、ジェンダ
ーフリーで居心地のよい世界をめざしたい。そこに必要な言語は、思考、意
思疎通、歴史の記録、創作などのすべての活動にとって重要なツールであり、
慎重かつ丁寧に扱いたいものである。

（村岡貴子）

第2章

ジェンダー・リテラシーで
読み解く文学

1 文学とジェンダー

ジェンダー・リテラシーとは

ジェンダーを意識して文学を読むと、どのように違ってみえてくるだろうか。

同じ「文学」といっても、さまざまなジャンルがある。小説や詩、物語だけでなく、演劇や歌、そしてマンガも、文学といえる。ジャンルの違いはあっても、ほとんどの文学作品に、登場人物の間の人間関係 —— 家族関係、友情関係、恋愛関係、仕事関係、師弟関係 —— などが描かれていて、そして読者は共感できる登場人物と自分を重ね合わせて読むことができる。なかでも、「名作」と評価される芸術作品は、読者に我を忘れさせるほど感動させる力があるといわれる。

近年、詐欺的な誇大広告や政治的に偏ったマスメディア報道などが問題視されるようになり、メディア・リテラシー、すなわちメディアの流す情報をそのまま受け入れるのではなく、情報メディアを主体的に読み解いて、必要な情報を引き出し、その真偽を見抜き、活用する能力の必要性がいわれるようになった。これと同じように、文学や芸術も、「名作」とされる作品だからすばらしい、と判断停止して無批判に受け入れるだけでは不十分だろう。

本章では、メディア・リテラシーと同じような理念で、ジェンダー・リテ

第 2 章　ジェンダー・リテラシーで読み解く文学

ラシーで文学を読むことを試みる。つまり、ジェンダーに敏感な視点をもっ
て、受け身にではなくインター・アクティヴ（対話的）に、文学を読むのだ。
そのために本章ではいくつかのキーワードを紹介する。このキーワードは主
に、フェミニスト理論、とくにフェミニスト文学理論で使われる概念で、抽
象的で聞き慣れないものもあるだろうが、実際それぞれのキーワードを意識
して文学を読んでみると、読書がどれだけ楽しく、どれだけ深くなるかが実
感できるはずだ。そしてそのことは、現実の日常生活における人間関係のな
かで、自分あるいは大事な人が不当な扱いを受けて苦しんでいるとき、その
差別や苦しみに立ち向かい不公正な状況を変える力にもつながるに違いない。
　ジェンダー・リテラシー応用の具体例として、本章では、『真珠の耳飾り
の少女』という小説を中心に読み解く。作者はトレイシー・シュヴァリエと
いう女性で、小説が出版されたのは 1999 年だが、2003 年にピーター・ウ
ェーバー監督、スカーレット・ヨハンソン、コリン・ファース主演で映画化さ
れた。小説は女性の観点から書かれて、どちらかといえば女性読者にアピー
ルする作品になっているが、映画はどちらかといえば男性観客にアピールす
るように制作されていると思われ、その違いを分析することも「ジェンダー・
リテラシーで文学を読む」という本章のプロジェクトに好都合の条件が揃っ
ているといえる。

『真珠の耳飾りの少女』── あらすじ

　小説のタイトル、『真珠の耳飾りの少女』は、レンブラントとならび 17 世
紀のオランダ美術を代表する画家であるヨハネス・フェルメール（1632-
1675）の描いた、同名の有名な作品（図 1）に由来している。作品のモデル
とされるのは、フェルメールの家の召使であった少女フリートである。フェ
ルメールは、フリートの芸術的才能を認め、彼女を助手として、ついには作
品のモデルにしたという。小説の作者のシェヴァリエは、フェルメールがな
ぜあの名画を描いたのだろうかと不思議に思い、その疑問をきっかけに、フ
ェルメールとフリートをはじめ、フェルメールの妻や妻の母たちをめぐる人
間模様を想像した。フェルメールの作品のほとんどはフェルメールの故郷で

Part I　ことば・アートとジェンダー

図1　真珠の耳飾りの少女
　　　　フェルメール

あるデルフトの風景か室内の日常生活の場面で、描かれている人物は、絵を注文したパトロンやその家族で、背景が非常に細かく描かれている。ところが『真珠の耳飾りの少女』では、少女が頭にターバンを巻いているところ、パールのピアスをしているところ、そして背景が真っ黒というところがいずれも異質だ。この女性はたしかに謎を秘めている。

2　読みのこころみ

カノン（Canon：正典、規範）──キーワード1

　Canon という英語の語源は cane（杖）と同じ、細長い棒の形をしたものを指す。サトウキビも sugarcane という。共通するのは、物差し、尺度、基準を決定するための道具ということである。キリスト教会法でいえば、もともとどの書を聖典として認めて聖書に入れるかについて決めるための基準を指し、転じてその基準で決まった作品群を総じて指すようになった。文学作品でいえば、名作として認められ教育カリキュラムや出版社の名著シリーズに入るような基準に基づいて選ばれた作品群を指す。

　さて、なぜジェンダーで文学を読む時、カノンが大事なのか。問題は、誰がその基準を決めたのかというところにある。現在でも、多くの名著シリーズや古典文学の授業で取り上げられる作品には、男性作家のものが多い。男女共同参画の現代では、バランスが悪いようにみえる。しかし、男性作家と女性作家の作品を半々にしようと思っても、そう簡単にはいかない。とくに古代、中世、前近代文学の場合では、その時代に女性が教育を受ける機会はほとんど与えられていなかったため、女性の識字率は低く、まして文学活動できるような社会的条件は揃っていなかった。

　そのため、たとえば「世界名著」という文学の授業を企画する際、扱う作家の男女の割合が偏ることは避けにくい。しかし、だからといって、「男性

第2章　ジェンダー・リテラシーで読み解く文学

のほうが女性より才能があるから男性の作品が多い」と短絡的に考えるのではなく、「名作」とされるものも、そういった歴史的事実に影響されていることを認識しておく必要がある。作品の内容にもその歴史的背景は影響しているはずであり、そうした認識は、作品への理解をいっそう深め、知的好奇心を満足させる発見が多くなるに違いない。

　これから小説を読む時や映画を観る時、意識して考えてみよう。作者は男性か女性か？　監督は男性か女性か？　その違いによる作品の特徴が表れているか。逆だったらどんな違いが出ることが予想できるか。文学の授業を受ける時、シラバスに載っている男女の割合にその時代の現実が反映されていないか。書評や映画評を読む時、評論家の評価と自分の評価にずれを感じたことはないか。その時、ジェンダーが原因になっていることはないか。自分の基準は何か。どういう基準に基づいて読む小説や観る映画を選んでいるか。誰の影響を受けて自分の基準を決めているのか。「正典」というものの権威の圧力のため、無意識のうちにも自分の価値観を見失っていないか。自分の視野が狭くなってはいないか。問うてみることは少なくないはずだ。

　さて、カノンの問題を意識して小説（映画）『真珠の耳飾りの少女』を読む（観る）と、何が見えてくるだろうか。たとえば、映画の主人公の少女フリートは、フェルメールの絵画とは、雰囲気が違って見える。DVDを観てみれば、そのジャケットにも、唇がちょっと開いた誘惑のポーズと一般的にみなされる表情、いっぱんに「セクシー」とされる表情のフリートが映し出されている（図2）。

　そうした見方が「正しい」かどうかは、ここで論じる問題ではない。問題はそれより、「セクシー」と感じられる基準は何なのか、その基準は誰が決めたものか、ということだ。映画のフリートを「セクシー」と感じるとすれば、自分はどういう影響を受けてそういう反応するようになったのだ

図2　映画でのフリート
DVD『真珠の耳飾りの少女』
メディア・ファクトリー

Part I　ことば・アートとジェンダー

ろうか。テレビ？映画？マンガ？週刊誌のグラビア？　自分の反応が本当に純粋な本能だけで、社会に何も影響されることはないといえるだろうか。

　小説の作者トレイシー・シュヴァリエがフェルメールの名画を見て想像した少女フリートは、芸術的才能はあったが、職人の父親が事故で働けなくなって家計が苦しくなったため、奉公に出された、というもの。映画でフリートを演じるスカーレット・ヨハンソンのフリートと比べてフェルメールの少女は処女的で対照的に見えるかも知れないが、実は小説でシュヴァリエが描いたフリートは、この二つの極端的なイメージのあいだともいえる、バランスのとれた個人として描かれている。

　小説の一部を紹介しよう[1]。召使として働くフェルメールの家でフリートは、真珠の首飾りを留めようとしている女性を描いた絵を眼にし、考えをめぐらす（以下、（　）はページを示す）。

　　［フリートは］上衣を着て、真珠の首飾りを着けてみたかった。この婦人をこんなふうに描いたひとに会いたい。さっき鏡に映った自分の姿に見入ったことを思い出して、恥ずかしくなった。（41）

　　これまで殿方からそのような関心を示されたことはなかった。
　　お宅に仕えて三日目、旦那様と鉢合わせした。（中略）
　　後ずさりした。旦那様とアレイディスが、よく似た灰色の目でわたしを見つめる。笑いかけてはくださらなかったけれど、粗相を笑われることもなかった。
　　目を見るのは難しい。二階の絵の中で、真珠と黄色の繻子をまとい、自分の姿を見つめる婦人のことを考えた。あの婦人なら、何の苦もなく殿方の眼差しを受け止めることができるにちがいない。（48）

　　［休暇をもらって実家に帰った時］「ああいうひとたちのところで働いているうちに、［自惚れた］のさ」お母さんにさえぎられる。「身のほどを忘れ、高望みするようになる。わたしらはまっとうな新教徒の一家で、富や流行に

22

第 2 章　ジェンダー・リテラシーで読み解く文学

振り回されることはないの」お母さんのことばに胸を打たれ、目を伏せた。それは母親のことばだった。わたしも娘ができて、その娘が心配になれば、今のお母さんと同じことを言うだろう。(159)

　シュヴァリエによる、このようなフリートの内心の独白は、17 世紀の少女にはふさわしくない、時代錯誤的な近代的心理描写だともみることができるかもしれない。しかし、ほんとうに 17 世紀の少女には、向上心や人間としての尊厳を感じる気持ちはまったくありえなかったのだろうか。シュヴァリエは、そういった常識をあえて覆す大胆な試みを、ここで行っているのではないだろうか。

　男性優位社会の歴史のなかで、女性はつねに、「聖母」であるか「娼婦」であるかの、二つの極端的なセクシュアリティのカテゴリーに押し込まれてきた。性欲はゼロか、みだらで貪欲。女性の自然な性欲とはどんなものか、「正典」、いわゆる「純文学」に描かれることはなく、日常生活でもタブーとして語ることが許されず想像さえできなくなってしまう。シュヴァリエは、そういう構造を解体するためにこの小説を書いたとみることができるのではないだろうか。

　ジェンダー・リテラシーを意識し文学をインター・アクティヴに読むことによって、そこに描かれている性の姿をそのまま手本にしたり基準にしたりするのではなく、自分が同じ状況におかれたらどう感じるか、どうするか、いろいろな可能性が想像できるだろう。私たちは文化的にも多様だし、カノンで定められた典型的なものにはない、ジェンダーの豊かな多様性をもっている。そうしたことを意識的に求めて文学に接するならば、世界がどう変わるか、想像してみる価値がおおいにある。

権力（Power）── キーワード 2

ピーター・ブルッカーの『文化理論用語集』によると、

　現代の文化理論において最も影響力をもつ権力概念の理論化は、フランスの哲学者ミシェル・フーコー（1926-84）の著作で行われた。フーコーによれば、

23

Part I　ことば・アートとジェンダー

> 権力とは抑圧や禁止、もしくは直接的な支配にかかわるのではなく、制度化
> され慣習化された言説を通じて作動し、これが限界を定められた行動や知識、
> 存在を導く。(ブルッカー　1999：71)

　カノンを定める言説は、まさにそういう知識を導く言説の一つである。

　さて、不当な権力に支配されないようにどうすればいいか、ジェンダーで
文学を読むことはどれだけ自分のエンパワーメントにつながりうるか、ふた
たび『真珠の耳飾りの少女』から具体例を取り上げて考えてみよう。

　権力関係を意識して文学を読むとすれば、まず思いつくのは、小説の登場
人物同士の力関係だろう。『真珠の耳飾りの少女』では、フェルメールとフ
リートの主従関係、フェルメール一家の生活を支えたパトロンとフェルメー
ルとの経済関係がもっともはっきりしている上下関係だろう。

　しかし、たとえばフェルメールとフリートの関係を取り上げるとしても、
その関係をつくっているのは二人だけではない。フーコーが指摘しているよ
うに、それぞれの個人の周りの人との関係によって、つまり社会という制度
によって二人の関係の権力バランスは複雑に左右されている。だから小説や
映画の名場面であれ、そこだけを取り上げてそこに表れている力のバランス
を指摘するより、幅広くそして長期的にそのコンテクスト（文脈）に位置づ
けたほうが、権力の全体構造が見えてくる。たとえば、日本の名著『源氏物
語』の作者は女性だが、日本の女性の社会的地位が高いと一般的にいえるわ
けではない。しかしその時代、宮廷を舞台として女性によるすぐれた作品が
生まれ読まれたことには、非常に興味深い意味が含まれている。また、映画
や文学作品の登場人物がおかれている、権力関係の全体構造を意識すること
は、自分が同じような状況におかれたら、どんな行動をとれば一番フェアー
な結果を望めるのか、状況判断力を高めることにつながりうる。

　シュヴァリエの小説でも映画でも、フェルメールは男性で、雇用主で、裕
福な家庭の世帯主として描かれている。基本的にはフリートより立場が強い。
しかし小説と映画のいずれでも、単純に男：女＝強：弱という構造にはなっ
ていない。作者が想像するフリートは当時オランダで多数派のプロテスタン

トであるのに対し、フェルメール家はマイノリティのカトリックだった。フェルメール家の家庭のなかでも、フェルメール（ヨハネス）は典型的な家父長ではなかった。画家として収入が不安定なため、義母マーリア・ティンスの家に住まわせてもらっていたのが歴史的事実で、小説にも映画にも、その義母の力が大きいものとして描かれている。つまり、フェルメールはフリートよりははるかに強いけれども、フェルメールの権力は絶対的なものではない、微妙さを含んでいる。

　個人的な関係（親子関係、恋愛関係など）について考える際、『真珠の耳飾りの少女』より現代社会を舞台にした作品のほうが、現実的でより参考になるかもしれない。しかし、権力の構造を理解するためには、権力構造があいまいになっている現代社会より、上下関係が比較的はっきりしている過去の時代を観察して分析を試みるほうが良いトレーニングになる可能性もある。

　小説『真珠の耳飾りの少女』で、フェルメールだけでなく、妻カタリーナ、カタリーナの母マーリア・ティンス、それに年長の召使タンネケまで、どの登場人物もフリートよりも強い立場にある。しかしフリートとかれらの力関係は単純ではない。

　　　カタリーナにしろ、ほかのひとたちにしろ、わたしがプロテスタントであることをどう思っているのか、わからなかった。こんなことが気になるなんて、不思議な気分だ。これまでカトリック信者のほうが多いところに居あわせたことは、一度もない。（36）

　　　［タンネケについて］私をやっかんでいる。わたしはあの方のアトリエの掃除をした。それなのにタンネケは出入りも許されていない。どうやらわたしとマーリア・ティンスのほかはだれも、入れないことになっているようだ。（中略）ことばでも壺にはまれば、たちまちタンネケの気分を変えてしまう。わたしがそのことばを見つけられるかどうかにすべてはかかっている。（43）

　シュヴァリエの描くフリートは、このように、宗教の違いによる政治的な

Part I　ことば・アートとジェンダー

権力関係を意識したり、上司と上手に付き合うための世渡りの技を講じたりする。こうした「民主的な」意識は、17世紀の少女にはあり得ないことなのだろうか。もしかすると、われわれ現代人にそう思われるのは、その時代のほとんどの女性が教育の機会が与えられず、自分の思いを現代人に残すすべがなかったからだけではないだろうか。絵画の額縁のなかに閉じ込められている女性の目線がほとんど下ばかり向いているからといって、彼女たちに身分の高い男性と対等な人間として目を合わせたいという思いはなかったと思い込むことは、誤解かもしれない。

公と私（The Public and the Private）──キーワード3

アメリカで生まれたフェミニズムの代表的なキャッチ・フレーズに、「個人的なことは政治的である」（"The personal is political".）という言葉がある。この言葉の意味を理解するために、次は、『真珠の耳飾りの少女』のカタリーナ（フェルメールの妻）を取り上げてみよう。

映画では、カタリーナは非常に嫉妬深い、神経症の女性として描かれている。フリートの芸術的才能を引き立たせるためか、対照的に不器用でよく物を落としたり壊したりするところが強調される。映画評でも通常、「感情的」「ヒステリック」「わめく」「復讐心に燃えた」というような表現で解説される。映画のクライマックスでは、カタリーナは、フリートがモデルになった肖像を絵の具で壊そうとして暴れる。そしてフリートはフェルメール家から追い出される。

映画ではほとんどステレオタイプに過ぎないカタリーナだが、小説のほうでははるかに複雑で現実的な人間として描かれている。小説では、カタリーナは過去に父と兄の暴力を受けていたという話を聞いて、フリートはそれまでなかなか理解できなかったカタリーナの言動に共感する。

なぜ映画では、男性の登場人物だけが巨匠で奥深い感性の持ち主で、周りの女性は極端に言われるがままの受動的存在か、がみがみ女のステレオタイプとして描かれるのだろうか。このことをカノン、そして権力、そして公私を意識して考えると、さまざまな意味合いに気づく。

第2章　ジェンダー・リテラシーで読み解く文学

　カノン理論でいえば、監督が小説を翻案して映画を製作する時、どこまで忠実に原作を反映させた映画にする義務があるかという問題がある。もちろんとくに『真珠の耳飾りの少女』の場合、ジャンルの違いが大きい。小説はほとんど内的独白というかたちで書かれているので、そのままではなかなか映画にならないだろう。映画では時間の制限があるから、省略しなければならない部分もあるだろう。どこを省略して、どこを残すべきか、判断は難しいにちがいないし、監督の芸術的自由も尊重しなければならない。しかし同時に、一人ひとりの観客が、消費者として選ぶ自由を行使するだけにとどまらない、選ぶ基準をしっかりもつことも大事だろう。ジャンルがコメディであれば、ある程度軽いタッチで登場人物を描いてもいいかもしれないが、『真珠の耳飾りの少女』のような歴史ドラマでは、ここで表されているようなステレオタイプより、男女とも奥行きのある人物が登場するような映画を観客は要求してよいのではないだろうか。

　また、権力そして公私でいえば、小説ではカタリーナが父や兄から受けた暴力が映画ではまったく抹消されていることによって、カタリーナの過剰な興奮があくまでも彼女の私的な問題、彼女の性格、先天的な神経症という印象を与える結果となっている。DV防止法がなかった時代では、家庭内で起こった暴力を公にするのが恥、タブーで、警察・社会は介入・保護する義務はないとされてきたが、現代社会は違う。とくにこの映画が普通の2時間より遥かに短い95分で完成されていることを考え合わせると、カタリーナの問題を個人的な問題として片づけてしまうような編集をなぜしなければならなかったのか、疑問に思わざるを得ない。

　私たちが、社会人として、消費者として、より豊かなジェンダー多様性をもつ芸術を望むならば、作家や製作者、製作会社や出版社、そしてスポンサーにも、要求を行っていく必要もあるのだということを認識しておきたい。

アイデンティティ（Identity）──キーワード4

　男らしさ、女らしさは生物的に決定されているものではなく、社会的に作られた約束事に過ぎないということは現在では一般的に理解されるようにな

Part I　ことば・アートとジェンダー

った。この考え方の基礎を作ったのはシモーヌ・ド・ボーヴォワールという
フランス人哲学者である。代表作『第二の性』（1949）でボーヴォワールは、
「人は女に生まれない、女になるのだ。」（"On ne naît pas femme, on le
devient."）と表現した。現代アメリカ人哲学者ジュディス・バトラーはボー
ヴォワールの思想をさらに進め、ジェンダーは演技だと論じる。

　しかし、ジェンダーは演技に過ぎないからといってアイデンティティと関
係ないというわけではない。問題は、アイデンティティをどう定義するかだ。
アイデンティティは個人の本質的な性格なのか、それとも意図的に築き上げ
ていくものなのか、考え方によってアイデンティティとジェンダーの関係に
ついての見方も変わってくる。おそらく両者は、相対的なものだといってい
いだろう。つまり、人間の意思は絶対的に自由ではないかもしれないが、生
物的に完全に決定されているわけでもない。どれほど自由、どれほど決定さ
れているかについては、文化・社会・経済的な条件と個人の意識によって差
がある。危機一髪のような状況に置かれた時には本能的に反応する場合もあ
るかもしれないが、余裕がある時、そして視野の広い意識をもっている場合、
複数の選択肢を検討したうえ、比較的自由に道を選ぶこともある。

　具体例としてまたフリートの場合を考えよう。彼女は召使としてフェルメー
ルにこき使われる。芸術的才能を認めて助手にしたり、モデルにしたりさ
れるが、それは過酷な家事労働に加えて無償労働を搾取されるに過ぎない。
フェルメールの妻カタリーナは非常に身分・階級を意識する女性で、「召使
はみな泥棒」というのが口癖で、おおげさに宝石の管理にこだわる。子供が
いたずらしたところを見つけてフリートがきびしく叱ると、洗濯物をわざと
汚したり、泥棒の濡れ衣を着せたりするような復讐をされるが、フリートは
抗議できない。フェルメールのパトロンには猥褻行為までされる。フリート
のボーイフレンドさえ、フリートがフェルメールのモデルになっているとい
う噂をきいて彼女の貞操を疑う。周りの人からすれば、彼女の存在はほとん
ど他人に仕える、他人の気晴らし、他人の欲望を満たす存在に過ぎない。

　しかし、それでも、小説のフリートにはプライドがある。フェルメールに
自分の才能を認められて、自分の能力に自信をもつようになり、ついにフェ

28

ルメールの作品の構想について意見を言う。自分が召使であるのは偶然の結果であって、自分のアイデンティティは仕事ではなくて自分の能力に基づいていると考え始める。そして何よりも、自分の人格を認めてもらいたいという気持ちが強い。

　子供の悪戯で泥棒に疑われたが、フェルメールがフリートを信じて真実を追究し子どもを罰したとき、フリートは考える——

> 　悶着が収まった後、家の中で何かしら変化が起きた。（中略）どうやら［カタリーナが］わたしを恐れているようなのだ。（中略）
> 　マーリア・ティンスは娘ほどあからさまではなかったけれど、やはり接しかたに変化を見せて、以前よりもわたしを尊重してくれるようになった。（中略）
> 　旦那様がわたしを以前とちがったふうに扱われることはなかった。（中略）
> 　気持ちが変わったのは、むしろわたしのほう。借りができたと感じるようになった。何か頼まれたら、断れないという気持ちになった。旦那様に頼まれて嫌と言いたくなるのはどんなことなのか、思いつかないけれど、それにしてもこの立場は居心地がよくない。
> 　旦那様にはがっかりした面もあった。もっともこれについてはあまり考えたくないのだけれど、カタリーナには旦那様ご自身の口から、わたしがお仕事を手伝っていると仰っていただきたかった。（175）

　17世紀の階層社会で、雇用主がこれほど召使の人間としての尊厳を尊重することはあり得たのだろうかと疑問がわくかもしれない。しかし、そういう可能性を想像することによって、これまで主に男性中心に描かれてきた歴史小説というジャンルの約束事が破られて、文学に新しい可能性が開かれるかもしれない。

　アイデンティティのあり方は人によって違う。ある人は得意なスポーツ、ある人は音楽的才能、ある人は学力、ある人は宗教、ある人は民族、ある人は出身地といったように、アイデンティティのよりどころはさまざまだ。女

Part I　ことば・アートとジェンダー

であること、男であることは、自分のアイデンティティとどのぐらいかかわっているだろうか。ファッションや言葉遣いで自分のジェンダーを自由に表現できているだろうか。外からの圧力で、周囲に求められて、心のなかの本当の自分と違うジェンダーを演じていることはないだろうか。複数の可能性のうち、何かを自己のアイデンティティの中心に据えるという選択をするとき、他者との差をつけるために選んでいることはないか。その基準は何だろうか、向上心のためか、サバイバルのためか。

　文学では、周囲の人間との関係のなかで自分のアイデンティティを築き上げるプロセスが描かれることが多い。いろいろな作品のいろいろな登場人物と自分を重ね合わせて考えてみると、普段気づかないことに気づくことがある。そういう試みをする時も、ジェンダーを意識してみることができる。どの人物と自分を重ね合わせてみているか。小説も映画も主人公が男性で女性が脇役という設定が多いが、自分をどちらに重ね合わせてみているだろうか。その結果、自分の生き方まで影響されていることはないか。選択肢の幅が無意識のうち狭くなるように条件づけられてはいないだろうか。

眼差し（Gaze）── キーワード 5

　ブルッカーは、ローラ・マルヴィーという映像学者の 1975 年の論文をひいて次のように論じる。

　　異性愛男性の観客は、典型的な男性主人公と同一化して同じ目線（カメラで定められた目線）で作中の女性を見る時、それほど不自然な感じをもたないが、女性観客にとっては、どの人物と同一化しどんな目線で見るか、そう簡単にはいかない。男性主人公に対する副次的な人物としてしか存在しない典型的な女性役には不満であるし、男性主人公と同一化して満足することもできない（ブルッカー　1999：234）。

　映画のフリートの主体性は小説のフリートのそれとは違う。小説のフリートは内心を語っている。映画のフリートはほとんど主体性がなく、主に何を

第2章　ジェンダー・リテラシーで読み解く文学

考えているのかわからない謎の女性として表象される。たとえば小説では、フェルメールがフリートにカメラ・オブスクラ（暗箱。全面にレンズ、後面に感光板を置いた旧式の写真機）を見せる時、次のような場面がある。

　　「お前、ずいぶん大きな目をしているね」旦那さまが仰った。
　　頬が赤らむ。「以前からよくそう言われます」
　　「もう一度、見てみるかい？」
　　見たくはなかったけれど、そんな返事はできないこともわかっていた。しばらく考えた。「ひとりきりになれるのでしたら、もう一度見たいと存じます」
　　驚かれた様子だったが、すぐに面白いと思われたようだ。「いいだろう」と仰る。（67）

　映画にはこの会話がない。主体性のある発言は、映画でのフリートのように、客体として見られるために存在する女性には相応しくないとでもいうことなのだろうか。
　また、小説では、フェルメールがフリートをモデルに描いている時、こういう場面がある。

　　「お前の頭巾だがね」旦那様が仰る。「とってくれないか」
　　「嫌でございます」
　　「嫌？」
　　「それだけはご勘弁ください」（211）

　最初は断るが結局「ノー」と言えず、フリートは頭に布をターバンのように巻くことになる。小説では納戸で一人で準備する。映画ではフェルメールがそこを垣間見る。また、小説では、フリートはピアスを着けるために自分で耳たぶに穴を開けるが、映画ではフェルメールが穴を開ける。映画ではどちらの場合も、主体が見る／行動する・客体が見られる／されるがままという構造になっていて、性的ニュアンスが非常に強い。

31

Part I　ことば・アートとジェンダー

　このように、小説と映画を比較すると、いろいろな違いに気づく。それぞ
れの作者の意図について決定的なことは言えないとしても、読者（観客）と
して自分が受ける印象について語ることができるし、書評や映画評、ユーザ
ー・コメントや友人との会話で、自分の受けた印象がどれほど一般的なのか、
その効果について観察することができる。

　それから、客観的なデータを集めることもできる。たとえば、小説と映画
を比べて、フリートが他人と目を合わせる場面がどれだけあるのか比較して
みると、映画では、モデルとしてのポーズの時以外、フリートが他人と目を
合わせることはほとんどなく、いかにも「処女」らしくいつも下ばかり向い
ている。小説を読んだり映画を観たりするとき、ジェンダー・リテラシーを
用いてチェックをしてみれば、いろいろなことが見えてくるだろう。

当事者性（Positionality）──キーワード6

　1979年に、サンドラ・ギルバートとスーザン・グーバーというアメリカ
人研究者が『屋根裏の狂女』というフェミニスト文学批評論集を発表した。
タイトルは『ジェーン・エア』（1847）というヴィクトリア朝時代の小説に
由来する。作者はシャーロット・ブロンテ（1816-1855）というイギリス女
性だ。

　小説のあらすじは以下のようなものだ。主人公ジェーン・エアは幼い時孤
児となり、施設に送られるが、成人して家庭教師として雇われる。雇用主の
ロチェスターに結婚を申し込まれるが、結婚式の際に、ロチェスターが屋根
裏に監禁していた、精神に異常を来たした妻の存在が判明し、ショックを受
けたジェーンは逃げ出す。セント・ジョンという牧師に助けられ、求婚され
るが、ロチェスターのことを忘れられない自分の心の動揺に気づき、セント・
ジョンの家を出る。再びロチェスターのもとを訪ねると、火事でロチェスタ
ーの妻が亡くなり、ロチェスターが盲目になったことを知る。やがて二人は
結婚する。

　ギルバートとグーバーの解釈では、屋根裏に閉じ込められている狂女はジ
ェーンの深層心理、つまり性的欲望の象徴だという。70年代の多くの白人

第 2 章　ジェンダー・リテラシーで読み解く文学

フェミニストにとって、ジェーン・エアはヒロインであった。家庭教師として自立し、牧師との安全な結婚よりも、自分の欲望に目覚めて、世間体を気にせずに身分の違う男性と結婚する。それも妻が夫に依存する夫婦関係ではなく、弱い男性の頼りになる強いパートナーとなるジェーン・エアは憧れの女性として評価された。

　しかし、1985 年にガヤトリ・スピヴァクは、そういう解釈が白人中心で帝国主義の歴史的背景を無視していることを指摘した。まず、なぜアメリカの白人フェミニストはバーサ（ロチェスターの妻）の存在を問題にしないのかを追及する。小説自体も、バーサについての言及は少なく、作者ブロンテの意図と問題意識は別としても、20 世紀のフェミニスト読者の誰もバーサという女性に目を向けないのは人種差別に由来するのではないかと。実は、バーサはイギリス生まれの白人ではなくて、ロチェスターが植民地で知り合ったクレオール（中南米で生まれたスペイン系やフランス系の白人、またはその混血児）なのだ。

　スピヴァク自身がその問題に気づいたきっかけは、『サルガッソーの広い海』（1966）という、バーサの立場から語られた小説である。作者はジーン・リース（1890-1979）というドミニカ人女性。リースはこの小説で、なぜバーサが屋根裏に閉じ込められるようになったのかを想像し、バーサとロチェスターの内心を、奴隷解放直後で社会秩序が不安定な植民地社会の背景に位置づけて描いている。こうしたすぐれた解読の可能性を開いた小説であるにもかかわらず、アメリカの教育制度ではカノンの壁は高く、リースの小説は、出版当時は大学の文学の講義で論じられることはなかった。スピヴァクが取り上げた結果、リースの小説が評価されるようになっただけではなく、カノンという概念についての問題意識も高まって、主人公だけではなくてすべての登場人物を当事者の目線で見る重要性が認められるようになったのだ。

　スピヴァクがこの 1985 年の論文で最後に取り上げている作品はメアリー・シェリー（1797-1851）のゴシック小説『フランケンシュタイン』（1818）だ。メアリー・シェリーは、フェミニズムの古典『女性の権利の擁護』を著したイギリスのメアリー・ウルストンクラフト（1759-1797）の娘だが、母親は

33

Part I　ことば・アートとジェンダー

出産直後産褥熱で亡くなった。

　小説『フランケンシュタイン』では、18世紀当時、大学で医学を学ぶ青年ヴィクター・フランケンシュタインは、新しい科学によって生命を自由自在に操れるようになるのではないかという野心を抱くようになる。ひそかな研究の結果、彼は人造人間の創造に成功した。しかし、その容貌があまりにも醜かったため、その創造物を捨てて実験を諦めた。嫌われ迫害されながら、創造物はヴィクター・フランケンシュタインを探し出し、復讐に彼の弟や妻を殺す。人造人間フランケンシュタインは、やがて北極の氷の海に沈み消える。

　『ジェーン・エア』と『フランケンシュタイン』を比較してスピヴァクは、シェリーの作品には、ブロンテの作品の軸になる個人主義と帝国主義がみられないという。ヴィクターの人造人間を作ろうとする行為は全能の神になろうとする行為、または女性の生殖機能をまねようとする行為だが、その結果は恐ろしいものとして描かれ、傲慢さが肯定されるのでなく否定されているとスピヴァクは解釈している。

　ところで、この三つの作品はいずれも映画化されている。とくに映画『フランケンシュタイン』（1994）では、原作にない、創造物に殺された妻の再生にヴィクターが成功する場面が付け加えられており、二人の男性が女性のことで争っている場面が非常に興味深い。とくに、最後まで名前を付けてもらえなかった創造物と、蘇った妻に自分の名前で呼べと要求するヴィクターとの間では、名前の象徴的な意味、名前を付ける権利・権威の差が浮き彫りになることが注目される。

　『真珠の耳飾りの少女』を当事者性を意識して読む（観る）時、どんなことに気づくだろうか。とくにカタリーナの視点から想像してみると、新しい物語が生まれるだろう。

3 文学がひらく可能性

　人生の道——アイデンティティ形成の道も、ジェンダー形成の道もまっす
ぐではない。そこには多くの分岐した道、複雑な交差点が存在する。分岐の
選択によって、一生が左右されるかもしれない。いろいろな社会的な圧力が
かかっている時（親からの圧力、格差社会の圧力、など）、そのプレッシャー
のため、視野が狭くなることもあるかもしれないが、開かれた意識をもって
いれば、そういったプレッシャーに耐えて自分の意志主張ができる可能性が
より高くなる。ジェンダー・リテラシーという意識で選択すれば、より開か
れた世界を経験することが可能になるだろう。本章で紹介したキーワードは、
その道しるべになるかもしれない。

　文学作品の解釈はある程度、読者の自由である。客観的に正しい解釈が一
つということはない。作者の意図がはっきりしている場合でも、文学作品の
意味は作者の意図だけで決まるわけではない。作品は、作者と読者の間のコ
ミュニケーションの場としてとらえることができる。作者が想像していなか
ったことを読者が想像する可能性も十分ある。問題は読者の想像のパターン
だ。曖昧なシチュエーションを解釈しようとするとき、なるべくいろいろな
解釈を想像してみよう。無意識のうちに植えつけられた「常識」のために、
ワンパターンでゆがんだ解釈ばかりするようになっていないか。広告に動か
されやすい人は、ナイーブで無防備な解釈パターンにはまっているかもしれ
ない。逆に、騙されないようにいつもガードが高い守りの姿勢が習慣になっ
ていれば、解釈パターンがシニカルになり過ぎているかもしれない。
また、解釈は自由かも知れないが、誰でも理解力には限界がある。異性愛者
として、同性愛者に対する理解不足のため、誤解をしてはいないか。独身者
なら、子どもをもつ人・親の介護をする人を理解しようとする努力を怠って
いないか。

　小説を読んだり映画を観たりする時、ある登場人物の意図について疑問を
抱く時、とくにその人の考え方が性差別的だと感じる時、複数の解釈の可能
性を想像してみよう。好意的な解釈、否定的な解釈、そしてもう一つ、他の

Part I　ことば・アートとジェンダー

可能性、第三の道も想像してみよう。文学を読む時にこうした習慣を身につけておけば、現実の社会におけるコミュニケーションも豊かになることが期待できるはずだ。

（ジェリー・ヨコタ）

注
 1）　小説からの引用は、木下哲夫訳『真珠の耳飾りの少女』（白水社刊）に拠っているが、一部、引用者が表現を変えたところがある。

参考文献
ブルッカー、ピーター 1999、『文化理論用語集』（有元健・本橋哲也他訳）新曜社
バトラー、ジュディス 1999、『ジェンダー・トラブル』（竹村和子訳）青土社
シェヴァリエ、トレイシー 2004、『真珠の耳飾りの少女』（木下哲夫訳）白水社
藤枝澪子編 1991、『英語で読むアメリカのフェミニズム』創元社
現代英語文学研究会編 2000、『ジェンダーで読む英語文学』開文社
現代英語文学研究会編 2005、『「境界」で読む英語文学 ── ジェンダー・ナラティヴ・人種・家族』開文社
国文学研究資料館編 2002、『ジェンダーの生成 ── 古今集から鏡花まで』臨川書店
水田宗子 2003、『二十世紀の女性表現 ── ジェンダー文化の外部へ』学芸書林
中川成美 1999、『語りかける記憶 ── 文学とジェンダー・スタディーズ』小沢書店
スピヴァク、G. C. 1998、『サバルタンは語ることができるか』（上村忠男訳）みすず書房
Spivak, Gayatri Chakravorty. 1986, "Three Women's Texts and a Critique of Imperialism," In '*Race*', *Writing and Difference*. ed., Henry Louis Gates, Jr. Chicago: Chicago UP.
上野千鶴子 2005、『脱アイデンティティ』勁草書房

第2章　ジェンダー・リテラシーで読み解く文学

・発展的な学びのために・

G. C. スピヴァク 1998、『サバルタンは語ることができるか』（上村忠男訳）みすず書房

　　本章では「眼差し」と「当事者性」について考察したが、ジェンダー・リテラシーで文学を読むとき、「声」を意識することも大事。"Three Women's Texts" でスピヴァクは西洋文学作品を分析したが、本書では著者本人の出身国であるインドの女性についての言説、とりわけ寡婦殉死（sati）の言説について論じている。自分の死について、女性自身は何を言っているか。自分の死について語るような状況になっているか。自分自身で語りうる条件は何か？　その条件を実現することは可能か？

岡真理 2000、『記憶／物語』岩波書店

　　ある出来事について、誰かが語らなければ、誰かが書き留めなければ、当事者の死とともに、その出来事についての記憶も死んでしまう。しかし、誰が、どのように語ればよいのか。スピヴァクの理論を踏まえて、ホロコースト文学、パレスチナ文学、日本人の戦争体験文学などを通じて、当事者の声を聴くために私たちはどうすべきかについて考えさせてくれる一冊。

・課　題・

1.　最近読んだ小説や観た映画を思い出し、ここで学んだ理論とキーワードを用いて、作品の意味をもう一度考えてみよう。

2.『真珠の耳飾りの少女』の小説と映画とを自分で比較してみよう。本章で指摘したこと以外に、どのようなことが見えてくるだろうか。

Part I　ことば・アートとジェンダー

Column

アニメ『攻殻機動隊』

　マンガ『攻殻機動隊』は 1989 ～ 1990 年、講談社の『ヤングマガジン』に連載された、士郎正宗の作品である。押井守監督のアニメ映画（1995、2004）もあるが、ここでは 2002 年に日本テレビで放送された、神山健治監督の TV アニメの一話を紹介する。『真珠の耳飾りの少女』と同じように、『攻殻機動隊』の主人公は女性だが、この作品におけるジェンダーについて考える際、映画『真珠の耳飾りの少女』と同じように、ここに描かれている世界のなかにおける人間関係だけではなく、アニメを観る主体（観客）と観られる人物（客体）との間の力の構造はどのようなものか、その二重構造が現代社会の人々のジェンダーについての考え方に、どのような影響を及ぼしているか、本章で説明したキーワードをこのアニメにも当てはめて、アニメにおけるジェンダーの表象について考えてみよう。

　「カノン」というキーワードを聞くと、主に聖書や古典文学を連想するかも知れないが、マンガやアニメのようなポピュラー・カルチャーも、同じような規範に基づいて評価される。たとえば、現代では、少女マンガというジャンルが存在し、女性漫画家は少なくないが、今でもマンガの世界では手塚治虫が「漫画の神様」といわれる。

　また、アニメ『攻殻機動隊』全体を通して、たくさんのオマージュが込められている。これもカノン理論と深い関係がある。原作のタイトルももともと英語でGhost in the Shell だが、これは小説家アーサー・ケストラーの評論書 The Ghost in the Machine（1967）に対するオマージュであり、ケストラーがデカルトの心身合一の問題を 20 世紀の歴史に照らし合わせた考えが『攻殻機動隊』の全体的なテーマになっている。他にも J．D．サリンジャーの小説『ライ麦畑でつかまえて』（1951）やマーティン・スコセッシ監督の映画『タクシードライバー』（1976）、スタンリー・キューブリック監督の『フルメタル・ジャケット』（1987）、ヴィム・ヴェンダース監督の『ベルリン・天使の詩』（1987）等、いろいろな作品が製作者の世界観に示唆を与えているようだが、どれもジェンダーの観点から検討するに値するであろう。

　TV アニメの『攻殻機動隊』1st GIG 第 3 話「ささやかな反乱」もまたカノンと深くかかわる話である。ある日、大量生産の人（女）型ロボットが一斉に自己破壊をする。ウィルス感染によるテロ行為の可能性があるということで、公安 9 課が調査依頼を受ける。調べた結果、犯人はテロリストではなく、そのモデルの

第 2 章　ジェンダー・リテラシーで読み解く文学

1 台のロボットを自分の恋人として扱う民間人ということがわかる。自分のオンリー・ワンとして独占したいため、自分のもっている 1 台以外のものにウィルスを感染させて破壊したことが判明する。

　「愛するものを独占したい」という人間の願望は世界中、古代からさまざまな芸術作品のテーマになっている。西洋ではもっとも有名なのはおそらくギリシャ神話のピグマリオンの話であろう。独身男性の彫刻家が美しい女性の彫刻を彫り、同じような美しい女性を嫁にしたいと祈ったら、その彫刻が生きてくるというピグマリオンの神話は後代、さまざまなバリエーションを経るようになる。オードリー・ヘップバーン主演の映画『マイ・フェア・レディ』（ジョージ・キューカー監督、1964）はこの系譜に属する。ケネス・ブラナー監督の『フランケンシュタイン』（1994）も、メアリー・シェリーの原作（1818）よりさらにこの側面を強調している。日本でいえば、『源氏物語』の「若紫の巻」、民話の『鶴の恩返し』も同じような願望を描いている。どれも男性が女性を自分のモノとして支配しようとしている物語。もちろん、逆のケースもありうる。しかし、可能性と確率は違う。確率を下げたり上げたりするのは個人の努力だけではなく、社会の力構造に大いに依存する。

　上記のいずれもの作品と同じように、『ささやかな反乱』の結末に面白いねじれがある。映画愛好家の犯人はロボットに好きな恋愛映画の台詞を覚えさせたことが判明する。そしてそのロボットは安いモデルのため、プログラミングされた台詞以外生成できるだけの機能が備えていないはずなのに、最後に記憶装置にない台詞を吐いて反乱する。ロボットに魂（ゴースト）があるかどうかというテーマのひとつのバリエーション。公安 9 課の課員たちも犯人とロボットの行動をみて感じることを話し合っている場面もまたジェンダーの観点からみて非常に興味深い。

　さて、こういうストーリーから、私たちの現代あるいは将来のジェンダーのあり方について、何が学べるだろうか。他のエピソード、他のキーワードについても考えてみよう。たとえば、同じ 1st GIG 第 2 話の「暴走の証明」では、ある試作戦車の暴走の原因は、不治病をもっているデザイナーの心身不合一によるものだと判明するが、テーマ曲の "Beauty Is Within Us"（スコット・マシュー作詞）ではその人の悩みを性同一障害と重ね合わせている。あなたはこのような場面をどう解釈するだろうか。芸術的な想像力だけではなく、男女二元的構造を乗り越えた、多様な生き方の可能性を想像することも期待される。

（ジェリー・ヨコタ）

第3章

現代アートとジェンダー

1　女性アーティストの作品からみる現代ニッポン

　あなたは、現在、日本で活躍する女性アーティスト、あるいは日本の女性アーティストをどれくらい知っているだろうか？　草間彌生、石内都、やなぎみわなど、大型国際展で活躍するアーティストの名前をすぐに思い浮かべた人もいるかもしれない。あるいは、ニューヨーク在住のオノ・ヨーコやベルリンの塩田千春の作品や生き方に魅かれている人もいるかもしれない。だが、そもそも冒頭の問い自体が問題含みである。「日本のアーティスト」とは誰を指すのだろうか？　「日本」を冠した途端に見えなくなってしまう存在はないだろうか。現代ニッポンの問題は女性アーティストたちの作品にどのように描き込まれているのだろう？　彼女たちは、どのように〈女〉の問題をとらえ表現してきたのか？　もちろん、「女性アーティスト」として一括りにまとめることも特徴づけることも簡単にはできないが、女性たちのアートから現在のニッポンや世界はどのような姿を私たちの前に見せるのだろうか。それらを、ジェンダー、セクシュアリティ、民族、階級、貧困、記憶、歴史の表象などをキーワードとして読み解いていこう。そして本章後半では、ジェンダーと美術について関心をもった初学者のために、日本における視覚表象の最近の研究状況を紹介したい。

40

第 3 章　現代アートとジェンダー

境界・不在の中の存在

　吹き抜けの天井から無数の赤い糸が放射線状に広がる。その糸の先には靴に込められた思いを綴った手紙とともに約 2000 足の靴が一足一足丁寧に結び付けられている。塩田千春が 2008 年大阪国立国際美術館の「精神の呼吸」展で展示した作品《大陸を越えて》である（図 1）。床に並べられた大量の靴は、使い古しの中にまだほとんど履かれていない靴も混ざり、まるで虐殺されたユダヤ人の靴の山のようにも見えてくる。そしてその場にいないはずの靴の持ち主の存在を、凄惨なまでに美しくリアルに感じさせるのである。

　この作品を制作したのは、ベルリンを拠点に活躍する塩田千春（1972-）である。彼女は靴だけでなく、無数の窓枠や鞄で構成した空間や、部屋にびっしりと張り巡らされた毛糸とベッド、泥まみれの巨大なドレス、焼け焦げたピアノなどの作品で知られてきた。塩田の作品にはいつも「死」があった。たとえ「生」と希望が同時に存在するとしても、その見えない「死」を、彼女が並べるベッドや靴、窓枠、鞄たちは、観る者に否応なしに感じさせ、今しがた抜け出したばかりに見える皺の寄った病院のベッドのシーツが、不在の人と死を暗示するのである。

　ベルリンで移民の夫や国籍も母語もそれぞれ異なる子どもたちと暮している塩田千春にとって、よそ者であることや他者性は常に生活と直結する問題である。東西ドイツの壁が壊されて十数年の年月が経っても旧東ベルリンの地域では建物改修が続いていたが、その改修される建物を塩田は観察し、写真に撮り続けた。改修のために窓はすべてはずされ、建物の外壁に一枚も残っていない。それ

図 1　塩田千春《大陸を越えて》
インスタレーション　2008 年　大阪国立国際美術館
Photo by Sunhi Mang
© Chiharu Shiota Courtesy of Kenji Taki Gallery

41

Part I　ことば・アートとジェンダー

はまだ生きている建物のはずなのに、廃墟になってしまったようだ。窓がなくなっただけの建物なのだが、まるで歯を失った口の中をのぞくかのような不気味さが伝わってくる。そのとき彼女は、「内でも外でもない狭間に立っている窓に自分自身を見た」のだという。あえて境界に位置することを選び取り、人と人の理解のために国籍や宗教という個人の所属する枠組みが果たす役割を疑問視してきた塩田千春の作品には、自身の切実な体験や感覚が底にある。

　井上廣子（1951-）も不在のなかの存在を表現してきたアーティストである。井上の作品に《魂の記憶〈98・7.25-220〉》というタイトルのインスタレーションがある（図2）。1軒分の仮設住宅を設置し病院のベッドを置いた作品であるが、このタイトルは何を表わしているのだろうか？　実はこれらの数字は、1998年7月25日の時点で、阪神淡路大震災を生き延びたのち仮設住宅やアパートなどで孤独死した人数220人を示すものである。1995年、阪神・淡路大震災で亡くなった人のなかでも周縁化されることの多い仮設住宅で孤独死した人たちを絶対忘れない、という思いを込めて、井上はこの作品を震災3周年の展覧会に出品した。彼女のアートは地震を経験したことを契機に、

図2　井上廣子《魂の記憶〈98・7.25-220〉》
インスタレーション　1998年

第3章　現代アートとジェンダー

社会性をもった内容へとがらりと変化した。

　その後、井上は日本とドイツ、オーストリアを行き来しながら、人と人を隔てる境界に注目し、隔離された精神病院の窓を撮り続けている。同じ窓を内側と外側から撮ったり、入院患者の遺品や、あるいは人のいないドイツの森を写した写真には、そこには映っていない人の気配と生きざま、場所の歴史すらもが伝わってくるのである。

環境・食・命

　次に紹介する知足院美加子（ともたり）（1965-）は彫刻家である。東日本大震災で原発事故が起こるとすぐさま、食の安全に不安を抱く被災地の妊婦たちに九州産の野菜を送るプロジェクトを立ち上げ、その後、原発立入禁止区域内に残された牛たちに思いをはせながら鉄のオブジェを制作した。その表現手段はさまざまであるが、一貫してこだわってきたのは、人間によって脅かされる食や命の安全である。

　そんな知足院の原点ともいえる彫刻が、黒大理石に少女の像を彫った《回想、二風谷ダム》（図3）である。1970年代、北海道の先住民であるアイヌ民族の古くからの聖地だった二風谷（にぶたに）にダム建設の計画が発表され、地元の人々は聖地を破壊するダムの建設に反対する裁判を起こした。その結果「アイヌ民族の先住性」が認められ「ダムは違憲である」との判決を得たが（1997）、それにもかかわらずダムは施工され二風谷地区は水没してしまう。2年後、知足院は、ダム横に彫刻を設置し、台座に付けたプレートに二風谷をめぐる事実を刻み込み残した。

図3　知足院美加子
《回想、二風谷ダム》
彫刻　1999年

　　状況に応じて公共事業の方向性を変えることがこれほど困難なのはなぜなのか、近代の中で構造としての差別が残っていくのはなぜなのか、また、メディアで流れてくる情報内容と当事者

43

Part I　ことば・アートとジェンダー

の実感がこれほどかけ離れていくようになったのはなぜなのか、私たち日本
人が「考えること」を後回しにしてきたものの重みを感じ、問い直したいの
です。問いかける力、新たな認識の呼び水になる力が「芸術」に残存してい
ることを期待します。　　　　　　　　　　　　　　　　（知足院美加子 HP）

　一方的な「日本人」側の記憶が、反省もなく正当化されていくこと。作品
はそれへの抵抗であった。彼女が二風谷で問うた問題は、今日の福島での作
品に引き継がれている。知足院美加子にインタビューをしたとき、彼女は自
分の先祖が山伏であり、それをずっと恥ずかしく思っていたことを話してく
れた。大衆文化のなかで描かれる山伏のイメージの大半は、われわれの存在
とはかけ離れた超能力者か、ずるい策士である。明治になり廃仏毀釈が行わ
れるなかで、山伏は明治政府から弾圧され、九州の英彦山に住んでいた知足
院美加子の先祖は、苗字から「院」の字を削除するよう命じられた。先祖の
歴史を知り自分の出自に向かい合うことから、彼女は自分の創作活動を切り
開いてきたのである。
　知足院は、彫刻は印みたいなものだと言う。「悔しいけど何にも出来ない、
でも声を挙げたい、それは批判そのものというより、私が絶対忘れないんだ
っていう印。このことを何度も思い出すための」（北原 1999：142-143）──。

記憶・民族
「日本のアーティスト」という枠組みを設定した途端、見えなくなってし
まう存在の第一が、在日外国人の美術活動であろう。朝鮮籍の在日三世とし
て東京に生まれ、現在韓国に拠点を移して活動を続ける琴仙姫は、パフォー
マンスや映像によって日本や韓国の社会の基底に押し込められた記憶を形に
してきたアーティストである。チマチョゴリの制服を着て朝鮮学校に通った
琴は、たびたび日本人から浴びせかけられる北朝鮮バッシングの暴言や在日
コリアンに対する嫌がらせに耐えながら毎日通学した経験をもつ。

　　日本の潜在意識の影の中には北朝鮮の人々がいるという。日本の人々が朝

第3章　現代アートとジェンダー

　鮮系在日の人々をみるたびにあれだけ毛嫌いするのは、私たちの背後に彼らの忘れようとして葬った亡霊たちが垣間見えるからだろうか。救済を必要とする私の身には、多くの死体が、連なるジャガイモたちのように埋められ、根を下ろしていた。

(琴仙姫 2013：285)

　この潜在意識の影が、押し込められた記憶の淵から凶暴な暴力を伴って、「日本奪還」という勇ましい掛け声とともに日本社会の表層に幾度も浮上してくるのを、今私たちは目の当たりにしている。ヘイトスピーチにみられる剥き出しの人種差別や民族差別は、障がい者や母子家庭など他の弱者に対する蔑視や暴力にまで拡大し、人々の心を内側から蝕んでいく。このように「世界政治の周辺地域における被差別民族の一人」として育つなかで、琴は「耐え難いほどに分裂した世界の現状」に気づくようになり、その融合を芸術のなかではかろうとした。

　琴仙姫が引用文のなかで唐突に語るジャガイモのイメージは、彼女のパフォーマンスにも実際に登場したことがある。韓国の済州島四・三事件の虐殺を描いた小説から着想を得た作品《vegetation》で、彼女は「国の間の争いで犠牲になり、日の目をみることができず黙殺され葬られた死者たち」をジャガイモに象徴化させた。そして、あたかも地中から掘り起こされたこれら

図4　琴仙姫《草木霊》
パフォーマンス　2010年

45

Part I　ことば・アートとジェンダー

の死者たちと一体化するかのように、琴は、自分の長い髪の毛にジャガイモを結び付け、北京の街中で髪とジャガイモをひきずって歩いたのである（図4）。人々の前に姿を現わしたこれらの死者たちは、のちの映像作品《bloodsea》（2010）では、ソウルの夜空を飛翔しながら塩を撒く琴によって清められ、やがて大地に還っていった。日々の見慣れたイメージを再提示し、身体をもたないユートピア的な意識の世界へ溶解させることによって、琴は、「凍り固まった人々の精神の核」を溶かし、私たち自身の根源的な回復をはかろうとするのである。

貧困・セクシュアリティ

　いちむらみさこ（1971-）は、管理社会にスキマをあけて場を創るアーティストである。大学院生時代からテントで野宿をしながら日本全国を旅し、そこで出会った人々や街の様子を描いてきたいちむらは、2003年から東京都内の公園にあるテント村で暮らし始めた。だが、公園での暮らしのなかにも暴力や性差別は存在し、特に女性が生き辛いことを実感する。他の女性たちがどのようにホームレス生活を続けているのか気になったいちむらは、女だけで気楽に話せる場を創ろうと「女性のためのティーパーティ」を企画し、テント村や近辺の女性ホームレスを招いてお茶会を開いた。また仲間と一緒にテント村の住人たちといっしょに絵を描いたり、持ち込んだ食材等でお茶を楽しめる物々交換の「エノアールカフェ」を開いて、テント村の中だけでなく、外の人々との交流する場も創り出してきた（図5）。

図5　いちむらみさこ
　　『Dear キクチさん』表紙
　　2006年 キョートット出版

　いちむらが始めた「ノラ」（2007-）もそれらの活動のひとつである。女性の自立を問うたイプセンの演劇のタイトルと「野良」をかけた「ノラ」は、ホームレスの女性たち自らが布ナプキンを制作し販売するプロジェクトである。布ナプキンとは、洗って繰り返し使用でき環境の負荷を減らす月経

46

用品であるが、各自創意工夫した布ナプキン作りは、わずかではあるが現金収入を彼女たちに提供しただけでなく、自分自身のからだと女性性を肯定し、消費資本主義社会の批判にまでつながるものだった。毎年3万人もの人が自殺するのにそれを疑問視もしない社会のなかで、いちむらは自殺者3万人のために巨大な墓を掘る。餓死者が出る一方、途方もない量の食べ物が捨てられる大都会で、彼女は、余った食べ物を集めて調理し、路上で参加者といっしょに食べる。「場がなくなる感じがダメ」だと直感するいちむらみさこは、表現者自身が閉じこもり管理強化が進む社会のなかで、思いもかけない形で場を創るのである。

最後に紹介するイトー・ターリ（1951-）は、パフォーマンス・アーティストのパイオニアである。1980年代にパントマイムをオランダで修行し帰国して以来、薄いラテックスのゴムを使って皮膚を再現し、内と外を分ける境界の意味を探ってきた。1990年代半ばにはパフォーマンスの中で、自らがレズビアンであることをカミングアウトするが、日本の美術界では初めての出来事であったにもかかわらず、「時代遅れ」として徹底的に無視された。《わたしを生きること》という作品では、自分の母親との関係、結婚を強要する異性愛社会への恐怖といらだちを表わしたのち、最後に巨大な女性性器をかぶって踊り、自分らしく生きることの難しさやエロティシズムの喜びを1時間のパフォーマンスの中で表現した。

その後、イトー・ターリは、アジア・太平洋戦争中、日本軍によってセックスを強要された「元従軍慰安婦」の問題をテーマに取り組み始める（図6）。戦後も母国へ帰らず沖縄で暮らし続けた韓国人元従軍慰安婦、ペ・ポンギさんの一生を調べて彼女の人生を演じ、同時に軍事基地・沖縄で続く性暴力を重ねていく。何年何月何日に沖縄のどこで米軍による性暴力事件が起こったかをイトー・ターリ

図6 イトー・ターリ
《あなたを忘れない》
パフォーマンス 2005年
撮影：アンナ シヅェンスカ

Part I　ことば・アートとジェンダー

は淡々と読み上げ、その事件の記録が書かれたテープで、女性のシュミーズを一枚一枚床に貼り付けていく。着る主をもたないシュミーズは逆に肉体と彼女に加えられた暴力の有様を見る者に想起させるのである。2011年の東日本大震災のあとは、「放射能に色がついていないからいいのかもしれない」と語った福島に住む友人の言葉が忘れられず、発光ダイオードを用いて舞台の上で放射能を可視化して見せた。イトー・ターリは、フェミニストとレズビアンのためにさまざまな団体や場を作り、女性表現者たちを励まし支援するなど、いちむらみさこと同様、アートとアクティヴィズムの要にいる存在だといってもよい。

2　美術・視覚文化とジェンダー研究

「なぜ女性の大芸術家は現われないのか？」

　さて、女性アーティストの活躍を知ったあなたは、アートは性にかかわりなく自由に活躍できてジェンダーとは無縁な世界だと思ったかもしれない。だが、はたしてアートとジェンダーと無関係なのだろうか？

　たとえば、芸術の「巨匠」や「天才」と聞いて、あなたはどんな人をイメージするだろう？　それらの人物に性別、人種、年齢、服装などの特徴はあるだろうか？　レオナルド・ダ・ヴィンチやミケランジェロ、ゴッホ、ピカソなど顔や作品を思い浮かべた人もいるかもしれない。だが、非西洋の美術家や女性の姿をイメージした人はどれくらいいただろうか？　巨匠、彫刻家、天才、大芸術家と聞いたとき、一般に男性の姿を思い浮かべることが多いがそれはなぜなのか？　大芸術家に女性が少ないからなのだろうか？

　この問題をかつて問うた学者がいた。1971年、アメリカ合衆国の美術史研究者、リンダ・ノックリンは「なぜ女性の大芸術家は現われないのか？」（ノックリン 1971）と問いを立て、その原因は美術アカデミーやヌード画実習という制度からの女性の排除にある、と説明した。ノックリンのこの論文に触発されて、1970年代には欧米を中心とした過去の女性アーティストの「掘

り起こし」作業が精力的に行われた。これに対して 1980 年代に入ると、英国の美術史研究者のグリゼルダ・ポロックが、ノックリンの議論はあまりに単純であると批判し、ジェンダーを軸とした差異の積極的な構築こそが芸術の領域における男性の特権化とヒエラルキーを維持するために必要不可欠であったこと、それゆえに、女の芸術は語られると同時に斥けられてきたのだと反論した。ポロックは、『オールド・ミストレシズ』（日本語訳『女・アート・イデオロギー』）という皮肉たっぷりなタイトルの本の中で、女に対する差別や排除を批判することは必要だが、それだけにとどまっていては「訂正と改良」という消極的な企てに終わってしまいかねない。われわれがすべき仕事は、なぜ女の芸術が「女らしさ」というレッテルを貼られ、二流の芸術だとされてきたのか、なぜそれがかくも頻繁に強調されるのかを問うことである、と主張した。

　ポロックらの著作のタイトルとなった「オールド・ミストレシズ Old Mistresses」とは、「巨匠」を表わす「Old Masters」（とくにヨーロッパの 15-18 世紀の大画家たちを指す）という英語の女性形である。だが、Old Mistresses は「女性の巨匠たち」の意味にはならず、「老いぼれのくそ婆」などの女性を性的に貶める意味に変わるのである。グリゼルダ・ポロックとロジカ・パーカーは、女性アーティストの作品を集め 1970 年代初頭にアメリカ合衆国ボルティモアで開かれた小さな展覧会「オールド・ミストレシズ」展にヒントを得て、この著作のタイトルとしたのであった。差異の構築と芸術をめぐる諸概念をジェンダーの視点から再検討しようとするポロックの提起は、ジョーン・スコットの『性の歴史学』での作業と相通じるものである。

　これらの思想的な探求を背景として 1980 年代半ば、ニューヨークに「ゲリラ・ガールズ」というグループが登場した。メンバーは一切名前を名乗らず匿名で、「女らしさ」の対極にたつゴリラのマスクを被ってファッション雑誌やテレビにセンセーショナルに登場し、ポスターを使いアート界における女性差別やホモフォビア、検閲などを痛烈に批判した。たとえば、「去年、ニューヨークの美術館では何人の女が個展を開いたでしょう？」「どの美術雑誌が女にとって最悪だったでしょう？」と問いかけ、美術館や主要な画廊

49

Part I　ことば・アートとジェンダー

での展示の機会が女は少ないことや、どの美術批評が女性アーティストをどれだけ取り上げたか（＝取り上げなかったか）を具体的な名前と数値で示した。

　ゲリラ・ガールズの代表作のひとつに、「女は裸にならないと、メトロポリタン美術館に入れないの？　近代美術部門にある全アーティストのうち、女は5％以下だが、全ヌードのうち85％が女だ」（図7）があるが、これは女が見られる存在であり、表現の主体とみなされていないことへの批判である。ポスターの中からこちらをみつめる女性は、ドミニク・アングルの油彩画《グランド・オダリスク》(1814) からの引用であり、過去の巨匠による名作を効果的に引用することによって、美術史の正史への批判を試みている。

　美術館での女性アーティストの作品展示の機会を増やす要求は、ゲリラ・ガールズに始まったわけではない。アメリカ合衆国ではフェミニズムの台頭を背景として1960年代末から美術館への抗議運動は始まっていた。その動きはすぐさま、①女性による展覧会の開催、②新しいギャラリーの設立、③フェミニズムの視点からの美術教育の改革、④自分たちの動きを伝え女のアートを批評するミニコミ・雑誌の創刊、⑤フェミニストの美術集団の結成などへと広がり、アーティストたちの実践と意識を確実に変化させていった。彼女たちは美術館への抗議運動を、「客観性」や「質」という美術のイデオ

図7　ゲリラ・ガールズ
《女は裸にならないと、メトロポリタン美術館に入れないの？》
1989年

ロギーそのものを問う闘いへと深化させたのである。ゲリラ・ガールズは結成から30年以上を生き延び、2005年にはヴェネチア・ビエンナーレに出品するなど、美術界のなかで「権威」を獲得するに至っている。その「成功」の理由として、匿名性、複製性、パロディ精神が挙げられるだろう。匿名性は画廊や美術館・美術界からの報復をわずかであれ回避し、名もなき存在であった過去の女性アーティストたちへのオマージュとして機能し、作品にあふれるパロディ精神は異議申し立てをする女へのからかいとバッシングに対する抵抗となったからである。そして1970年代以降、とくに英米圏ではジェンダーの視点から美術史を問い直す研究が次々と出版された。

美術史研究へのジェンダーの視点の導入と、バッシング

　表象研究は領域横断的で分野やテーマが多岐にわたり、視覚イメージの分析だけに限るものではない。ビジュアル・カルチャー・スタディーズが取り扱う美学、人類学、美術史、メディア研究、映画研究、カルチュラル・スタディーズ、写真研究、ポスト・コロニアル研究、クイア理論、記号論、精神分析、哲学、構造主義、社会学、社会史などの広範な学問領域を参照している。それは、お菓子のラベルからルーブル美術館の絵画に至るまで研究対象を問わず、視覚表象の社会における機能や重層的に構築される権力関係の構造を解明するものである。

　日本の既存のアカデミズムの美術界でジェンダーの視点が導入された時期は他の学問領域に比べると著しく遅れていたが、1990年代後半から視覚表象をめぐる海外の文献が引き続き多数翻訳・紹介された。英国の美術史研究者、グリゼルダ・ポロックの『オールド・ミストレシズ』やリンダ・ニードの『女性のヌード』の翻訳は美術史研究者にとって新しい必読文献となり、リサ・ブルームの論集（2000）は人種とジェンダーを分析の主要軸として据えた新しい研究の一端を垣間見せた。また、近代医学におけるジェンダー図像学の研究は表象研究の対象領域を広げ、レイ・チョウ、ハル・フォスター、ジョージ・モッセらの翻訳は理論的発展をうながした。ジェンダー研究に多大な影響を与えたジュディス・バトラーの『ジェンダー・トラブル』は、極

Part I　ことば・アートとジェンダー

めてビジュアル的であり、アートを介して読解するのが相応しいとすら思えるほどである。

　しかし、ジェンダーの視点を日本の美術史研究者たちが本格的に導入し始めた頃、美術界では1997年から98年にかけて「ジェンダー論争」と呼ばれるジェンダー・バッシングに端を発した論争が起こった。これは当時急増していた「ジェンダー」の視点にたつ美術展や美術史研究者の千野香織が提唱したジェンダー研究に対する、男性美術史研究者や男性批評家たちの揶揄やバッシングとして、日本の美術系ミニコミ誌上で始まり、やがて大学の研究紀要にも論争の場を広げて、美術史学の方法の有効性をめぐる論争へと発展した論争である。

　展覧会に関して例を挙げれば、バッシングの前後に限ってみても、1990年代後半には、『ジェンダー ── 記憶の淵から』展（1996、東京都写真美術館）、『女性の肖像 ── 日本現代美術の顔』（1996、渋谷区松涛美術館）、『揺れる女／揺らぐイメージ：フェミニズムの誕生から現在まで』（1997、栃木県立美術館）、『ラヴズ・ボディ ── ヌード写真の近現代』（1998、東京都写真美術館）など、ジェンダー関連の美術展は途切れることなく続いていた。また、美術史研究においても、ジェンダーを冠した研究書や論文が相次いで出版されるようになった時期でもあった。日本の美術史研究には1990年代に入ってようやくジェンダー理論が導入されるという状況であったが、フェミニズムとジェンダーの視点から視覚芸術を根本的に問い直す地殻変動は着実に美術界を揺るがしたのである。その後も、栃木県立美術館では小勝禮子のキュレーションによって、『奔る女たち ── 女性画家の戦前・戦後1930-50年代』（2001）と、『前衛の女性 1950-1975』（2005）が開かれ、近代以降の日本の女性画家についての研究の基礎を打ち立てた。笠原美智子は東京都現代美術館で『愛と孤独、そして笑い』を開催すると同時に、2005年のベネチア・ビエンナーレで日本館を担当して石内都の作品を世界に知らしめたが、彼女たちの着実な活動によってフェミニズムは美術界に根づいていったのである。

　1990年代後半に起こった「ジェンダー論争」というバッシングは、美術界の「遅れてきた反動」であったというだけではない。その攻撃の矛先が、

52

第3章　現代アートとジェンダー

多文化主義やフェミニズム、エスニシティをテーマとする展覧会やアート、特に従軍慰安婦や日本の侵略行為や銃後の協力をテーマとする嶋田美子の作品に向けられた点に特徴があった。それは、当時の中学校の歴史教科書での「慰安婦」問題の記述に反対する政治家や社会の動きと密接に呼応しており、その後の歴史認識や記憶をめぐる議論のさきがけでもあった。

　ジェンダー論争のとき、バッシングに対して論陣をはったフェミニストの美術史研究者や学芸員たちは、イメージ＆ジェンダー研究会という小さなグループのメンバーだった。1995年に美術史研究者を中心として結成されたこのグループは、当初は美術だけに限らず、アニメ、映画、音楽、建築などをジェンダーの視点から研究する人たちが集まっており、日本における視覚表象とジェンダー研究を推進してきた。若桑みどり、千野香織、鈴木杜幾子、馬渕明子、北原恵、笠原美智子、天野知香、香川檀、池田忍、田中厚子らの研究が単著として次々と出版され、その後も、池川玲子、亀井若菜、吉良智子、山崎明子ら次の世代の研究が続いている。

　また、お茶の水女子大学における「理論構築と文化表象」プロジェクトや、女性学学会、女性学研究会、美術史学会、表象文化論学会、ジェンダー史学会などでも個別の研究発表が行われてきた。ジェンダーの視点から音楽を再考する研究では、『フェミニン・エンディング』（スーザン・マクレアリ 1997）の翻訳や『女性作曲家列伝』（小林緑編 1999）が新しい領域を切り開き、『ジェンダー史叢書4：視覚表象と音楽』（2010）などに発展した。

戦争／従軍慰安婦／国家 ── 表象の不可視性

　1990年代後半の「ジェンダー論争」において攻撃の的とされたテーマに慰安婦問題があったことは、先述したとおりであるが、その後2000年に東京で開かれた女性国際戦犯法廷とその後日本社会で起こったNHK・ETV問題はこの時期のジェンダーと表象・メディアをめぐるひとつの核である。加害国日本と被害国6カ国の国境を越えた協力と連帯によって実現した民衆法廷では、8カ国64人の元「慰安婦」の女性たちが参加して証言を行い、「天皇有罪、日本国家に責任あり」という判決が下された。世界各国からは大勢

Part I　ことば・アートとジェンダー

のメディアが注目し報道したにもかかわらず国内の主流メディアがほとんど
黙殺するなかで、唯一テレビで特集を企画したのがNHKのドキュメンタリー
「ETV2001——問われる戦時性暴力」だった。だが実際に放映された番組は、
法廷の基本的情報すら伝えなかったばかりか、慰安婦の歴史を大きく歪曲し、
間違った「知」を生み出すものだった。放映後、法廷関係者のみならず、番
組出演者や現場の制作者までもが、上層部や政治家の圧力と右翼の脅迫によ
って番組が改ざんされた事実を暴露し始めたことによって、戦後最大の政治
介入事件であったことが明るみになってきた。

　そのなかで出演者の米山リサと、番組制作にかかわった坂上香の論考や一
連の発言は重要である。米山は、放映直後に発表した「メディアの公共性と
表象の暴力——NHK『問われる戦時性暴力』改変をめぐって」(『世界』
2001)のなかで、日本メディアのタブーとして「従軍慰安婦問題」「天皇の
戦争責任」「(日本の)女が天下国家を論じる」の3点を指摘しているが、ま
さに番組改ざん事件を通じて三つのタブーが逆照射されたといえる。当時出
版されたコンパクトな論集『裁かれた戦時性暴力』(2001)や、その後事件
を徹底検証した『番組はなぜ改ざんされたか』(2006)などもこの事件を知
るには必須である。

　この時期、美術史研究者たちも戦争や国民国家とジェンダー表象について
関心を寄せ始めていた。若桑みどりは『戦争がつくる女性像』(1995)にお
いて、第二次世界大戦下の女性動員の視覚的プロパガンダと「女性イメージ」
の役割について女性雑誌を用いて図像分析を行い、女性イメージ分析の隆盛
の端緒を作った。その後、植民地にまで空間を広げ、1930〜40年代の女性
表現者の研究が行われるようになる。たとえば、日本で初めての女性映画監
督・坂根田鶴子の満洲での映画制作についての研究(池川玲子 2002・2011)や、
戦時中の「女流美術家奉公隊」の作品についての研究(吉良智子 2002・
2013)、植民地期の「朝鮮美術展覧会」の研究(金惠信 1999)などである。
千野香織は、植民地支配と表象の問題を現代のミュージアム展示にひきつけ
ながら、日本軍〈慰安婦〉歴史館や海外のミュージアムにおける〈日本〉表
象を分析した(1999、2000)。2014年には、植民地の視覚表象研究の進展や

54

第 3 章　現代アートとジェンダー

国民国家の枠組みに閉ざされた美術史研究への批判を受けて、植民地期にソウル・台北・長春で開催された「官展」を検証する展覧会「官展にみる近代美術」展が開かれ、次の研究の大きな一歩を築いた。

　銃後の女性の果たした戦争責任を 1970 年代から考え続けてきた加納実紀代は、プロパガンダ雑誌『写真週報』をジェンダーと民族、支配／被支配の視点から分析し（2000）、その後、敬和学園の他地域の専門家と協力して軍事主義とジェンダー表象について共同研究に発展させた（2008）。また、丸木位里・俊の《原爆の図》をめぐる歴史をまとめた歴史研究者・小沢節子と（2002）、広島の原爆を「人道主義的な語りやナショナル・ヒストリーの束縛から解き放ち、ポスト冷戦、ポストコロニアル的現実の領野に即して再考」しようとした文化人類学者・米山リサの『広島　記憶のポリティクス』（2005）や『暴力・戦争・リドレス』（2003）や、テッサ・モーリス＝スズキの研究は第一に挙げたい必読書である。

　戦時期のジェンダー表象の分析は、占領期の女性表象をめぐる研究や、天皇制・ナショナリズムの表象研究と連動する。占領期・敗戦の記憶と表象については、当時国民的ヒットを飛ばした大衆映画を分析した斎藤綾子の秀逸な論考「失われたファルスを求めて ── 木下惠介の〈涙の三部作〉再考」（『映画の政治学』2003）がまず挙げられよう。また若桑みどりは『皇后の肖像』（2001）において昭憲皇太后の表象と女性の国民化を問題とし、千葉慶は近代神武天皇像のシンボリズムを研究（2002、2011）、北原恵は近代以降の天皇の家族イメージの変遷と機能を歴史的にたどり分析した（2001）。これらの一連の研究発表が続くなか、若桑みどりの『皇后の肖像』に対して表象分析という方法論と実証性をめぐって批判が起こった（「昭憲皇太后は着せ替え人形か」『論座』2002 年 3 月）。論争は結局他の歴史家や文化研究者を巻き込んだ大きな議論へとは発展しなかったが、そのなかで垣間見えたのは、表象研究の「実証性」に対する歴史家の不信感であった。視覚表象の場合、描かれたイメージはすぐさま「事実」を表わすものではないが、ビジュアルそのものに注目することによって既存の文献中心の歴史研究において見えてこなかった知を見つけることができる。そのためには恣意的な図像の選択は許されず、消費

Part I　ことば・アートとジェンダー

される場の歴史的・社会的文脈の分析は欠かせない。「表象 vs 事実」という二元論的なとらえ方ではなく、表象も現実を構成するということ、そしてイメージに人々は一方的に影響を受けるのではなく、それを能動的にとらえかえすなかで自らの足元も変化するというダイナミックな関係に着目することが必要である。

　歴史研究者による精緻な歴史的考察と、図像分析を専門としてきた美術史研究者、そしてメディア研究者らの、一つひとつの研究に即した具体的で厳しい相互批判が今後ますます必要とされている。

（北原恵）

参考文献（文中紹介分を省く）

天野知香 2001、『装飾／芸術』ブリュッケ

千野香織・熊倉敬聡編 1999、『女？日本？美？』慶應義塾大学出版会

グリゼルダ・ポロック 1998、『視線と差異——フェミニズムで読む美術史』（萩原弘子訳）新水社

出光眞子 2003、『ホワット・ア・うーまんめいど』岩波書店

池川玲子 2011、『「帝国」の映画監督　坂根田鶴子』吉川弘文館

イトー・ターリ 2012、『ムーヴ』インパクト出版会

岩本憲児他編 1998、『「新」映画理論集成』フィルムアート社

香川檀 1998、『ダダの性と身体』ブリュッケ

香川檀 2012、『想起のかたち』水声社

亀井若菜 2003、『表象としての美術、言説としての美術史』ブリュッケ

笠原美智子 1998、『ヌードのポリティクス』筑摩書房

敬和学園大学戦争とジェンダー表象研究会編 2008、『軍事主義とジェンダー』インパクト出版会

金惠信 2005、『韓国近代美術研究』ブリュッケ

吉良智子 2013、『戦争と女性画家』ブリュッケ

北原恵 1999、『アート・アクティヴィズム』インパクト出版会

北原恵 2000、『攪乱分子＠境界』インパクト出版会

北原恵編著 2013、『アジアの女性身体はいかに描かれたか』青弓社

小勝禮子・香川檀 2007、『記憶の網目をたぐる』彩樹社

第3章　現代アートとジェンダー

リサ・ブルーム編 2000、『視覚文化におけるジェンダーと人種』（斉藤綾子・とちぎあき
　　ら他訳）彩樹社
リンダ・ニード 1997、『ヌードの反美学』（藤井麻利・藤井雅実訳）青弓社
リンダ・ノックリン「なぜ女性の大芸術家は現われないのか？」（松岡和子訳）『美術手帖』
　　No. 407. 1976 年 5 月号
馬淵明子 2004、『ジャポニスム ── 幻想の日本』ブリュッケ（新装）
小沢節子 2002、『原爆の図』岩波書店
ラワンチャイクン寿子他編 2014、『東京・ソウル・台湾・長春 ── 官展にみる近代美術』（図
　　録）福岡アジア美術館・府中市美術館・兵庫県立美術館、美術館連絡協議会
斉藤綾子編 2006、『映画と身体／性』
鈴木杜幾子・千野香織・馬淵明子編 1997（新版）2003、『美術とジェンダー』ブリュッケ
鈴木杜幾子他 2005、『交差する視線』ブリュッケ
鈴木杜幾子 2011、『フランス革命の身体』東京大学出版会
竹村和子編 2008、『欲望・暴力のレジーム』作品社
田中厚子・小川信子 2001、『ビッグ・リトル・ノブ』ドメス出版
テッサ・モーリス＝スズキ 2014、『過去は死なない』岩波現代文庫
山崎明子 2005、『近代日本の「手芸」とジェンダー』世織書房
若桑みどり 2000、『象徴としての女性像』筑摩書房
『イメージ＆ジェンダー』誌（1995〜）は、WAN（Women's Action Network）のアー
　　カイヴで閲覧可。

・発展的な学びのために・

グリゼルダ・ポロック＆ロジカ・パーカー　1992、『女・アート・イデオロギー
　── フェミニストが読みなおす芸術表現の歴史』（萩原弘子訳）新水社
　　　天才や巨匠の概念がいかにジェンダーと密接に結びついて芸術を構
　　築してきたか。既存の美術史に女性アーティストを「付け加える」
　　のではなく、美術史学のパラダイムそのものの見直しと変更を主張
　　した本書は、美術とジェンダーを考えるための基本文献。

Part I　ことば・アートとジェンダー

テッサ・モーリス＝スズキ　2014、『過去は死なない ── メディア・記憶・歴史』岩波現代文庫

　　私たちの歴史認識は、写真、映画、小説、マンガ、インターネットなど、さまざまな大衆メディアの影響によって形成されている。ある出来事がいかに記憶され歴史化されるのか、そのプロセスを丹念に解読し、歴史への真摯さを提言する本書は、美術だけに留まらず視覚文化、現代思想研究にも必読である。

・課　題・

1. 女性アーティストを一人選んで調べてみよう。本や展覧会図録、アーティストのホームページを探して感想を書いてみよう（たとえば、知足院美加子さんの HP（http://www.design.kyushu-u.ac.jp/~tomotari/）など）。

2. Guerrilla Girls の HP（http://www.guerrillagirls.com/）にアクセスして、気になる彼女たちのポスターを一つ選んで訳してみよう。そのポスターが何を言いたいのか、分析してみよう。

Column

女性アーティストの本を読もう！

　「美貌の」「情熱の」「誰それの愛人」「ミューズ」「妖精」「永遠のアマチュア」──。

　これらは、古今東西を問わず女性アーティストについて語るとき、美術批評や伝記、映画などの中でくり返し用いられてきた常套句である。この形容は描く側であるアーティストを性的に見られる対象に転化させ、表現者として二流の地位に転落させる。

　だが、彼女たちは自らの生きざまや生活を実際にどのように語っているのだ

第 3 章　現代アートとジェンダー

ろうか？　オススメの 3 冊を紹介したい。①出光眞子『ホワット・ア・うーまんめいど』（岩波書店、2004）②いちむらみさこ『Dear キクチさん』（キョートット出版、2006）③金満里『生きることのはじまり』（筑摩書房、1996）である。

　1 冊目の著者・出光眞子は、女性映像作家のパイオニアである。1940 年、出光興産の創業者・出光佐三の末っ子として東京に生まれた彼女は、家父長的で息苦しい「家」から飛び出すため 1960 年代に渡米・留学。アメリカ人の画家と結婚・出産した。先端的な芸術家の集うカリフォルニアでの生活だったが心は満たされず、やがて独学で 8 ミリフィルムを撮り始めた。彼女自身の人生の葛藤や経験を通して描き出した家族との軋轢や性役割分業、母子関係などのテーマは、出光の作品の根幹である。

　2 冊目は、都会の公園のブルーテント村で暮らし始めたいちむらみさこが、キクチさんとの出会いや日常生活を絵と言葉で綴った本。キクチさんは、POP で PUNK で FUNKY なホームレスの女性だ。　──「旅館にあるような浴衣や、頭のてっぺんに大きく穴をあけた帽子、レンズがイギリスの国旗になっているサングラスなどを楽しく使って、……何でも、斬新に着こなしていらっしゃいました。髪はキャラメル色で、猫が頭に乗ったみたいでした」。これらの表現は、世間のホームレスの人々への偏見を意識から変える力をもつ。剥き出しの暴力が増殖し激化する時代だからこそ、いちむらの創造と空想は新しい価値観と生き延びる場を創りだすのである。

　3 冊目は、大阪生まれの在日コリアン 2 世の金満里（1953-）による半生記である。幼い頃、小児麻痺にかかって首から下が全身マヒする最重度の障害者になった金は、10 年間施設で暮らし、その後 24 時間のボランティア介護を受けながら自立生活を始める。障害者運動の渦中でさまざまな葛藤と曲折を経て 1983 年、身体障害者だけの劇団「態変」を旗揚げし、さらに 2 年後には出産した。その半生記を綴ったのが『生きることのはじまり』である。金は、身体障害者の身体そのものに表現の独自性と美を見出し、障害者にしか感じ得ない日常性をリアルに加工して「真実と誇張のすれすれの緊張感」を舞台で追求してきた。

　これらの 3 冊の書き手は世代も国籍も表現手段も異なるが、ともにアーティスト魂が必死でつかんだ「生きる意味」の記録である。ぜひ、読んでほしい。

（北原恵）

Part **II**

家族と性をめぐる
変動と挑戦

第4章

ワーク・ライフ・コンフリクト問題
——男の「性／せい」?

1 男性の立場から考える

　日本の社会構造について、人類学者のゴードン・マシューズは次のように言っている：「日本は、年寄りの男性が年寄りの男性のために運営している国である」（Mathews 2004）。この意味するところは、日本社会は男性支配の構造になっているが、すべての男性が支配者になっているわけではないということだ。性別に加えて、年齢も社会的地位を決定する要因となっているのである。

　こうした日本の社会構造は、本来、近代化論の基本に反するものだ。一般的に近代化は、農業社会時代の人間関係や権力構造が工業化で再構築され、同時に思想や価値観も改革されることにより、過去を脱却すると思われてきた。日本においても、ある程度はこの動きが確認できる。たとえば、女性はかつてほど下位にはない。第二次世界大戦後には政治参加ができるようになったし、資産を持つことも可能になった。そして、憲法24条では、男女は平等な権利を有すると定められている。

　しかし、そのような変化があったにもかかわらず、伝統的で不平等な男女の関係は「当たり前のこと」のように存在し、問い直されてはいない。ドイツの社会理論家マックス・ウェバーは（Weber 1978）、「伝統」というものは歴史よりも古いと考えられ、「当たり前のこと」だと取り違えられるもの

であると述べている。この「当たり前」であるという感覚が、社会構造の見直しをする際の障害となり、近代社会に適さない行動が以前と変わりなく続けられ問題を起こすのだ。

本章は、海外の例もふまえながら、ジェンダーの近代化を妨害する伝統的な男性中心の性別構造とその影響を探ることを目的とする。仕事と家庭生活のアンバランスも少子化も、ある意味では、「目に見えない、当たり前とされている伝統的な性別役割」によって起こっている。それは特に男性性の規範によるものであり、つまりは男のせいであるという二つの意味で、男の「性／せい」が原因となっているのではないだろうか。

少子化やワーク・ライフ・バランスの問題は、女性の問題と指摘される傾向がある。女性たち自身もワーク・ライフ・バランスの問題は、女性の問題であると認識している場合が多い。それは、日本社会が働く男性中心の社会であることを意味している。男の使命は「働くこと」と狭く定義してしまうことが問題の原因なのだ。「男性は仕事、女性は家庭」という性別をベースにした活動領域の存在が、働く女性の仕事と家庭の両立を困難にさせているのである。

男女を問わず、今日でも「男性は仕事、女性は家庭」というような伝統的思考をもつ人はたくさんいる。そう思わない近代的思考をもつ人も多いが、年長世代の意識は伝統思考に偏っているのも事実である（内閣府 2014）。要するに、年配の人に敬意を払うという文化をもつ日本社会全体が、伝統的な意識が維持されるようにしているのだ。それによって、多くの人が性別による役割分業は当たり前のことであり、問題視する必要のないことだと考えてしまうのだ。

一般的に男性は伝統的思考をもつ傾向が強いが、男性であることが伝統的思考を支持する決定要因になるのではない。伝統的思考を受け入れ守る女性も、不平等な性別役割分担を支持しているともいえるのだ。では、日本と他の先進国ではどのような違いがあるのだろうか。実は、男女平等で有名な北欧でも、育児や家事の3分の2以上は女性が行っている（Knudsen and Wareness 2008）。しかし日本では、女性が9割程の育児や家事を担っている

Part II　家族と性をめぐる変動と挑戦

のである。ここで指摘すべきことは、家事や育児は男性がしているのか、女性がしているかではなく、どの程度の割合で男女が行っているかなのである。つまり、「男性が家事や育児をしないのが当たり前」だとしてしまうことが問題なのである。

「もしあなたが問題解決に貢献していないのなら、あなたが問題の一部である」という名言がある。この言葉が言おうとしていることは、ある問題を解決しようとする際は、客観的な立場にたつのではなく、どちらかのサイドを選ばなければいけないということだ（Becker 1967）。職場でのジェンダー差別、少子化、過労死などの問題は、男らしいとされる極端な働き方と生活スタイルのせいである。

2　ワークとライフをめぐる歴史

まず「男は働き者だ」という仕事中心人生のイデオロギー構築が私たちに与える影響を、日本だけでなく海外の事例も使って紹介しよう。そして、100年という歴史を通して、どのようにワークとライフをめぐる理論的な説明が変化したかを考えていく。

神話的歴史観

Juliet Schor（1991）は、『働き過ぎのアメリカ人：予期せぬ余暇の減少』と題した書の中で「資本主義の到来は、私たちの生活を本当に良くしたのか」という疑問を投げかけている。理論的には、生産性が上ればその分働く必要が少なくなり、余暇が増えるはずだ。20世紀前半は、労働者運動のおかげでそうした理論上の期待が実現された。しかし、Schorは、西洋の場合は70年代から長年続いた労働時間の減少が逆転し、生産性の上昇がさらに進んでいるのに余暇が減少していることを指摘している。

そのような現象が起きてしまう理由として、6つの要因が考えられる。
①良い仕事（雇用が安定し、高収入で、福利厚生が充実し、退職金などがあるポ

スト）の数が減少し、そうしたポストを獲得するための労働者間競争が激しくなり、労働者が余暇をとらなくなっている。

②経営者が長時間労働を好んでいる。長時間労働をする人（男性）が正社員の基準となり、異なる生き方が考えにくくなる。一方、女性は家庭での役割を割り当てられ、男性的働き方をする人を支援する側に追いやられてしまう。そして女性は正社員労働市場への参入を遮断されてしまう。

③グローバル化により会社間の競争が激しくなり、経営が苦しくなった会社は、労働者の労働時間を伸ばすか、労働の密度を強化しようとする。どちらの場合も正社員のさらなるコミットメントが要求される。

④雇用側の決断で生産性から賃金を計算するようになり、労働者の余暇に関する意見が反映されなくなった。

⑤広告のあふれる消費文化のなかで生活している労働者は、クレジットカードの支払いに追われ「働くしかない」状況に追い込まれ、余暇を得ることができることを忘れて不満をもつようになる。

⑥男女別々の役割分担（男性は外で稼ぐ、女性は家庭を守る）によって、女性の労働力の価値が抑えられ、余暇の価値も切り下げられる。

結局のところ、先進国においては「現代は昔よりも良い社会である」という神話的歴史観が現代の労働搾取を無視し、男性の長時間労働を当たり前の現象のように扱ってしまう。つまり、ワーク・ライフ・コンフリクトを正当化し、コンフリクトがあること自体が見えなくなるのだ。

日本男性の労働時間の実態 —— 長時間勤務やただ働きの温床

このような男性の労働、会社中心の生活は、男女ともに結婚における理想を裏切ることとなる。家事や育児をともにする夫や、パートナー的な夫婦関係を妻たちが望んでも、結局は夫なしで家のことをこなすことになる。小さい子どもの就寝時間である夜8時までに帰宅する父親は、東京では5人に1人しかいない（朝日新聞 2006）。小学生の父親である年齢（30歳から49歳まで）の男性の4人に1人は、週労働時間が60時間を超えているともいわれてい

Part II　家族と性をめぐる変動と挑戦

る（NIPSSR 2006）。子どもをもつサラリーマンの妻の多くは、実質的に「シングル・マザー」なのである。

　森岡（2007）は、企業社会においてどのように時間が構造化されているかに配慮する必要があると述べている。ILO の統計によると、日本人男性の週平均労働時間は 42.7 時間で、OECD 加盟国のなかで韓国に次ぎ 2 番目に長い。一年で計算すると、年間労働時間は 2,135 時間にものぼる。EU 諸国の平均週労働時間の約 39 時間よりも日本人の働く時間は長いが、EU 諸国の法律に保障されている長い夏休みなどを計算に入れると、日本の年労働時間は EU 平均よりも、少なくともさらに 400 時間以上長いことになる。週 40 時間労働を基本とすると、400 時間は、10 週間分、2 カ月半の労働にあたる。その上、日本には「サービス残業」と呼ばれる記録が残されない労働時間がある。しかも、「サービス」なので無償の労働なのである。

　サービス残業は、会社の立場からすれば「サービス」だが、正式にいえば「割り増し賃金不払い残業」である。つまり、強制的な違法のただ働きである。最近では、この不払い残業をめぐる訴訟問題が目立ってきている。森岡（2007）の計算によると、2006 年における日本人の平均サービス残業は年間 247 時間である。平均賃金で計算してみると、労働者一人あたりの不払い賃金は、一年に 60 万円近くにのぼる。

　日本では超過勤務やある程度のただ働きが「普通」や「常識」と思われるようになり、当然のことながら女性労働者もサービス残業を行っている。パートやアルバイト、有期契約という雇用形態で雇われている労働者までも、サービス残業をしているのだ。最近の不払い残業訴訟や厚生労働省の労働時間取り締まり強化の動きをみると、サービス残業や長時間労働で目立つ業種として金融業、保険業、商社など、いわゆる「ホワイトカラー」の男性社員が挙げられる。また、こうした高年収エリート男性の働き方が規範や基準になる傾向が強く、「企業戦士」となるか、それともイメージは良くないが「働き蜂」や「エコノミック・アニマル」になるかということになる。どのような言い回しを使っても、結局のところ日本の働く男性の生活のアンバランスが浮き彫りになる。労働基準法による労働時間の基準（1 日 8 時間、1 週間 40

第 4 章　ワーク・ライフ・コンフリクト問題

時間）は守られていないし、規制緩和の影響でより厳しい労働条件が広まることも予想されている（コラム参照）。

3　短時間労働の試みとフレキシビリティ・スティグマ

短時間労働実験の失敗

　生産性が上がり、生活必需品が豊富になり、労働時間が短縮されていく状況をもとに、経済学者のジョン・メナード・ケーンズ（Keynes 1930）は、かつて、「我らの孫世代の経済的可能性」として、「生産性の増加により2000 年には、労働時間が半分になり、1 日 4 時間もしくは、一年間に半年しか働かなくてもよくなる。それによって、増加する余暇時間をどう過ごすのかが最大の問題になる」と予言した。しかし、彼の予測した長時間余暇は実現していない。

　長時間労働によるワーク・ライフ・コンフリクトは避けられないのかを、事例を挙げて検討したい。20 世紀の大不況（1930 年代）は、史上最大の経済危機であったといわれる。アメリカでは失業率が 25 パーセントを超え、会社や銀行が次々に倒産し、多くの人が住まいを失った。他の工業国においても、餓死する人があった。

　この厳しい状況のなか、朝食用シリアル製造で有名なケロッグ社経営陣は、短時間労働策を打ち出した（Hunnicutt 1996）。24 時間フル稼働していた工場の一人あたりの 1 日の労働時間を 8 時間から 6 時間に短縮することにしたのだ。その結果、雇用を 25％増加することができた。今日では、ワークシェアリングと呼ばれているやり方だ。

　この 1 日 6 時間労働で、生活が大きく変わったという証言もある。子どもと過ごす時間（本の読み聞かせなど）、家庭内外の改善・修理（大工やペンキ塗り替えなど）の時間、コミュニティー（労組も含めて）活動やボランティア活動の時間、趣味を楽しむ時間、スポーツやリクレーションの時間など、あらゆる余暇の時間が増えたというのだ。雇用者が増え、街の雰囲気が良くな

67

Part II　家族と性をめぐる変動と挑戦

ったという声もあった。不況なのに、ゆとりが生まれたともいえるのだ。個人の時間が２時間増えたことは、特に女性従業員に喜ばれた。個人の自由時間の拡大によって、毎日がバタバタした生活でなく、近所付き合いや家族と会話する時間が増え、お金だけでなく、ふれあいや人脈、文化社会的資産が街を結ぶこととなった。

　第二次世界大戦になると、男性が兵士となり街から消えたため、工場に動員された女性は一時的に１日８時間労働を行っていたが、戦後、労働力不足が解消されたと同時にケロッグ社の６時間労働制は復活した。しかし、戦後のアメリカでは、男性社員が個人の自由時間をもつことより男らしいイメージを維持することが大事とされたため、そして戦後生活を代表する新車などの商品を買うために、「女性向きの」６時間労働ではなく、より多くの給料をもらえる８時間労働制が望ましいと考える男性社員が年々増えた。また６時間労働制を経験した女性の数も減少し、やがて 1985 年に短時間労働制を守っていた最後の部署にも８時間「男性」基準が適用された。

理想的労働者像とフレクシビリティ・スティグマ

　ケロッグ社経営陣の男性たちはアメリカ社会のなかでは特別だった。彼らの理念は「解放型資本主義」で、それは仕事から解放され自由時間を増やすために働くのだというものだった。経営陣は、労働者は自由時間が増えれば、良き市民の民主主義的役割を果たし、社会全体がより平和的かつ強くなると信じていた。しかしケロッグ社経営陣は、その時代においても稀な人たちだったのだ。終戦後、経済成長がキーワードとなり、個人の自由時間より賃金の増加が大事だという意識が強化されたと同時に、「理念的労働者」という新たな社員像が現れた。企業戦士、組織人、スーツ男性、ホワイトカラー労働者、カンパニーマン、サラリーマンなど国によって呼び方はさまざまだが、共通点は「会社中心で生活すること」である。日本においても、生活水準が上昇するとともに、性別役割分担と消費型社会が発展し、この理念的労働者が中心とされた。

　アメリカのジェンダー法学者である Joan Williams（2010）は、理想的な

68

労働者とは、20代から働き出し、約40年間にわたって会社のため、同僚のため、そして家族を養うために、一生懸命に働くものであると定義している。つまり理念的な労働者は、稼ぎ手（英語ではbreadwinner）を意味し、男性はこうした働き方をするものだとみなされている。そのため、育児休暇をとるのは会社や同僚を軽視する「女性のような」行動とみなされ、父親になっても、理念的な労働者であるために休まずに働き続け、休暇をとろうとすれば会社に対して協力的でないというスティグマが付されるのである。

　男性の規範となっている終わりのない労働は、社会的歪みを引き起こしている。Williamsの説をもとにすると、理念的な男性労働者像は、会社の仕事以外の日常生活は「見えない」ことに基づいている（Williams 2010）。こうして成り立つ構造は、社会の柔軟性や変化を妨害している。たとえば、女性社員は、将来母親となって退職するのが「当たり前」とされ昇進できないことや、男性が理念的な社員規範意識に縛られてしまうこともここから生じているのである。そして、「男らしさ」を競って男性社員の間に激しい長時間労働の競争が繰り広げられる。このような「男性中心規範」が労働者の基準となり、育児休業などフレキシビリティのある制度を利用して仕事と家庭の両立を実現しようとするものは、「マイホームパパ」、「会社に非協力的」と呼ばれ、理念的労働者像ではないとされてしまう。理念像を達成し、スティグマを避ける行動をとることによって、社会全体のアンバランスが発生し、男のエンドレスワーカーズ（小倉2007）、つまり、終わりのない働き方が当然のこととされてしまうのである。理念的な労働者は、ワークとライフを区別しないため、生活領域のコンフリクトが起きないという幻想があるが、そうではなく、「理念的な労働者」の働き方は、現実的な人間らしさとのコンフリクトの起点となっているのである。

二つの異なる時間的感覚のせめぎあい──自然対文明

　人間は本来、自然に裏づけられた身体的時間感覚で生活してきた。しかし近代化以降、時間はだんだんと抑圧され始めた。原因は、時計や身体外部で決定されるスケジュールによる、文明によって押し付けられた時間感覚が支

配的になっていったことにある。この二つの時間感覚のせめぎあいの結果、現代人間の日常生活は、コンフリクトを引き起こす。これを Ventura は、「中断の時代（the age of interruption）」と表現した（Ventura 1995）。要するに、自然な時間で生活しようとしても、近代の働き方の軸となっている押し付けられた時間のスケジュールに邪魔されてしまうということである。自然な時間が否定された結果、集中できないいらだちや不満が募り、ひどくなるとうつ病にまで発展していく。このせめぎあいを強く感じているのは、企業社会で勤務している理念的な男性労働者たちである傾向がある。だんだんと自由に生きる可能性が希薄になり、命でもある時間が賃金労働時間に計算されて消えてゆくのだ。

　二つの時間の衝突で人間らしさを失ってきたわれわれ現代人だが、環境問題、特に地球温暖化のなかで、生きがいとはなにか、どんな生き方が意義のあるものなのか、お金は、いくらぐらいあれば十分なのかなど、生き方について問い直すようにもなった（Skidelsky and Skidelsky 2012）。上述のように1930年代に人間らしい生き方について疑問が投げかけられたが、現在ふたたび、経済学者や哲学者、社会・人間科学者たちの多くが、限界のない成長の代わりに、経済成長のない繁栄は可能であるのかという問題を再検討するようになってきているのだ（Jackson 2009）。

男性優位の神話

　1930年代と違って現在は、ジェンダーについての意識が考慮され、男性支配体制や男性優先社会を「当たり前」とするのは鋭く批判される。たとえば、Rebecca Solnit（2014）は、男性が事実と異なる解釈を断定的に行う現象を Mansplaining という造語で呼んでいる。日本語なら「男の説法」「オレ様支配」とでも訳せるだろう。一般的にそうしたことをするのは、自分は偉いと信じている社会的地位が高い男性である。その結果、他の「偉くない」人間、たとえば、女性、学生、若者、外国人などが発言を抑制される。世界的にみると、とくに発言権が否定されているのが女性であるともいえる。偉い男性しか発言しない会議などが典型例である。他の出席者は、うなずく

らいで承諾を示すのがやっとだ。反対意見を述べることが難しい雰囲気のなかで行われる会議では、特定の男性の偉さのみが強化されるのだ。

もちろん、なんらかの上下関係が社会秩序のもとになっていることは否定できない。紛争を回避して問題を解決することはどんな文化でも重要である。しかし、進化のためには紛争も必要であるということは留意しておくべき点である。同僚と団結し戦うことが許されず、発言さえもできない状況では、不平等が一方的になる。仕事中心の生活をしている男性の見識が支配的に使われるようになり、男女問わず仕事と家庭を両立しようとする行為は抑圧されてしまう。本来ならば不平不満を感じている多数派からの意見が政治の場に反映され、改善が行われアンバランスが訂正されるべきなのだ。

1930年代においても、このような状況は顕著であったが、現在の西洋では、人種問題との絡み合いにより抑圧がより複雑になっている。たとえば、一般的に白人男性が支配的存在だといわれるが、支配層と思われるホワイトカラー職に就いていても、そのなかにさらなる支配層があるため、ホワイトカラー男性の優位性は幻想となる。ホワイトカラーの男性たちは、確かにブルーカラーより社会的立場が上位だと思われているかもしれないが、それでも彼らは搾取されているのだ。また、ホワイトカラーであれブルーカラーであれ、白人男性であるだけで優位であると考えられるため、搾取されている事実を自覚せず無視すれば、優位性の幻想を保存することができ、男性優位性神話が延命し続けるのだ（Mills 1956）。次は、このメカニズムをもう少しを詳しくみていくことにする。

社会的乗数効果と男らしい生き方の特徴

サラリーマンの理念的働き方では、なぜワーク・ライフ・コンフリクトに拍車がかかるのか。考えられることとして次の二つが挙げられる。経済学の専門用語で「乗数効果」という言葉があるが、ここでは日本における「社会的乗数効果」の事例を紹介する（Alesina, Glaeser, and Sacerdote 2005）。

一つ目は、会社の系列と関係する。規模にかかわらず、日本企業はグループ化されている。グループ内の企業は、下請けもトップ企業の子会社も、グ

Part II　家族と性をめぐる変動と挑戦

ループ全体の効率を促進するため、リーダー企業の企業風土を取り入れることがよくある。このように一つの会社の働き方（働くルール、労働時間、評価の仕方、生産工程など）がグループ全体に広まり拡大される。これが「社会的乗数効果」である。要するに、権力のある者がすることの意義が拡大され、多くの人に影響を及ぼすのである。

　二つ目は、支配的男性の存在による乗数効果である。男性としての「あるべき姿・生き方」が、働き方と強く結びついて、トップから労働者に広められていく。このような「社会的乗数効果」の影響で、多くの男性が時間の使い方から髪型や服装まで、上司や先輩など支配的な男性の社会的規範を内面化して自己評価の基準とするようになる。その基準が象徴的な目標になり行動にまで至るのである。そのため、家族のために早く帰ることや残業を断るのは同僚にとっては迷惑になると考えるのだ。また、それらの行為は、「男性として相応しくない」行動であるとみなされ、昇進などに影響がある可能性もでてくるのだ。

　以上のような社会的乗数効果を通じて、支配的な男らしさと系列のリーダー企業の風土や働き方は社会全体に影響をもたらすようになる。その典型となるのが、生活水準の比較的高いライフスタイルで働く時間の長い仕事に就いている人たちである。高レベルの生活水準と職場での人間関係に慣れている労働者には、残業が当たり前である。年月が経つにつれて労働者個人が組織の「歯車」となり、心理的なコストが高くてもその環境に適応することが要求されるようになる。こうしたサラリーマンは、家族生活から離れることを余儀なくされ、夜になっても家族より仕事にプライオリティをおく。仕事優先は、選択肢の一つのはずだが、社会的乗数効果の働きで仕事が唯一の選択肢となる。会社一辺倒主義を当たり前だと思う男女が、男性社員の長時間労働とワーク・ライフ・アンバランスに拍車をかける結果となっているのだ。しかし、他の生きがいや生き方があること自体考えられない男性の立場に、ワーク・ライフ・コンフリクトがないわけではない。実は、男性の働き方・生き方が社会全体にコンフリクトを発信しているのだ。

第4章　ワーク・ライフ・コンフリクト問題

4　男らしさの神話

男性の過労は男性だけの悩みではない

　社会全体が男性たちの時間のせめぎ合う影響を受ける。政治学者の Robin LeBlanc（2012）が指摘するように、サラリーマン中心社会にある「自己犠牲は男のロマン」とうイメージのコストは、グローバル社会全体が滅びることにつながりうる。「勤勉さと努力が男の義務」と唱える少数派のエリート男性は、多数派の男性の声を鎮圧する。男性個人の犠牲は、「国全体の経済成長や活性化」「国家の名誉」のためだといわれることで正当化される。「いい男」でありたければ、兵士でもサラリーマンでも、自己犠牲を選ぶしかないのだ。

　偉い男性の唱える、国や会社の優位性が生活の基本であるという「合理的説明」に、労働者は反対・抵抗することができない。稼ぎ手のイメージを維持するため、家族を養う役割を果たすために、労働者である男性たちは社会批判的な考えを自ら抑圧せざるを得ない。戦争する必要性にせよ、経済成長を第一にするにせよ、原発再稼働にせよ、重大な社会問題に関する議論は、理念的な男性稼ぎ手のイメージとその優位性を維持することが暗黙の前提になっている。

　このような限られた人によって行われる議論は、社会のさまざまな可能性や選択肢を覆い隠してしまうこととなる。問題が問い直されることなく現状が維持され、少数派の男性に権力のほとんどが分配されていると、彼らがしている分業や生き方が当たり前のようにみえるようになる。このように、「男の自己犠牲義務」が世界中に当たり前になって、目には見えない偏見や差別として働くようになるのだ。

　しかし最近の日本では、イメージと現実が衝突するようになり、自己犠牲は人生を無駄にするという認識が広がりをみせている。新たな生きがい、新たな意味のある生活を模索する男達が増加しているのだ（NHK 2014）。「男として求められている役割」が多様化され、従来の「大黒柱」であると同時に、現在では「イクメン」であることも要求されているが、理想と現実、過

73

Part II　家族と性をめぐる変動と挑戦

去と現在の衝突を解消するには時間が足りない。その上、男らしさとは、な
んでも堪える、弱みを見せない、助けを求めないと暗黙の了解になっている
ので、夫婦の間でさえ問題点を話し合うことが難しい。職場のスケジュール、
男性規範意識、当たり前の男女役割分担、このような要因が男たちの声を鎮
圧するのだ。

5　ワークとライフの関係性

　男の「性／せい」に基づいている理念的な労働者や稼ぎ手としての伝統は、
当たり前のものというより、社会的に構築された歴史的産物であるといえる。
男女が根本的に違うという差別的主張は、社会的分業を作り出し、性別分業
を社会構造の基盤としてしまうのである。

　ジェンダーに関する偏見によって男女の不平等が生じるが、男性のなかで
も競争があり、ごく一部の男性が優位で、その男性たちに都合のいいように
社会が動く。物の少ない時代は、生産増加第一主義経済と男性中心社会は、
よくフィットしていたため、その問題性は無視されていた。人口増加のため
に子どもを産むのが女性の役割とされ、必要な労働力を供給することで、近
代的な経済システムに拍車がかけられた。

　だが産業化が進展していくなかで、その差別的な伝統に潜んでいる矛盾が
だんだん明らかとなった。20世紀に行われた数々の戦争で、資源が過重に
消費され、偏見や差別に基づく近代過剰生産の影響で経済成長とともに環境
破壊が広がった。そして地球の温暖化が示すように、世界は自然搾取の限界
にも直面している（Klein 2014）。

　世界の政治家や財界のリーダーたちの多くは男性であり、彼らは国の総生
産（GDP）や株価を引き上げ、経済を膨らませることを狙っている。そのた
め労働力の供給を増やし、賃金コストを抑えることを行っている。最近の日
本でのこの戦略は、国の経済成長によって生じたデフレと多額な負債から脱
却する試みとして行われている。つまりは戦前と同じように、国のためとは

いえ、男も女も自己犠牲を強要され、一部の男性支配者の社会的立場や古臭い理念的な男性像が保存されているのである。この「おっさん政治経済」は、想像力不足であり、社会の現状、国民の願いを考慮に入れていない。すでに多くの女性が、この「男性は仕事、女性は仕事と家庭」政策は、ワーク・ライフ・コンフリクト解決策どころか問題の継続に過ぎないと見抜いている。家庭をもっていない女性や、若い男性のなかには、「男らしい」とされている働き方のどこがよいのかと疑う人が多い。とくに職場からの女性へのメッセージは、「働くなら、子供を断念せよ」である。その結果の出生率の低下は、日本の将来と男性支配社会の継続を脅かす。ある意味で、伝統的な性差別や偏見に基づく社会に対して、若い女性たちが「母胎から反対票を入れている」のだと指摘する学者もいる（Usui 2005）。

　資本主義社会における成長が分業の力で構成されていることを指摘したのはアダム・スミスであった。スミスは、競争の良い面も悪い面も理解していた。成長を促す競争にありがちな、行き過ぎた「欲」を規制するのは、「仲間から称賛されたい気持ち」だと彼は述べている。つまり、快適感情である「一体感」や良い評判を体験できるように、世間体を意識し、仲間から良い評価を得られるように行動をとるはずである、と。

　だが残念ながらスミスは楽観的すぎた。現代社会を考察すれば、支配者像、つまり、お金持ちで年輩の男性たちは別世界にいるから、普通の家庭からの視線を感じることがない。自分たちの経済競争中心文化や労働者の自己犠牲伝統しか気にしないのだ。今日強まるワーク・ライフ・コンフリクトは、彼らのせいであるのが明らかであるが、彼らは一般の人々を「仲間」として配慮していないとしか考えられない。一般市民がどう見ているかは、どうでもいいようだ。この不自然な無言状態のままでいつまで居られるのか。本当の意味での近代化とワーク・ライフ・バランスの達成のためには、残されている課題がたくさんある。自由主義の「伝統」では、ワーク＝ライフであり、バランスをとるのは個人の課題とされる。しかし、一人の努力で世が変えられると考えるのは、神話に過ぎない。

　　　　　　　　　　　　　　　　　　　　　　　　（スコット・ノース）

Part II　家族と性をめぐる変動と挑戦

参考文献

Alesina, Alberto, Edward Glaeser and Bruce Sacerdote. 2005, "Work and Leisure in the U.S. and Europe: Why So Different?" Harvard Institute of Economic Research, Discussion Paper Number 2068. (http://www.economics.harvard.edu/pub/hier/2005/HIER2068.pdf)

朝日新聞 2006、「出産率 1.25：働き方を考えよう.」6 月 2 日.

Becker, Howard S. 1967, "Whose Side Are We On?" *Social Problems*, v14, 3.

Hunnicutt, Benjamin K. 1996. *Kellogg's Six-Hour Day*. Philadelphia: Temple University Press.

Jackson, Tim. 2009, *Prosperity without Growth: Economics for a Finite Planet*. London: Routeledge.

Keynes, John Maynard. 1930, "Economic Possibilities for Our Grandchildren." (http://www.aspeninstitute.org/sites/default/files/content/upload/Intro_Session1.pdf)

Klein, Naomi. 2014, *This Changes Everything: Capitalism vs. the Climate*. New York: Simon & Schuster.

Knudsen, Knud, and Kari Wareness. 2008, "National Context and Spouses' Housework in 34 Countries." *European Sociological Review* 24, no. 1

小倉一哉 2007、『エンドレス・ワーカーズ──働きすぎ日本人の実像』日本経済新聞出版社

LeBlanc, Robin. 2012, "Lessons from the Ghost of Salaryman Past: The Global Costs of the Breadwinner Imaginary." *Journal of Asian Studies* 71: 4 (November 2012)

Mathews, Gordon. 2004, "Seeking a Career, Finding a Job: How Young People Enter and Resist the Japanese World of Work." In Gordon Mathews and Bruce White, ed., *Japan's Changing Generations: Are Young People Creating a New Society?* London: RouteledgeCurzon.

Mills, C. Wright. 1951, *White Collar: The American Middle Classes*. Cambridge: Oxford University Press.

森岡孝二 2007、「新しい働きすぎとホワイトカラー・エグゼンプション 」森岡孝二編『格差社会の構造：クロバール資本主義社会の断層』桜井書店

内閣府 2014、平成 26 年度世論調査「女性の活躍推進に関する世論調査」http://survey.gov-online.go.jp/h26/h26-joseikatsuyaku/2.html

NHK（日本放送協会）2014、「男はつらいよ 2014：1000 人 "心の声"」クロースアップ現代 No. 3538. 7 月 31 日放送.

NIPSSR（国立社会保証・人口問題研究所）2006、「2004 年度社会保証，人口問題基本調査」

Schor, Juliet B. 1991, *The Overworked American: The Unexpected Decline of Leisure*.

New York: Basic Books.

Skidelsky, Robert and Edward Skidelsky. 2012, *How Much is Enough? The Love of Money and the Case for the Good Life*, New York: Random House.

Solnit, Rebecca. 2014, *Men Explain Things to Me*. New York: Haymarket Books.

Usui, Chikako. 2005, Japan's Frozen Future: Why Are Women Withholding Their Investment in Work and Family? In Thernstrom, Amy, ed., *Japanese Women: Lineage and Legacies*, Washington, DC: Woodrow Wilson International Center for Scholars.

Ventura, Michael. 1995, "The Age of Interruption," *Psychotherapy Networker* (Jan.‐Feb.).

Weber, Max. 1978, *Economy and Society: An Outline of Interpretive Sociology*. Berkeley: University of California Press.

Williams, Joan. C., 2010. *Reshaping the Work‐Family Debate: Why Men and Class Matter*, Cambridge, MA: Harvard University Press.

・発展的な学びのために・

森岡孝二 2005、『働き過ぎの時代』岩波新書

　　豊かになればなるほど余暇は増えるはず。しかし、世界最大経済大国のアメリカと日本の労働時間は伸びている。働き過ぎにはどのような要因があるか、どのようにブレーキをかけるかを教えてくれる。

Richenda Gambles, Suzan Lewis and Rhona Rapoport. 2006, *The Myth of Work–Life Balance: The Challenge of Our Time for Men, Women and Societies*. John Wiley & Sons, Ltd.

　　短期的利益追求や効率上昇を第一にする企業社会において、個人生活や家族、友人との関係は後回しにされている。社会政策によって「ワーク・ライフ・バランス」を実現することは「神話」であると主張しながら、世界中の人々のワーク・ライフ・コンフリクトのリアリティを簡略な英語で描き、実用的な対策を検討する。

Part II　家族と性をめぐる変動と挑戦

・課　題・

1. 本章は、男性の「性／せい」とワーク・ライフ・コンフリクトを取り上げているが、女性は無関係なのか。男性支配社会構造における女性の「性／せい」と役割を論じなさい。

Column

ホワイトカラー・エグゼンプションと
ワーク・ライフ・コンフリクト

　ワーク・ライフ・バランスをもっとも困難にする要因は、長時間労働である。労働時間を延長させる要因は残業であり、長時間労働をさらにつらくさせる要因は、不払い「サービス残業」である。

　サービス残業は法律違反である。労働基準法 32 条では、休息時間を除き 1 週間について 40 時間、1 日について 8 時間を超えて働かせてはならないとなっている。しかし、36 条にあるように、使用者と労働者組合または過半数代表との協定により、時間外および休日労働をさせることが可能になる。その場合、37 条に定めているように通常の時間給又は労働日の賃金の 2 割 5 分以上の割り増し賃金を支払う義務がある。

　上記の労働時間規定が適用されないのは、「管理監督者」だけである。日本では「管理監督者」と「管理職」の区別があいまいで、係長や課長に昇進したら残業代が支給されないと思っている人が多い。社会乗数効果で、この残業手当を払わない習慣が広まっている。

　しかし、過労死や仕事によるうつ病が急増するなか、労働時間について敏感になる労働者も増えている。その結果、最近不払い残業訴訟も相次いでいる。裁判になると、労働者の勝利に終わるケースが多い。よくある争点は、労働者の身分である。割り増し賃金を請求、支給する立場があるかないかがポイントだ。上記の「管理監督者」、「管理職」の区別に関連する、「名ばかり管理職」の身分をもつ原告もたくさんいる。小売業で代表的なのはコンビニ、ファーストフードなどの店長、製造業では作業ラインの班長、ホワイトカラー職では金融・銀行・生保会社などの中間管理職など、いずれも管理職

第 4 章　ワーク・ライフ・コンフリクト問題

らしき肩書きをもつ労働者だが、上から押し付けられたノルマ制の労働をしているので、労働の量、ペース、やり方、出退勤時間などを自分で決定できる自由もないし、本当の管理職の権限もない。

　こうしたサラリーマンがあえて残業手当を申請すれば、「社内規定により払わないのが原則」とか「管理職手当が基本給に含まれているから残業代は出ない」などと言われて、割り増し賃金を支払う義務が会社に無視されている。タイム・カードを使わないオフィスも多く、時間外労働をしてもその分がただ働きになるケースが多くなっている。

　残業代をめぐる裁判が起きることは会社の評判によくない。そこで、現状の労働基準法での違法な不払いを合法化する試みがある。ホワイトカラー労働者の労働時間抑制を緩和するホワイトカラー・エグゼンプションである。もともとアメリカの制度だが、1960 年代から日本においても導入をめざす動きがある。最近では、日本経団連が力を入れている。

　使用者側のホワイトカラー・エグゼンプション案では、一定の条件を満たした労働者を労働時間規制から外して、割り増し賃金を適用しない。この「残業代ゼロ」法案が立法されたら、ワーク・ライフ・コンフリクトがさらに悪化することが懸念され、労働側から幅広い強い反発がある。

　一方、労働時間短縮と残業賃金割り増し率引き上げを目標とした労働者側からの提案もあった。外国では残業手当は 50 パーセント増が普通であるのに比べ、日本の 25 パーセントは明白に低い。消費促進と労働時間短縮にポジティブな影響を与えうるのに、使用者側の反対姿勢は固い（かろうじて、2010 年 4 月から、1 カ月の時間外労働が 60 時間を超える場合、その超えた分だけの割り増し賃金率を 50 パーセントにするよう、労働基準法が改正された）。

　割り増し賃金が安いことは、長時間労働に拍車をかける。ホワイトカラー・エグゼンプションの対象労働者の年収を高く設定しても（2015 年 1 月に出された厚生労働省の案は 1075 万円以上）、ただ働きの「サービス残業」習慣がさらに広まるおそれがある。ホワイトカラー・エグゼンプションが導入されれば残業規制がさらに弱くなるし、時間外労働が「青天井」になる。成果主義賃金制と合わされば、ホワイトカラー・エグゼンプションは、労災問題もワーク・ライフ・コンフリクトも悪化させることが予測される。

（スコット・ノース）

第5章

多様なライフスタイルと家族

1 未婚化・晩婚化 —— 何が問題なのか

未婚化・晩婚化

　1980年代頃から、平均初婚年齢が上がる晩婚化、生涯（統計上は50歳時点で未婚）結婚しない人が増える未婚化が進んできた（図1）。2010年では、男性の平均結婚年齢は30.5歳、女性は28.8歳まで伸び、生涯未婚率はそれぞれ20.14％、10.61％である。この傾向は今後も続いて将来的には25％の人々は結婚しないという予測もある（山田 2014）。

　すでにこの傾向が現れてから長いので、現在の大学生からすれば、周囲に20代後半や30代で結婚していない人がいるのは珍しくもないだろう。しかし、1965年では、女性の平均結婚年齢は24.5歳、男性では27.2歳、生涯未婚率は1.50％、2.53％であったことを知れば、驚くに違いない。しかしまた、さらに歴史をさかのぼるならば、江戸時代、大都市の江戸では男性の半分は結婚していなかった。ほぼ100％に近い人々が結婚していた1960〜70年代の日本のほうが、歴史的にみて特異だといえるかもしれない。

　とはいえ、未婚化・晩婚化は現在、日本社会の抱える深刻な問題とされている。そのもっとも重要だとされる理由は、少子化の原因とみなされているためだ。結婚する人が少なくなれば産まれる子供の数も減り、将来の労働力人口が減少し、日本社会の活力がなくなる、というわけだ。

第 5 章　多様なライフスタイルと家族

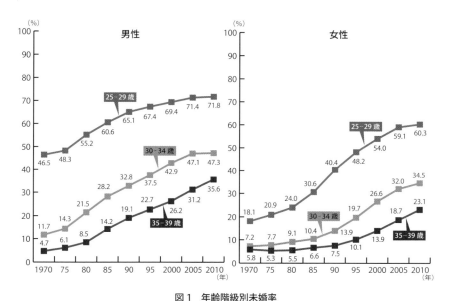

図1　年齢階級別未婚率
総務省「国勢調査」平成 22 年より

　だが、個人のレベルからいうならば、結婚するかどうか、いつ結婚するか、それぞれのライフスタイルの選択により決められるほうが望ましいともいえる。「結婚するのが当たり前」「いい年してまだ結婚していないなんておかしい」などと押し付けられるより、ずっと生きやすいはずだ。
　しかしながら、そこには留意すべき点がある。一つは、結婚や子どもをもつことを望んでいても、経済的困難や将来の見通しのなさのためにできないといった問題がその背後にあること。それは決して個人的な問題ではなく、社会が構造的に抱えている問題であり、それを放置しているわけにはいかない。そして二つには、未婚率や晩婚化をめぐる議論では、結婚して家族をもつか、結婚しないのならば一生ひとりで暮らす（少なくとも自分の親が亡くなった後は）かの、二者択一しかないかのような前提があることだ。そこにはまた、パートナーとして生活を共にするのは一対一の男女に限られるという想定もある。しかし、それは本当に自明の前提とせねばならないことなのだ

81

ろうか。

　前章では、男女の固定的な性別役割分業のために、男性は過労死にさえ至りかねないほど長時間働き、ワーク・ライフ・コンフリクトが生じていることが論じられた。その現状を変革して、夫と妻が互いに協力し合って子育てをする家族生活が実現されることが望ましいのはいうまでもないが、しかしそれだけが、すべての人にとって追求されるべき唯一の目標だというわけではないはずだ。個々人にとっての良い生き方、誰にとっても安心できる暮らし、社会の安定、という観点からすれば、もっといろいろなかたちの「家族」のあり方や暮らし方の多様性がめざされるほうがよいのではないのだろうか。私たちの、「家族とはこういうもの」という思い込みや常識は、私たちの生き方の幅を狭めているのではないだろうか。

　こうした問題意識から本章では、ジェンダーに着目する視点を生かした新たな「家族」の構想を考えていきたい。

2　家族の歴史と現在

「近代家族」の発見

　私たちが一般に抱く家族のイメージは、夫婦や親子が暖かな情緒的絆で結ばれたやすらぎの場、というものだろう。子供を中心として家族団欒を楽しみ、父親が一家を支え母親は愛情深く子と夫の世話をする——現実にはそれが叶わなかったり破綻してしまう場合もあるが、理想としては、それが家族の姿であるべきだ、あるはずだ、と。

　しかし、1960年代以降発展した社会史・家族史研究は、私たちが自明とするこうした家族のあり方は、普遍的に存在してきたのではなく、近代に特有のかたちであることを明らかにした。フィリップ・アリエスは、フランスを主なフィールドとして家族生活の歴史をあとづけ、「子供」の位置づけの変化が家族の変貌を引き起こしたと述べる。

　そもそも「家族」とは、近代以前においては、生産を基盤とする非血縁者

第5章　多様なライフスタイルと家族

も含む生活共同体であって、親族や地縁の共同体との強い結びつきをもっていた。人間の歴史をたどってみれば、産業化以前では、いかなる社会でも、人は夫婦や親子よりなる小さな家族の単位を基礎としては生きることがおぼつかない。生業が何であれ、村落や地域の共同体の人々との協働、社交、そして運命の共同なくしては、人々の生活も家族の生活もあり得なかった。人々は家族メンバーとよりも、同性の仲間集団と長い時間を過ごして深い情緒的関係をもっていた。家族は、血縁を超えた、親子や夫婦の小家族よりも広い社会関係に支えられることに依拠してはじめて、生産と生命維持の単位でありえた。それが、アリエスによれば、近代に至る数世紀に、子供とは純真無垢で特別の保護と教育が必要であるとする意識が発生し、ブルジョワ階級を先頭として、17世紀ころまでに家族は、子供を中心とする私的で情緒的なものに変わっていったという（Ariès 1960 = 1980）。

　これによって女性の位置づけが直接的に変化をこうむった。それまで、社交の担い手、あるいは生計の支え手であった女性は、新たな家族においては、何よりもまず妻＝母として家庭にとどまり、家族の中心となった子供たちを産み育てることを使命とするようになる。女性と子供の結びつきは、「母性愛」「母性本能」として、神聖化されていった。

　つまり、親子や夫婦、家族のあり方や、性愛などの近しい関係を結ぶやり方は、「生物としての自然」「理性を超えた情熱の発露」としばしば信じられているのとは違って、歴史や文化の刻印を受け、社会経済的な条件に左右されるのだ。こうした認識から、私たちの常識とする家族のありようは、近代以降の産業化の進展に適合して成長・定着してきたものだという意味で、「近代家族」と呼ぶことができる。

家族の進化、それとも？

　近代家族は、それまで家族を支えかつ統制していた地域共同体や親族共同体の拘束から逃れて、婚姻や子育て、生計をたて日常生活を営むことなどさまざまな面で外部から干渉されることなく、プライバシーを保ち、暖かな家内性を育むことができるようになった。それは、人が家族から得る情緒的満

83

Part II　家族と性をめぐる変動と挑戦

足度を高めたわけだが、しかし同時に、家族は外部からの重要な支えを失い、自閉的で脆弱なものになったということでもある。

　たとえば日本の「親子心中」という現象も、この変化のおかげで大正期以降に生じるようになったものであるという。親子心中とは、家産や財を失い生活に困窮し命を絶とうとする親が、「残していくのは不憫」と子を道連れにすることだが、民俗学者柳田国男は、昭和初期の時点で、これは「郷党教育」の伝統が失われたためだと論じた。柳田によれば、かつての地域共同体には、実の親以外の者たちが子供に関心を寄せ、養育の責任を分有する習慣が定着していた。「借り親」「烏帽子親」「名づけ親」等の、擬制的な親子関係を結ぶ風習はその一例である。したがって、実の親に子供を育てられないような事情が発生しても、親が子を亡き者にする必要はなかった。ところが産業化とともにそうした共同体の秩序が崩壊し、それが親子心中を生じさせることとなった（柳田 1978）。

　私たちの現代の社会では、大正期よりもさらに地域・親族の意味は薄くなっており、たとえ短時間でも子供が隣近所の世話になるなどほとんど考えられないくらいだ。生活の糧は、地域とはまったく無関係に、雇用先から獲得できるし、住まいの形態も、とくに都市では隣人の名前すら知らなくとも生活に何の支障もきたさないことがままある。小家族の独立性は、ますます確固たるものになっている。

　しかし、このような家族は、柳田の指摘した大正期の家族よりさらに脆弱なものになってしまったことは明らかだ。近年の家族内の殺人や暴力・虐待などの諸問題も、家族が親族や地域から孤立し、家庭が一種の密室となっていることと切り離せない。

「赤ちゃんポスト」

　熊本市の慈恵病院は「こうのとりのゆりかご」という、さまざまな理由で子供を育てることのできない親から、匿名で子供を預かるシステムを運用している。人目につきにくい、病院の外壁に扉が設けられ、内部に保育器が設置されており、赤ちゃんが入れられるとアラームが鳴って、病院職員が駆け

つける仕組みになっている。育児に窮した親による虐待や子殺しを防止する
のを大きな狙いだ。欧米にもこのようなシステムは存在し、日本では現在の
ところ、この1カ所のみであるが、ドイツでは、80カ所を超える公私立病
院に設置されている。

　「子どもの命を守る」目的であるにもかかわらず、熊本で2007年5月に運
用が始まった時、反応はむしろ厳しいものだった。「子育ての義務の放棄」「親
の無責任を助長する」といった非難が投げかけられ、「赤ちゃんポスト」とい
う、子供をあたかもポストに投げ入れるかのような呼び名がまもなくつけ
られた。当時の首相や厚労相も、こうした批判に同調するコメントを発表した。

　こうした非難の背後にあるのは、子育ての責任は、実の親、血縁の親が
100%もつべきである、という考え方だ。そんなのは当然だ、と思えるかも
しれないが、しかし、「実の親」というのはたった二人しかおらず、子が生
まれたときに若かったり貧しかったり、子を養育する精神的・経済的力に乏
しいこともあるはずだ。「育てる力がないならそもそも子供を作るべきでない」
という「常識」がふりかざされがちだが、しかし子供とは、親の所有物では
なく、次代の社会を担っていく存在なのだから、子育てを親の「自己責任」
であるかのように考えるのは誤っている。かつて平均寿命が短く、死亡率の
高い時代には、子が育ち上がらないうちに親が亡くなることは珍しくなく、
生きていても、貧しかったり、さまざまな事情で子育てが困難な場合がある
のも当たり前だった。子育ての基盤としてはあまりにも不安定な、たった二
人の「実の親」に代わって、親族や地域が支えるのは、社会の再生産を可能
にするための知恵だったのだ。

　現代でも、二人の親に育てる力がない場合や、あるいは子の出生当初から
現実には一人の親しかいないような場合もある。子が生まれた当初はよくと
も、状況が変わって困難になる場合もあるだろう。しかし、「子育ては実の
親の責任」という意識が確固としてあるために、子育てに困難な状況であっ
ても、親の援助が得られる幸運な場合を除けば、代わって子育てを担ってく
れる人々を得るのは不可能といってもいい。そのため、困難な環境のなかで、
追い詰められた親によって、子供が見捨てられて死に至ったり、虐待を受け

Part II　家族と性をめぐる変動と挑戦

たり、ということになってしまう。「こうのとりのゆりかご」は、したがって、子育ての責任を分有していた地域や親族の共同体が存在しなくなった今、困難な状況におかれる子供をスムースに他の子育てをしてくれる人々へ引き渡す機能を果たそうとするものだと、積極的に評価することができるだろう。とくに養子をもらうのがごく特別のこととみなされ養子縁組の制度が複雑な現代の日本では、「こうのとりのゆりかご」のような仕組みが果たす役割は小さくないだろう。実際、熊本市に提出された報告書では、設置から 2011 年 9 月までの約 4 年の間に 81 人の赤ちゃんが預けられ、多くが里子や養子になるなどして新たな養育先を得ている（「こうのとりのゆりかご」第 3 期検証報告書　2014）。

　また、「育てられない」までの極度の困難にはなくとも、母親が育児ノイローゼに陥るようなケースは珍しくない。夫は仕事に多忙で育児は母親である妻任せ、メディアに溢れる大量の育児情報に翻弄される一方で育児の相談をする相手もなく、母親たちは孤立し苦悩している[1]。現代では、きょうだい数も少なく、近所の子供の子守りをしたりすることもほとんどないため、「産みの母」であれ、それまで赤ん坊を触ったことすらない、育児にはまったくの新米であることが多い。そんな立場なのに、頼りになる周囲の支えもなく、たった一人で育児の責任を 24 時間負わなければならないという事態は、考えてみれば、異常なものだとすらいえないだろうか。

3　ジェンダー家族

新たな「ジェンダー」概念

　前節で述べたような、現代社会の家族のはらむ構造的問題を考えていくのに、ジェンダーの概念は重要な示唆を与えてくれる。

　「ジェンダー」とは、序章に述べたように、元来、文法上の「性」を表す語であったのが、1960 年代末からのフェミニズム運動と理論の進展のなかで、社会的・文化的性差を指すものとして使われるようになった。つまり、解剖

第 5 章　多様なライフスタイルと家族

学的・生物学的性差としての「セックス」に対する、「ジェンダー」である。

　しかし 90 年代以降のフェミニズム理論は、こうした「ジェンダー」概念を超える。男女の性差を解剖学的・生物学的決定論に還元すべきでないのは当然にしろ、社会的性差が作られたものであり生物学的性差には還元できないとする見方の背後には、生物学的性差の存在を当然視し、「自然」なものとみなす暗黙の前提があった。しかし、そこで自明とされている「自然」な性差、「セックス」とはいったい何なのか。

　ジュディス・バトラーは徹底的な構築主義の立場にたって、身体的で所与のものとみえる性差すら、時代によってさまざまな「科学」的知識の名の下に、二分法的に男/女の記号を付されてきたものだという。解剖学上の男女差、ホルモン・染色体の性差など、「セックス」の自然な事実のようにみえているものは、じつはそれとは別の政治的・社会的な利害に寄与するために、さまざまな科学的言説によって作り上げられたものにすぎない。セックスそのものがジェンダー化されたカテゴリーであり、換言すれば、「ジェンダーは、それによってセックスそのものが確立されていく生産装置」のことである。ジェンダーをセックスの文化的解釈と定義することは無意味であって、「セックスは、つねにすでにジェンダーである」とバトラーは言明する（Butler 1990 = 1999）。

　この言明に対して、それは暴論だ、とすぐさま反論が起こるに違いない。「男女の生殖器や DNA、遺伝子の違いは明白だ。どんな社会・時代にあっても、人間の身体の本質は変わらない」と。だが、バトラーは、上の言明で、解剖学的差異や遺伝子上の差異が「存在しない」といっているのではない。あらゆる個人ごとに、「自然」な差異は多種多様にあるはずだ。ところが人をつねに「男」「女」に絶対的に二分する思考がまずあるゆえに、生殖器の形状であれ遺伝子であれ、その思考に都合のよい基準が取り出され、「自然」な差異としてクローズアップされるのだ。「男」「女」を区分せずにはいない思考は、まさしく、私たちの社会の政治的な利害に一致して存在しており、そうした知のありようが「ジェンダー」なのだ。

87

Part II　家族と性をめぐる変動と挑戦

ジェンダーと近代家族

こうした新たなジェンダー概念をふまえてみると、「近代家族」の意味がさらに深くみえてくる。

すなわち、近代以降の社会において、なぜ夫婦という男女の結びつきが普遍的に家族の核に存在することが必然となったのか、そうした家族が外部に対する排他性を強め子育てや再生産の責任を一手に担うことになるのはなぜなのか。そうした家族のあり方が、それ以外の結びつきが想像もできないくらい「自然」なものだと信じられ、私たちが取りむすぶ人間関係を規定していることの意味は何なのか。

具体的に言うなら、男は女に、女は男に惹かれ、性的にも結びつきたいと思うのが自然、性的な関係を長くもつようなら、結婚するのが当たり前、結婚すれば「家族」になって子育てもそこでするのが当然、そしてその家族のなかで生計を維持し運命共同体になるのが当たり前とされ、家族外に経済的に頼ったり性的・精神的なつながりをつくるのは、「ちゃんとした家族ではない」、「浮気」「裏切り」とみなされてしまう。しかし、性的に惹かれる相手が必ずしも、生活を長くともにするにふさわしい相手とは限らないだろうし、結婚するよりも、友人同士で暮らした方が楽しいという人もいるだろう。男女二人のプライバシーの保たれた生活をしたい時期もあるだろうが、子どもをもつなら手のかかる子育て期には、ともに子育てを担ってくれる同居人が「家族」として複数いたほうが役に立つ。ごく簡単に考えただけでも、楽しく便利そうな、さまざまな暮らし方のパターンが想像できるのに、そんな暮らし方を実現しようとすれば、「不道徳」「変な宗教団体の共同生活みたい」と、非難や反対をこうむってしまうだろう。

つまりそこには、男女の二分法を自然なものとして、男女の対をもとにつくられる家族に絶対的な価値をおくイデオロギーが存在している。それは、家族をめぐるジェンダーの政治だといえる。筆者は、こうしてつくりあげられ機能してきた家族を「ジェンダー家族」と呼びたい（牟田 2006)[2]。

ジェンダー家族は、私たちの意識の上で絶対的なものであるだけでなく、現実に、現在の社会の基礎単位として、さまざまな特権を得ている。一般的

な企業や役所の賃金体系には、家族手当や年功制など、男性が女性と結婚し妻・子を扶養することを前提とした優遇措置が組み込まれ、税制・社会保障もジェンダー家族に有利な仕組みになっている。さらに言えば、「一家のあるじ」としての男性の賃金を優遇するために、若者や女性など周縁的労働者の賃金は不当に安く抑えられてもいる。とくに女性の場合には、これがひいては、ジェンダー家族の外で生きることを困難にしているのだ。

　また、法制上も、婚姻関係の男女や戸籍上の親子でなければ、許されないことは多い。たとえば、事故や病気で危篤の際に、延命措置をとるかとらないかの判断をするのは、法律上の配偶者や親子でなければできないし、人が死ねば遺した財産は、自動的に法律上の家族・親族にいく[3]。携帯電話や鉄道切符の割引などですら、夫婦・親子の家族にしか認められないことがしばしばだ。「家族＝ジェンダー家族」の方程式は、実に確固としてあり、そこからくる縛りが私たちの周りにはりめぐらされている。

ジェンダー家族と女性の孤立

　第2節でふれた母親の孤立もジェンダー家族が生み出す構造的問題だといえる。

　家庭は、成員の誰にとっても、情緒的安定の場とみなされるわけだが、しかし実のところ、ジェンダー家族は女性にとっては、孤立を余儀なくされる装置でもある。

　というのは、ジェンダー家族は、一対の男女の結びつきを核とし、子育てを典型とするケアを含む生活の経済的・情緒的基盤として、完結した単位とされる。その具体的な生活の場である家庭は、私的領域とされ、外の公的領域とは区別され、他者は容易には介入できない。

　夫・父である男性は家庭の私的領域と外の公的領域両方に属する（むしろ公的領域に主軸をおく）が、女性は私的領域に、子供などの依存的存在とともに取り残される。これは、ジェンダー家族には、大人が一対、二人しかないことの必然的帰結だ。女性が外で働いているとしても、夫が家事分担をするとしても、妻・母である女性は、家族という私的領域のただ一人の責任

Part II　家族と性をめぐる変動と挑戦

者とされる。私たちは、「家族の面倒をみるのは母親一人」であることに慣れきっているが、かつて人々の生活とは、いかなる文化においても親族共同体や地域共同体のなかにあり、生産と生活が分離せず、傍系親族や非血縁者も含めて「働き手」が複数いるのが当たり前だった。そのことに思い至るなら、ジェンダー家族とは、たった一人の稼ぎ手（妻が働いている場合でも、多くは収入は低く、家計を支えるには至らない）、たった一人の家事育児の担い手しか擁しない、きわめて特異な生活形態であることがわかるだろう。

　そのため、子供が小さいうち、ケアの必要な者がいる場合には、女性はしばしば、「私的領域」に専念、つまり専業主婦になることを余儀なくされる。通勤時間が長い都市部では、とくにその傾向がある。そして、子育てが終わっても、「公的領域」から離れていたブランクと、女性を周縁的労働力としてしかみない日本の雇用慣行のおかげで、賃金の安いパート労働しか働き口がなく、夫の扶養家族であることから脱することは難しいのがしばしばだ。かりに家族のかたちが、ひと組の夫婦を核とするのでなく複数の大人を擁するようなものであれば、育児の責任がたった一人の「産みの母」だけに集中するのではなく、たとえば4, 5人の大人たちでともに暮らし担っていけるような「大家族」ならば、女性は「私的領域」に閉じ込められることなく、被扶養者でありつづける必要もないだろう[4]。

　もちろん私たちは、妻＝母は育児や家事で家族の世話をして働いているのだから、一方的に「扶養されている」とみるのはおかしいと考えるし、外で労働して金銭を得ることだけが「自立」だなどとは考えない。しかしそれでも、ジェンダー家族での女性の位置づけが、女性を経済的な被扶養者におき続ける仕組みを作っていることは見逃せない。しかも、夫が定年退職し「稼ぎ手」でなくなってからも、妻は夫の年金で扶養され続け、夫の死後は夫の遺族年金で生計を立てることになる。豊かな社会を実現し女性の教育水準も向上した日本で、これほど多数の女性たちがほとんど一生、被扶養者として生きていく現実は、まさにジェンダー家族のくびきである。

第5章　多様なライフスタイルと家族

4　新しい家族の試み

コレクティブ・ハウジング、シェア・ハウジング

　近年では、これまでの自明の家族の枠を越えた住まい方・暮らし方が現実に登場している。

　その一つが、コレクティブ・ハウジングと呼ばれる試みで、食事や娯楽をともにする共有スペースをもち、十数から数十のさまざまなタイプの世帯が共住する集合住宅の形態だ。居住者たちは、会議をひんぱんにもって住まい方について取り決め、何らかの役割を担ってともに生活を作り上げる。住宅の建築段階から参加するものもある。日本ではまだ数えるほどだが、スウェーデンやデンマークなど北欧では、行政の支援もあって、かなり普及した居住形態となっている（小谷部 2004）。これは、住まいの水準が向上してきたかのように見えて、実は家族や個人が地域から孤立し生活の質はけっして豊かとはいえないことを反省し、豊かな人間関係のなかで充実した暮らしを作り上げていこうとする注目すべき試みだ。

　日本でも、NPO コレクティブハウジング社がプロデュースした、「コレクティブハウスかんかん森」（東京・日暮里）ほか、いくつかのコレクティブハウジングが登場している。その暮らしぶりは各コレクティブによってさまざまだが、週数回の夕食を「コモンミール」としてともにとり、リビングルームや家庭菜園等を共有・協働するなかで、老若の世代を超えた生活のつながりが実践されている[5]。

　また、とくに若い人たちの間で出てきているのが、シェア・ハウジングだ。ゲストハウス、フラットシェア、ルームシェア等々いろいろな呼称があるようだが、一つの大きな家や建物に、多くの場合は小さな個室をもって、台所やリビング、玄関を共有して複数の人々と共同生活をする暮らし方だ。友人どうしで自然発生的にそのような暮らし方をする場合もあるが、こうした物件を専門に扱う業者も発生していて、もと社員寮や社宅・学生寮であったものが利用されている（今 2004）。

　欧米ではこのような暮らし方は若い人たちの間では当たり前で、親元から

Part II　家族と性をめぐる変動と挑戦

離家した後の生活費節約に役立っているが、それだけでなく、若者たちの社交性を高め、政治的・社会的活動を促進する機能も見逃せないだろう。

　まだまだ少数ではあれ、日本の若い人たちがこうした暮らし方を好み始めたのは、安くつくからというだけでなく、同居人たちとの触れ合いがあるというのが大きな理由だ。共有スペースがあり共同で行わねばならない生活の雑事があるからこそ、多少のトラブルも含めて、交流が生まれる。自室の中で一人ですべてが完結するワンルームマンションでの暮らしは、「わずらわしさ」がないとはいうが、それは社会性を身につけ友人を作る機会を奪ってきたのでもある。幼いころから個室を与えられプライバシーを確保して育ってきた豊かな世代だからこそ、こうしたライフスタイルに魅力を感じるようになったのかもしれない。これもまた、多様な「親密なかかわり」を創造する一つの注目すべき試みだ[6]。

選び取る家族 ── ゲイ・ファミリー

　近年、西欧はじめ世界の各地で、同性同士の結婚を法的に認める国[7]が増加しつつある。「結婚」は、愛する者たちの結びつきという精神的な絆であるだけでなく、遺産相続権や、生死にかかわる事故等の際に本人に代わって意思決定をする権利などさまざまな制度的な権利が伴っている。したがって、結婚が認められないと、パートナーの死後、住居の所有権がそれまでまったく疎遠であったきょうだいや甥姪などの親族にいってしまい、自分とパートナーが暮らしていた住まいから追い出されてしまうような深刻な問題も現実に生じてしまうのだ。日本ではまだ法制化の検討さえ始まっておらず、人権擁護の観点からは問題だといわざるをえない。

　同性婚・同性カップルの家族のありようは、同性愛者たちの権利の問題であるにとどまらず、現代社会における新たな家族のあり方としても興味深い点をみせている。

　欧米では、1970年代以来、ゲイ・ムーブメントの展開とともにとくに都市では、ゲイ・レズビアンの人々が集住する地域コミュニティが発展し、活発な文化的・政治的・社会的活動が進行している。アメリカでは、サンフラ

第 5 章　多様なライフスタイルと家族

ンシスコやワシントン DC など大都市のみならず、ノーザンプトンのレズビアンコミュニティ、プロヴィンスタウンのゲイ・コミュニティ（いずれもマサチューセッツ州）など小都市にもそれは広がっている。

　アメリカの人類学者ウェストンは、サンフランシスコのゲイ・コミュニティでのフィールドワークによって、ゲイ・レズビアンの人々が紡いでいる豊かで多様な家族的つながりを見出しそれを「選び取る家族 families of choice」と表現した（Weston 1991）。これまでゲイ・レズビアンは、「家族とは無縁」の人々というステレオタイプ的な見方をされてきた。一方には同性をパートナーとする限り、結婚にも生殖にも無縁であるという思い込みがあり、他方では同性愛者への偏見と差別のために、同性愛者としてカミングアウトしたことで親きょうだいから絶縁され生まれ落ちた家族との関係が断ち切られるということもあるからだ。

　しかし、ウェストンの見出した知見は、こうしたイメージを大きく覆すものだった。たしかに、上の二つの事情は今もしばしば妥当するが、実際は、それにもかかわらず──いや、それだからこそ──非常に多様で密接な家族的関係を彼らはクリエイティブに作り維持しているのだ。

　まず、彼女・彼らは、以前の結婚による子どもがいることが多いし、養子や人工授精などの生殖技術によって子どもをもうけていることも珍しくない。その場合、遺伝的親ではないほうのパートナーは、「自然」な血縁関係を前提にしないからこそ、もう一人の母親・父親としての役割を積極的に担う。また、カップル関係が解消されることもよくあるが、前パートナーとの関係が性的なものではなくとも親しい関係として継続し、新しいカップルの家族・親族（kinship）と呼べるようなつながりを保っていくことがしばしばある。これは、異性愛カップルの場合、離別・離婚し、再婚や新たなパートナー関係がつくられると、前パートナーと親密な関係をもつのはむしろ「ご法度」として意図的に避けられる傾向があるのとは、大きく異なっている。現在共住しているか、性的なつながりをもっているかどうかにかかわらず、緩やかな「家族 family」の境界のなかで、子供の世話や日常的な買い物を頼む、病気のときの看病をする、車の貸し借り、引越しの手伝い、休暇や休日・祭日を

93

Part II　家族と性をめぐる変動と挑戦

一緒にすごす、といった日常的な交渉が実践され、そのことがまた、ゲイ・ファミリーの豊かな親密さのつながりを維持再生産しているとウェストンは言う。

ロンドンのゲイ・コミュニティでフィールド調査をしたウィークスらも同様に、ゲイ・コミュニティにおける恋人と友人の連続性を指摘し、性愛関係にない友人とともに住む形の家族関係もひろがっていることを報告している（Weeks, Heaphy and Donovan. 2001）。また、ウェインストックらは、レズビアンにおける親密さに注目し、彼女たちの関係が、親密さ（intimacy）とセックス、友情と恋人関係の区分を再考するユニークな視点を提供していると述べている（Weinstock and Rothblum. 1996）。つまり、ゲイ・コミュニティにおいては、友情と定義するにしろ、「家族」と呼ぶにしろ、それが制度や血縁によって課されたものでないがゆえに、人々にとってつねに、「重要な他者」とコミットメントしあうことが内面化されたモラルとなっている。そうすることは、現代の非異性愛者たちにとって、個の自律と相互のかかわりを両立させるための何よりも重要な鍵なのだ（Weeks, Heaphy and Donovan. 2001）。

むろん、ゲイ・レズビアンの人々の多様性を忘れるわけにはいかない。サンフランシスコであれロンドンであれ、地域コミュニティのなかにももちろん、さまざまなライフスタイルや個性があるのはいうまでもなく、ウェストンたちの扱った事例を過度に一般化するわけにはいかない。また、こうした「選び取る絆」の重視は、同性愛者たちが現在も、マジョリティである異性愛社会からさまざまな抑圧を受けるがゆえに、協力と連帯が必要とされるからでもあろうし、加えて、エイズ禍によって、ゲイ・コミュニティが危機にさらされたために助け合い支えあうメンタリティとモラルが発生したという事情もある（Weeks, Heaphy and Donovan. 2001）。

しかしそれでもやはり、ゲイ・ファミリーの研究からの知見は、「家族」の可能性を教えている。つまり、ジェンダー二元論が不可避につきつける、一対一の対の相補性に基づく異性愛カップルを核とするジェンダー家族は、その構造ゆえに閉鎖的・排他的でありがちなのではないか。同性愛カップル

94

第 5 章　多様なライフスタイルと家族

に、前パートナーに対する嫉妬や排他的な親密さへの欲求がないわけではもちろんないだろう。しかし、男女二元論を前提として夫婦があたかも対の完全性をなすというような幻想から免れていること、さらには、経済的扶養とケアや情緒的配慮を相補的に交換するという、通常の性別役割規範が同性カップルには自明の前提とはされていないことから、関係の排他性を免れやすいのではないだろうか。さらに、生殖のセクシュアリティを自明としないゆえに、血縁が人間関係の絆の核心をなすという強迫観念から相対的に自由でありうるのだろう。

5　現代社会の変動と家族

生殖技術と家族、ステップファミリー

現代社会のさまざまな変容や新たな科学技術は、否応にも家族をめぐっての変化を呼び起こしている。

　その一つは、生殖をめぐる科学技術の発展だ。1978 年にイギリスで世界最初の体外受精児が誕生して以来、生殖補助医療技術はめざましく多様化している。日本ではまだ公式に認められていないものの（日本産科婦人科学会指針）、第三者からの卵子の提供や代理懐胎（代理母）も、海外での実施により日本人にもすでに実施されている。同性カップルや、男性に性別変更をした人が妻との結婚後、第三者の精子によって子どもを得るケースも出てきている。

　また、離婚の増加とともに再婚も増加し、子連れ（同士）の結婚によって血縁関係にない親子関係が含まれる家族（ステップファミリー）もめずらしくなくなっている。

　これらの家族のありようは、前項の「新しい家族の試み」とは異なって、一面では、「夫婦と子ども」の定型的家族を維持し強化していくことにもつながりうる。生殖補助技術の普及のおかげで、実子を生まなければならないというプレッシャーが強化されて不妊治療を続ける傾向もあるし、ステップ

Part II　家族と性をめぐる変動と挑戦

ファミリーの場合も、「本当の親子」にならなければならないという規範は
強い。しかし、ステップファミリー当事者の研究であきらかにされているよ
うに、「ステップファミリー」であることを積極的にとらえ、実親にとって
代わるのではない新たな関係を築いていく実践も生まれている（野沢 2009）。

　今後もさまざまなかたちで、定型的な「夫婦と子ども」ではない「家族」
のあり方が増加していくことで、私たちの社会の家族観は変容していくだろ
うし、法制度も定型的な家族観にとらわれることなく整備されていかねばな
らないだろう。

若者と家族

　冒頭に述べた未婚化のひろがりは、経済的な不安や将来の見通しのなさに
のみ起因するものではなかろう。男女が出会って交際を始めると、結婚とい
うゴールに向かうか別れるかしか選択肢がないように思え、しかもこれだけ
長寿化した社会で、結婚は一人の同じ相手と何十年にもわたって排他的に結
びつかねばならないということでもある。何につけ自由度が増大し選択肢が
増えたはずの現代で、「家族」をもつことがこれほどまでに均一的で窮屈な
ことが不合理と感じられることもうなずける。つまり、未婚化のひろがりは、
意識的であれ無意識的であれ、ジェンダー家族の強制への反発の表れでもあ
るのではないだろうか。「結婚はしたくないけど家族はほしい」というつぶ
やきを耳にしたことがあるが、その言葉はまさに、そうした思いの表れだろ
う。ジェンダー家族の解体は、そうした家族に関する閉塞感を破り、新しい
生きる基盤の可能性を開いていくだろう。

　とくに、ジェンダー家族の見直しは、未婚化や少子化との関連のみならず、
若い世代の生き方を大きく変える可能性がある。アリエスの言うように、「近
代家族」は、「子どもとは、特別の保護と教育を必要とする」とする意識の
発生をきっかけとして生成したわけだが、現代では、高学歴化・教育年限の
延長等により、親に依存する「子ども期」はきわめて長期化している。「子
ども」ではあっても、18 歳くらいまで成長すれば立派な大人なのに、当然
のごとく衣食の世話を母親にしてもらい続けているのが多数派だろうし、精

96

神的にも親に依存している者は少なくない。

　大学や大学院で学ぶには、経済的自立は困難、親に依存することなく高等教育を受けるのは現実的ではない、と思われるだろうが、それは、私立はもちろん国公立大学であれ学費が高額で奨学金等も貧しい日本の事情によるところが大きい。ヨーロッパでは大学教育はかつては無償で、現在も非常に安いし、アメリカの大学は一般に学費は高いが、奨学金やスチューデントローンが発達している。日本でも、生活費・学費を含めた奨学金が与えられれば、親に依存する必要はないはずだ。

　しかし現実には、「ジェンダー家族」を単位とする私たちの社会では、18歳どころかそれをはるかに過ぎても若者は家族の囲いのなかで手厚く保護され世話をされる依存的存在であり続け、しかもその依存は、税控除の対象となるなど、法的に優遇されているのだ。こうした依存が不合理なのはあきらかであり、しかもそれは、保護されている側の若者にとっても、社会的成長と人間としての自由をむしろ阻害してきたのではないだろうか。

「家族」の多様な可能性

　「最後に頼れるのは家族」──この言葉を私たちは何度聞かされてきただろうか。その意味するところは、いくら親しく大切な存在であろうと、友人や非血縁者では「あてにならない」ということだ。

　しかし、本章でみてきたように、最後に頼れるのは「家族」しかない状態をつくっているのは、法や制度、そして慣習までが、ジェンダー家族を人の生きる基盤として自明視・絶対視していることから生じることだ。言い換えれば、社会が私たちに、血縁や婚姻の狭い範囲に縛られ生きていくべく命じているのだ。

　だとすれば、法制度のかたちをとるかどうかは別として、私たちの生を支える仕組みを変革することで、私たちは多様なつながりを「最後に頼れる家族」として選び取り維持することができるはずだ。「ジェンダー」の境界を超えていくことが、その重要な鍵になるだろう。

（牟田和恵）

Part II　家族と性をめぐる変動と挑戦

注

1）近年、デパートなどのトイレの個室には、母親が用を足す間、赤ん坊や幼児を座らせておけるシートが備え付けられている。子育て支援策には違いないが、一面では、数時間か半日の買い物に出かける短い間さえ、子守りを頼める人が誰もいない、母親の孤立を物語ってもいる。

2）念のため付け加えておくと、「ジェンダー家族」とは、夫は仕事・妻は家事育児といった、固定的性別役割分業をしているジェンダーステレオタイプな家族という意味ではない。「男女平等」「男女共同参画」的な家族もまた、「ジェンダー家族」のくびきを免れない。

3）後述する同性婚の法制化は、こうした不利益を受けずパートナーの権利を守るためでもある。

4）こうした、複数の大人（学生等も含む）を擁する生活単位としての家族モデルについては、牟田 2009 に詳述した。

5）NPO コレクティブハウジング社の HP　http://www.chc.or.jp/kankan/kankan.html 参照のこと。また、コレクティブハウジングの理念については、小谷部 2004、2009 を参照のこと。

6）若者のシェアハウジングの実践については、久保田 2009 参照のこと。

7）宗教的な理由で婚姻は認めないが、婚姻に準じた法的権利を認める国もある。

参考文献

Ariès, Philippe. 1960, *L'enfant et la vie familiale sous l'Ancien régime*, Plon.（= 1980、杉山光信他訳『〈子供〉の誕生』みすず書房）

Butler, Judith. 1990, *Gender Trouble: Feminism and the Subversion of Identity*, New York and Lodon: Routledge.（= 1999、竹村和子訳『ジェンダー・トラブル――フェミニズムとアイデンティティの攪乱』青土社）

今一生 2004、『ゲストハウスに住もう』晶文社

小谷部育子編 2004、『コレクティブハウジングで暮らそう――成熟社会のライフスタイルと住まいの選択』丸善

小谷部育子 2009、「コレクティブハウジングの理念と実践」牟田編 2009 所収

久保田裕之 2009、「若者の自立／自律と共同性の創造――シェアハウジング」牟田編 2009 所収

熊本市要保護児童対策地域協議会こうのとりのゆりかご専門部会「こうのとりのゆりかご」第 3 期検証報告書（2014 年 9 月）、http://www.city.kumamoto.jp/hpkiji/pub/detail.aspx?c_id=5&type=top&id=6463）

牟田和恵 2006、『ジェンダー家族を超えて――近現代の生／性の政治とフェミニズム』新曜社

第5章　多様なライフスタイルと家族

牟田和恵 2009、「ジェンダー家族のポリティクス ── 性愛と生殖の男女平等主義を問う」
　　牟田編 2009 所収
牟田和恵編 2009、『〈家族〉を超える社会学』新曜社
野沢慎司 2009、「家族下位文化と家族変動 ── ステップファミリーと家族制度」牟田編
　　2009 所収
落合恵美子 1989、『近代家族とフェミニズム』勁草書房
Weeks, Jeffrey, Brian Heaphy and Catherine Donovan. 2001, *Same Sex Intimacy:
　　Families of Choice and Other Life Experiments*. London: Routledge.
Weinstock and Rothblum. 1996, *Lesbian Friendships: For Ourselves and Others*, New
　　York and London: New York UP.
Weston, K. 1991, *Families We Choose*, New York: Columbia UP.
山田昌弘 2014、『家族難民：生涯未婚率 25％社会の衝撃』朝日新聞出版
柳田国男 1978、『明治・大正史世相編』筑摩書房

・発展的な学びのために・

フィリップ・アリエス 1980、『〈子供〉の誕生』みすず書房
　　西欧近代における子供期と家族の観念の変容を論じる。図像資料を
　　駆使した、社会史・家族史研究の代表的著作。

スーザン・M・オーキン 2013、『家族・ジェンダー・正義』岩波書店
　　愛の領域だからと家族には正義や平等の基準は通用させる必要はな
　　いかのように前提されてきたが、家族のなかには、資源分配の不平
　　等、労働分担の不平等がある。家族こそが正義の源であるべきであ
　　ることを論じる。

牟田和恵編 2009、『〈家族〉を超える社会学』新曜社
　　ジェンダー家族の構造的問題を理論的に問うとともに、レズビアン・
　　ゲイ家族、コレクティブ・ハウジングやシェアハウジング、ステッ
　　プファミリーなど、伝統的家族形態を超えた、さまざまな実践を紹介。

Part II　家族と性をめぐる変動と挑戦

・課　題・

1. 国立社会保障・人口問題研究所では、結婚や家族・子育てなどについて、5年ごとに全国調査（出生動向基本調査）を行い、ウェブサイトで公開している。http://www.ipss.go.jp/site-ad/index_Japanese/shussho-index.html　このデータから、結婚や家族をめぐる意識や現実がどのように変化しているか考えてみよう。

2. 生殖補助技術にはどんなものがあり、家族の定義や親子関係にどのような問いを投げかけているか、調べてみよう。

3. 森鴎外や夏目漱石、太宰治などの近代文学作品には、養子や母親以外による子育てなど、現代の私たちが自明とする家族関係とは異なる関係が描かれている。1950年代までに著された作品を選び、そこに描かれている家族のありようについて考察しなさい。

Column

専業主婦 2.0

「男性の多くは、結婚したら妻には家庭に入ってほしいと望み、女性はもっと社会で活躍したがっている」──これはたしかに、かつては当てはまっていたが、最近では様変わりしてきた。不安定な雇用・経済の状況を反映して、未婚男性で将来の結婚相手に専業主婦を望む人が1割（10.9%）に減少する一方で、両立コースを望む人は3割を超えた（32.7%）（39.1%が再就職コース。国立社会保障・人口問題研究所出生動向基本調査（第14回 2010）。

しかし他方、女性、とくに若い女性には専業主婦志向が高まっているといわれる。と言っても、その女性たちは、家事や育児に専念し「家庭にとどまる」ことを望んでいるわけではない。長時間労働が当たり前の日本の今の企業社会の現状では、家事育児をしながらフルタイムで働くのは大変、だから夫の稼ぎで余裕をもって家事育児をし、自分の趣味や得意なことを生かせる、生きがいややりがいのある人生を求めているのだ。

この傾向は、女性のキャリア志向が日本よりもずっと強いアメリカでも生

まれている。 2013年に出版された（翻訳は2014年）『ハウスワイフ2.0』（エミリー・マッチャー、文藝春秋）は、その実例だ。同書によると、ハーバード大やエール大などの一流大学を出て、投資銀行や広告代理店、官庁などのエリート職に就いていた女性たちで、そのキャリアを捨てて専業主婦となる20～30代の女性が最近増えているという。

　彼女たちはただの専業主婦ではない。その特徴は、「企業社会で燃え尽きた母親世代を反面教師として会社を選択的に離脱し、田舎生活を楽しみジャムを作り編み物をする、ストレスのある高報酬よりほっとできる暮らしを優先、Web・SNSを活用、ブログで発信・起業、家事を夫と分担し余裕ある子育てをする」ことだ。つまり、これまで目標としてきたキャリア形成からは降りるものの、日常生活の充実を重視しながらネットを活用してお金を稼ぐというもので、これも積み上げてきた知識や経験を生かした、新たなキャリア形成の道といえるだろう。

　経済成熟社会に至った今、女性に限らず、男性も会社に縛られ尽くす人生はもう望まないはず。おカネを稼ぐことと生活を楽しむことのバランスをとりながら心豊かに生きる人生が男女問わず誰にとってもベストだろう。「専業主婦」「働く女性」などという区分自体が時代遅れになり、男性にも同じように選択肢がある時代が早く実現してほしいものだ。

（牟田和恵）

第6章

セクシュアリティと日本社会

1 セクシュアリティを考える —— なぜ考えるのか？

　私たちの日常生活には、性的なイメージや性の情報が溢れている。清涼飲料水やビールのコマーシャルでビキニの水着で明るく笑う女性タレントから、カルバン・クラインの広告でポーズをとるセミヌードの男女のモデルまで、街頭や車内で、雑誌やテレビで、性的なイメージの広告や宣伝に出会う。日本の広告はアメリカなどに比べると性的な要素はそれほど強調されないが、アニメや漫画、コンピュータゲームで2次元・3次元の性的イメージを生み出している点では、日本は世界のなかでも最も突出している。また、日本は、児童ポルノの生産や流通を禁じている児童ポルノ禁止法があるにもかかわらず、児童ポルノの主要な生産国である。

　インターネットの普及後に成長した現代の若い人たちには「当たり前」の光景に見えているかもしれないが、ここまでの性的イメージや性情報の普及、氾濫はたった20年前では考えられなかったほどだ。しかし、それほど大量の性情報に文字通り取り囲まれている一方で、現在でも日本では性について語ることはタブーのままであるのが通常だ。性教育は非常に限定的にしかなされていないし、家庭で両親が子どもに性にかかわることを話すことはほとんどない。日本の家庭では両親の性的な親密さは子どもたちの前では隠されねばならず、言わば脱性化されたゾーンとなっている（Chalmers 2002）。学

第6章　セクシュアリティと日本社会

校も同じく学校生活を脱性化するのに懸命で、教師は、生徒の制服の着方を
チェックし、化粧をしないよう監視し、生徒たちの交際の仕方や会話に目を
光らせる。皮肉なことに、そのおかげで女子高生の制服は、着ている生徒た
ちにとっても取引業者にも個々の男性にも性的な意味合いを帯びることとな
った。世界中で、十代の少女の学校の制服がフェティッシュな性的欲望の対
象となる国はほかにはないだろう。それでもやはり、学校も家庭も性につい
てオープンに語られることのない、脱性化された空間なのである（Chalmers
2002）。

　日本で長年、性について講義し、若者たちと話してきた経験から、筆者に
はこうした「性については沈黙する」体制／やり方のおかげで、日本では若
者は性を、汚く恥ずかしい、不純なものとしてしか考えられなくなったり、
あるいは関心をもてなくなってしまうのではないかと感じる。多くの若者、
とくに女性が、性について否定的な見方をしているという調査もある（北村
2012, 2013）。こうした傾向は、思春期の性に悪影響を与えうるだけでなく、
成人後も、性を健康なものとしてポジティブにとらえることができなくなる
要因になりかねない。

　本章では、歴史的・社会学的に、また経済や消費、健康の面から、そして
もちろんジェンダーの視点も含め、さまざまな視点から性について考え、性
とは何かについて、より深い理解を得ることをめざす。何といっても、性は
私たちの生活のかなり重要な部分なのだから、本章によって、自分がこれま
で性についてもってきたイメージや考え方に、新しい視点が加えられるよう
に願っている。性にかかわることは社会的に構成され私たちの生活の一部と
なっていることや、身体と心にかかわるだけでなく、法や規則、社会的実践
を伴うものであることを理解し、性的に健康で性を享受する権利が得られる
ような、性に対してポジティブでバランスのとれた考え方を身につけること
も本章の目標だ。

Part II 家族と性をめぐる変動と挑戦

2 性について語る──いったい何を？

「性」や「セックス」という言葉を使うとき、私たちはわかったようなつもりでいるが、本当にそうだろうか？　オックスフォード英語辞典によれば、性 sex は、以下のように説明されている。

1. 性的活動、とくに性交（インターコース）
2. 人間はじめその他の生物が生殖上の機能により分割される、二つのメインカテゴリー（男と女）

ここから、セックスとは何らかのかたちで性的と定義する行動を行うことであるというのがわかる。動詞としてのセックス──「セックスする」──が、本章が主として焦点をあてるところだが、上の定義からわかるように、セックスとは人間を男か女かの二分するカテゴリーに分けるしるしとしても用いられる。伝統的にこのカテゴリー分けは、生まれたときに外性器の形状によってなされる。しかし、超音波検査技術の発展で、妊娠第二期にはすでに、かなり正確に性別が識別できるようになっている。外性器の形状があいまいな場合、それは出生 5,000 件中 1 件の割合で起こるとされているが、ぴったりではなくとも、どちらかの性を付与されることになる。

外性器の形状があいまいな場合、超音波検査技術を含めて多くの技術が動員され、子宮があるかどうか、遺伝子検査が行われて性別が決定される。外性器の形状で性別を決めるのが普通とされているのは、動詞としてのセックスと結びついた考え方や慣習が、人間存在を男か女かであると振り分ける二分法カテゴリーと密接に結びついているのではないかと気づかせる。

次に、「性的（sexual）」という関連語の定義を辞書で見れば、セックスの形容詞系であるとある。セックスの定義が、性的なことをすること──性的活動──であることを思い出してほしい。それでは、性的なこととはいったい何なのか？　もう一度辞書をみてみよう。sexual の項には、以下のように定義されている。

104

第 6 章　セクシュアリティと日本社会

1. 個人間の身体的接触や接近と結びついた、本能的・生理学的反応および活動にかかわること
2. 二つの性別やジェンダーにかかわること

辞書には、1 の定義に関連して「彼女は性的魅力を感じて興奮した」と例文があり、2 の例文としては「性的ステレオタイプについての感受性」という表現が挙がっている。ここではまず、「性的魅力」という表現についてもう少し掘り下げて考えてみよう。1 の定義では、本能的・生理学的反応に基づく生物学的反応が喚起されること、つまり意識によるコントロールを超えた何かが自動的に身体に働くことが示唆されている。後述するように、これらの反応には、明白かつ本来的に、心理的な要素や社会的な要素が働いているにもかかわらず、そうした点への言及はまったくない。

　驚くべきことに、何が性的であるかをはっきりと説明するのは、もっとも著名な性科学者をすら困惑させてきた。イギリスの社会学者のジェフリー・ウィークスは、セクシュアリティの歴史と慎み深さの出現についての学問研究を検討するなかで、われわれは「性的なもの」を研究対象としながらも、それがいったい何なのかがはっきりとわからないジレンマのなかにいると書いている。そして彼は次のようにレトリックに満ちた問いを自問するのだ。性的なものとそうでないものを分ける「魔法の要素 magical element」はいったい何かのか、と（Weeks 2003）。

　魔法の要素とはいったい何か？　あきらかにそれは固定的なものではなく、時代や場所や個々人によって変わる。ウィークスはセクシュアリティの次のような事実に私たちの関心を向ける。

　　…セクシュアリティの歴史には、特定の主題はない。言い換えれば、主題は常に流動する。われわれが、どのように生きるべきか、どのように<u>身体を享受したり否定したり</u>すべきかについて考えが変わっていくことの歴史である。（Weeks 2003. 下線は引用者）

105

Part II　家族と性をめぐる変動と挑戦

このウィークスの言葉をわかりやすくいえば、ある行為が性的であると確信をもっていうことは難しいということだ。なぜなら、それは、歴史的・社会的・そして心理的文脈によって変わってくるからだ。たとえばキスは性的だろうか？　確かに性的でもありうるが、ヨーロッパの多くの国でなされているように、単なる挨拶ということもありうるし、カトリックの司祭が法王の手に口付けするときのように宗教的儀式でもありうる。

　それなら、キスが性的かそうでないかを決めるのは何なのか？　キスのタイプなのか？　頬にするキスや手にするキスは性的ではなく、口と口でするディープキスが性的なのだと決めたくなるかもしれないが、これはこれでまた別の問題が生じる。というのは、ほんのちょっとの接触が性的なものに感じることがある一方で、ディープキスが性的とは程遠く感じられることもありうるからだ。自分の望まない、招かれざるものであれば、心動かされたりエロティックな気持ちになるどころか、暴力的な侵害として経験されるだろう。自分が魅力を感じている人とのキスであれ、口臭がひどければ性的な悦びとしては感じられないだろう！　このように、何が性的であるかを理解するには、多様な角度からコンテクスト（文脈）を考慮する必要がある。

　上記のウィークスの言葉と説明からは性の領域の複雑さがみえてくるだろう。生理的・社会学的・文化的・歴史的・心理学的な要因によって、同じ行為が性的であったりなかったりするのだ。同時に、セックスはまったく自由というのではなく、性の慣習を規定している規則や法がある。

　ウィリアム・サイモンは、『ポストモダンのセクシュアリティ』で、「セクシュアリティに関してもっとも重要なことは、永続的に真であるようなセクシュアリティにかかわる重要な事実などないということだ」と書いている（Simon 1996）。ここでサイモンが強調しているのは、ウィークスの性的な世界とはつねに変化し続けていて絶対の「真実」などないという考え方と同じく、性は文脈依存的であるということだ。こうした見方には、安堵する人もいるだろうが、抵抗を覚える人もいるかもしれない。というのは、この考え方はある種の宗教の、結婚前のセックスや同性愛、婚姻外の性は、同意のもとであろうと喜びを与えるものであろうと、すべて罪悪だと考えるのが「真

第6章　セクシュアリティと日本社会

実」とする見方と鋭く対立する。

　サイモンは、有名なキンゼイ性科学研究所でかつて研究しており、ジョン・ギャグノンとともに、「セックスのシナリオ」という考え方を発展させた。彼らによると、生物的側面も重要ではあるが、人間の性は単なる生物学的欲動ではない。彼らによれば、歴史的・文化的・対人的な要素を伴う、うまく組み立てられた「セックスのシナリオ」と関連したものとして人間の性を理解することが重要だ（Simon and Gagnon 1969）。

　　　人は、女性であれ男性であれ、行為者や状況をエロティックなものにするシナリオを身につけ、性的であることを学ぶのだ。性的でありうる要素に溢れていても、まったく性的ではなく、性欲が全く生じないような心理的・社会的状況はいくらでもある（Simon and Gagnon 1969）。

性的でありうる要素とは、裸体であることや、身体的に接触すること、二人きりの密室状態にあることなどがあるだろうが（たとえば、病院の診察室や、スポーツの後のロッカールームなど）、行為者がこれらの要素を、ふさわしい「シナリオ」として書き換えない限り、性的なものが生じる可能性は、通常の状況下では、きわめて小さい（Simon and Gagnon 1969）。

　サイモンらがここで示唆しているのは、性的興奮が生み出されるのにふさわしい状況であれ――互いに欲望があり、身体的にひきつけられていて、しかも二人だけでいるというような――、これらの要素が、ふさわしい「シナリオ」のもとに組み入れられる必要があるということだ。彼らが例に挙げるのは、広い意味での「前戯」、つまり、「無言のうちに身振りや動きを性心理的なドラマに変える方法、身体と行為をエロティックなものにする方法」としての前戯である。十代の若者が、男であれ女であれ、セックスの際よくヘマをしてしまうのは、性的興奮をコントロールする経験不足のため、セックスのシナリオを描くのに不慣れなためだ。

107

Part II　家族と性をめぐる変動と挑戦

3　性教育の「謎」

　このように、性は複雑で、生物学的な要因や欲求としてだけでなく、社会的・心理学的コンテクストのなかで考える必要があるのだが、ここで、どのように私たちは性について学んでくるのか、とくに学校教育のなかでどのように学ぶかを考えてみたい。

　もしあなたが、どこか違う星から来た宇宙人で、その星では、一部の植物がそうであるように、単性生殖で子孫が増え、セックスは必要とされないと仮定してみよう。そして、宇宙船から降り立ってすぐに、日本やほかの国の学校に来て、性教育の授業を見物してこれがこの星でのセックスなのだと理解するとしてみよう。あなたは学校で受けた性教育を覚えているだろうか？おそらく、その授業は、セクシュアリティそのものよりも、生殖に焦点を当てた（鳥やミツバチが花粉を〜というような）ものだったはずだ。教科書では、セックスは女性器へ男性器を挿入する性交（インターコース）としてだけ切り縮められ、その行為の目的は、精子が女性の卵子にたどり着いて生殖にいたる旅をすることであるかのように描かれる。さらに、精子は活発にその旅のレースで競争して、受動的な卵子に至るのだと表現されていただろう。このプロセスはしばしば、ダーウィン流の「適者生存／淘汰」を表すものとされ、最適な精子が最初に卵にたどり着いて成功裏に生殖に至るとされる。つまり、この手の性教育からは、感性溢れるエロチックな要素や、セックスのシナリオについてはまったく抜け落ちているのである。

　その結果として宇宙人には、セックスが欲望やエロチックな気持ち、関係性などなどと結びついているのだとはまったくわからないだろう。その代り、宇宙人は、セックスとは人間という種が生殖のために行う、まったく機械的な営みであると理解することだろう。それでも、もし宇宙人がもう少し長く滞在し、性教育の第二部を聞いたなら、その理解は果たして正しいのか、首をかしげ始めるだろう。というのも、高校レベルの性教育では、生殖についてだけでなく、避妊について教えることもあるからだ。宇宙人にしてみれば、はじめの授業で、人間のセックスは生殖のためにあると理解したのに、なぜ

108

受胎を防ぐ手続きがとられねばならないのか、不思議に思うだろう。そして、よほど例外的に良い授業をたまたま観察したのでなければ、この疑問を解く助けは得られないだろう。

とはいえ、人間のセクシュアリティについてのこの二つの見方の間には、どちらもセックスとは男性のペニスを女性の膣に挿入することが人間のセックスの焦点であるという共通点がある——表現の仕方は、もっと婉曲であるとしても。つまり、日本の通常の性教育では、それ以外に、「セックスをする」ことについてのヒントはないのだ。悦びや興奮、快楽などについては何も語られることがないので、宇宙人は、人間はなぜ性行為をするのだろうかと不思議に思うことだろう。

日本での性教育の最終段階ではたいてい、セックスの危険性やリスクが教えられることになる。人類の種の保存のために子孫を残す行為でもなく、避妊をしつつ行う行為でもなく、今度は、薬物の使用や大量飲酒、あるいは外から帰って手を洗ったりうがいをするのを怠たるのと同じような危険な行為とされるのだ。実際、学校では、これらのことがまとめて教えられているのだ。

4　タブーとしてのセックス

家族の脱性化

冒頭で日本社会では性的なものについて公然と話すのはタブーあることを指摘したが、性に関する沈黙を丹念にみてみれば、つねにどこででもそうだというわけではない。このタブーは、もっぱら家庭や学校でのタブーであり、とくに、「純潔さ」で評価され「良い子」「ちゃんとした女性」とされる少女や大人の女性たちにとってタブーが強い。

シャロン・シャルマーは、日本のセックスとセクシュアリティの議論をとりまくタブーは、「家族に直接関係するときに、とくに重要で顕著」（Chalmers 2002）と指摘する。それに対して、男性のみの空間や大衆文化の生産・消費の空間においてはタブーは弱く、タブーがないことすらある。男性は、公的

空間であっても、たとえば風俗店のようなところで一種の私的空間をつくって、他の男たちや「悪い子、悪い女」である女性たちとあけすけに性的な話をする（Allison 1994）。それにもちろん、セックスをとりまくタブーは、いわゆる水商売や性産業に携わる女性たちにとっては意味をなさない。一方、「良い子」の少女や大人の女性が、私的な場・公的な場どちらであれ、セックスについてあからさまに語るなど考えられない。言い換えれば、性的保守主義は、表面的なものだとしても、ある層の少女や女性たち、要するに「幸せな結婚」願望を抱く女性たちにとってのみ、タブーであるということではないだろうか。

　夫婦間の性行為は社会的に一番認められているはずなのに、なぜ日本の家族では、これほどセックスがタブーとされ、夫婦のセックスが軽視されているのだろうか。現代の欧米では、恋愛とセックスを含めた愛情行為が家族の基盤であり婚姻関係の核となっていることを考えれば、さまざまな面で欧米に影響を受けているはずの日本でなぜこれほどの違いがあるのか、非常に興味深い（Borovoy 2005）。

　先に指摘したようにシャルマーらによれば、日本の家庭は脱性化されていて、「セックスとは無縁」の空間でさえある。既婚女性にとっての最大の関心は家族と家庭にあり、家のなかであれ外に対してであれ、家庭を性的な要素や雰囲気のないものに保っておくことが重要だ。家庭は次の世代をつくる生殖の場であるはずなのだが、イデオロギー的なレベルと行動のレベルでどのように脱性化されてきたのだろうか。

良妻賢母イデオロギー

　家庭の脱性化の源を追っていくと、明治時代の政策と日本がめざした「近代化と文明化」の思想へとたどりつく。マーク・マックリーランドは、明治になって、雑誌等の一般的メディアで論じられるべきテーマとして「セクシュアリティ」の問題が浮上したという（McLelland 2005）。「性科学」が欧米から紹介され、「正常」な性欲や性行動と「変態」という区分が登場し、男の性行動が女に向かうのが「正常」とされた。日本では近世まで男同士が性

第 6 章　セクシュアリティと日本社会

的関係を結ぶのは珍しいことではなかったのだが、同性の性関係は社会規範を外れた「変態性欲」として非難されるようになった。富国強兵をモットーに、人口増加を図る明治政府にとっては、生殖につながる性的行為だけが価値のあるものだったのだ。他方女性には、少なくとも中産階級やエリート層では、「良妻賢母」であることが何より重要だった。「エリート層の女性の性は結婚のなかに閉じ込められねばならなかった」のである。それに対し、貧しい階層の女性たちにとっては、セックスは商品として売ることができる労働の一形態であった（McLelland 2005）。

　明治政府の政策に端を発した良妻賢母イデオロギーは、時代のなかで変化したものの、現在でも女性の第一の役目は家庭を守り、夫と子供の面倒をみることとされがちだ。このため、夫と妻の関係性も、子供が生まれてからはとくに、妻が夫の「代理母」のような役割を果たしてしまう。家族内での呼称も子供中心になっており、夫や妻は子供がそばにいないときでも互いを「お母さん」「お父さん」と呼ぶ。多くの場合この呼び方は、子供が成長し家を出てからもつづく。かつて筆者がロンドンから日本に向かう飛行機に乗っているとき、前の席に 60 代の夫婦とおぼしき二人がやってきた。そのとき妻は、まるで電車かバスで席取りをするように、「お父さん！お父さん！ほらここよ！ここよ！」と夫を呼んだのである。もしこれを英語に直訳し（‘daddy, daddy, over here, over here’）イギリスで言うと夫婦の会話としては非常に変に聞こえるが、日本ではごく普通のことだ。さらに驚いたことには、その「お父さん」と呼ばれた男性は、まるで幼い子供のように扱われていた。妻は二人分の荷物を上の棚にすべて自分であげ、夫にヘッドフォンをつけたり、毛布をかけてやったり、夫が快適にすごせるようにずっと尽くしていたのである。

　この夫の「幼児化」と妻との関係が、夫婦関係の脱性化に影響しているのは明らかだろう。筆者の行った調査でも、ある 30 代の日本人女性は「『お父さん』と呼ぶ相手とセックスするのはまるで近親相姦をしているみたいな気分」と語った。

　もし結婚の理由が愛や肉体的な魅力ではなく、経済力や家柄、学歴といっ

111

Part II　家族と性をめぐる変動と挑戦

た条件によるのなら、リラックスして性的関係をもつことは困難だろうと想像できる。また、日本では夫婦が性生活に関する話し合いを避けがちである（バイエル 2006）なら、性的関係を育て、継続していくのは難しいだろう。

ビジネスとしてのセックス

しかし同時に、日本は世界的にみても性産業が発達し、繁盛している国として知られている。日本の繁華街で、ホステスと会話するだけのバーやクラブから売春（売買春）を行う店まで、多種多様な風俗店が連なるエリアがないところはまずないだろう。しかもそのなかには不法営業のものも含まれる。その経済規模を正確に把握するのは難しいが、一年間で5〜6兆円にものぼるといわれる。セックスが日本においてビッグ・ビジネスとなっていることは間違いない。

日本はまた、性的ニーズを満たすための、アダルトものの DVD・ビデオ、書籍、雑誌等々が普通の店舗で簡単に買える国でもある。性暴力をテーマとしたマンガも含め、何の年齢制限もなく手に入れることができる。きちんとスーツを着こなした男性が電車内やコンビニでアダルトマンガを堂々と読んでいる光景は日本では珍しいものではない。また、日本のマンガには男性に従順な少女というイメージのロリータ的なテーマのものも数多くある。イギリスの新聞『ガーディアン』紙の 2008 年 3 月の記事は、日本政府が法規制を行っているにもかかわらず、日本はいまだに「世界で最も多く児童ポルノを作り出し、供給している国の一つであり、米国に次いで世界二位の消費国である」と報じている（McCurry 2008）。

こうした、日本におけるセクシュアリティのありようは、日本人にとっては見慣れたものでとくに関心をひかないかもしれないが、比較社会学的な視点からは、興味深い問いを投げかけてくる。夫婦間のセックスに嫌悪感がある一方で巨大な性産業が存在することをどう説明できるだろうか？　日本ではセクシュアルな関係は婚姻関係において重要なことではないのか？　日本にはセクシュアリティについて独特の位置づけがあるのだろうか？

一般に人々が性産業について大いに語り合う、ということはほとんどない

が、筆者のフィールド調査では、男性だけのグループのなかではオープンに語り合うことは何も問題ない。日本は恥を重んじる「恥の文化」の社会とされるが、池田とデストリの議論によれば、男性が「お金と引き換えに名前も知らない他人とのセックスを手に入れること」（Ikeda and d'Estree 2007）は恥とは思われない。筆者がフィールド調査を行った大阪のアメリカ村と心斎橋には風俗店が溢れるほどあり、そこでは利用客は恥じているようすはほとんどなく、匿名性を保ちたいという気持ちさえあまりないようにみえた。筆者のすぐ脇で「女子高生」コスチュームで売るイメージクラブに入ろうとしていたサラリーマンのグループは、何ら声を落とすことなく、今日は「フルコース」でいくか、「ハーフ」でいくか、あるいはまっすぐ家に帰るか…と言い合っていた。安い風俗店では、ラウンジのソファに他人同士の客たちが並んで座り、オーラルセックスや、覗きのサービスを受けるところまであるのだ。

公然の「風俗」と風俗産業の悪影響

多くの風俗店が集まる地帯には「無料紹介所」と称する、男性に希望どおりのサービスが受けられる店を紹介する場所があり、各店の少女や若い女性たちの写真と源氏名が並んでいる（図1）。驚くべき開放性だが、これは、いったん風俗街に足を踏み入れれば何をしたいかは明らかだから、もうタブーはない、ということだろう。無料紹介所の前の呼び込みの男たちはにぎやかに客に愛想をふりまいており、筆者がカメラを向けたところ楽しげにポーズをとってくれた。このときはちょうどクリスマスの前で、筆者はサンタクロースの帽子をかぶった陽気な呼び込みたちにお辞儀をしたものである。隠され、匿名的なものであるどころか、ここはやかましく、慎みがなく、何を

図1　風俗無料案内所
心斎橋、著者撮影 2008 年 12 月 19 日

売っているのかということを「公然」と表現しているのだ。風俗店の存在が「公然の秘密」であることは、観光ガイドのような、地域の人気セックス・スポットを紹介する多くの出版物が出ていることからも明らかだ。

1980年代後半から1990年代にかけて、風俗産業が膨大で非常に目につくものとなった時期、若者、とくに若い女性たちに「悪影響」を与えると懸念が高まり、また、ポルノマンガの悪影響が政治家や消費者団体の間で懸念材料とされるようになった（Yunomae 1996）。1990年代には援助交際が大きな問題となり、若者たちを「性の商品化」から「保護」するための法律や条例が制定された（Yunomae 1996）。しかし、少年少女、とくに「良家の子女」は性的に無垢で無知であるという常識があるため、学校で実効的な性教育を行うことは困難だ。両親、教師、地域リーダー等の権威をもった人々は、少年少女たちにますます厳しい「性のタブー」を押し付けてしまうのである。その事情は、今日でもほとんど変わっていない。

5 グローバル社会での日本人の性

海外でのセックス・ツーリズム

このように日本では、買春を公然と行うことが概して許容されたり「目をつぶる」ことがされたりしているが、こうした行為を海外でも行うとなれば話は別だ。日本経済の発展と個人所得の増大を背景に、1960〜70年代に日本人男性による東南アジアでのセックス・ツーリズムが急速に増加した。国際人権NGOのヒューマン・ライツ・ウォッチの報告では「1970年代なかばに日本人のタイ、フィリピン、台湾、韓国への買春ツアーがさかんに行われ、それには企業が従業員への『ボーナス』として海外での『週末慰安買春休暇』を行うというものまで含まれていた。」（Human Rights Watch 2000：III Context）。

1970年代後半には、日本人男性の「買春ツアー」に対して国際的な批判の声が高まった。じつはこうした買春ツアーは、特殊な業者ではなく普通の

第6章　セクシュアリティと日本社会

旅行会社が日中は観光、夜に現地女性による性的サービスを受ける催し、という形で企画・販売していたのである。大人数の日本人男性のグループが韓国や台湾、フィリピン、タイなどの歓楽街をぞろぞろと歩いている光景は非常に目立つものであった（Okura 1996）。

　こうしたあからさまなセックス・ツーリズムは、日本とツアー先の国双方の女性たちの反発を招いた。アジアの女性たちにとって、太平洋戦争中の日本軍の占領によって現地の多くの女性が性的収奪を受けた過去と、1970年代の日本の「企業戦士」たちが要求した性的な「慰安」は、明らかに結びつくものであった。日本の女性団体と女性国会議員の連帯による運動の結果、国会審議にこの件を盛り込むことに成功し、主要な活字メディアでこの種のツアーのあからさまな広告が掲載されているような状況には歯止めがかかった。ただし、「このことが日本の男性が海外に買春をしに行く数を減少させたわけではない」（Okura 1996）。

　近年では、女性団体の抗議運動により、海外でのあからさまなセックス・ツーリズムは少なくなってきている。加えて、日本の女性たちの経済力の向上で、女性グループが海外ツアー旅行の主要なターゲットとなり、多くの観光地は消費欲旺盛な女性客を呼び込もうとしだした。日本人女性は、セックス・マーケットだとみなされたような国には行かず、代わりにショッピングのメッカである香港や台湾、韓国に行こうとする傾向がある（Leheny 1995）。そこでタイのような「セックス・ツアーの人気スポット」であった国々は、日本人女性旅行客をひきつけるため、こうしたイメージを払拭しようとした。このことは日本人男性の需要と海外での供給が描いていた地図をぬりかえることになり、性的なサービスは日本国内に戻った。すなわち、外国人女性が日本で性的なサービス業に従事するという形への転換が進んだのである。

人身売買への批判

　当然のことながら、日本の性産業に対しては激しい批判が日本の内外からなされてきた。海外からの批判は主に人身売買（trafficking）と人権侵害に関するものである。「人身売買」などというのは、どこか遠いところで起こ

115

Part II　家族と性をめぐる変動と挑戦

っている、あるいははるか昔の事態のように聞こえるかもしれないが、じつは、飲食店やショービジネスの仕事だと勧誘され来日し、多額の借金を追わされて売春に追いやられる女性たちは後をたたず、それはまさに人身売買なのだ。

　日本がアメリカ国務省による「人身売買に関する年次報告書 2004 年版」で「基準は満たさないが努力中」の段階の「第二分類監視リスト（TIER 2 Watch List）」にランクづけされ、監視の対象とされたことから、日本政府は、人身売買の防止や被害者保護のための行動を取り始めた。この年次報告書は、2003 年にアメリカで制定された「人身売買被害者保護法」に基づき、アメリカ国務省が毎年世界 140 カ国を対象として、国ごとの現状を四つのレベルに分けるものである（Department of State 2004）。同年の第二分類監視リストにランクづけされたのは日本の他にフィリピン、タイ、ジャマイカ、ロシアであった。

　2005 年の報告書では「監視リスト」からは外れたが、2005 年から 2015 年 1 月現在まで、日本は先進国では例外的な「第二分類」に相変わらず位置づけられている。2004 年に「第二分類監視リスト」にランクづけされるまで、日本政府と警察庁や入国管理局等の政府関係機関は、性産業に従事している女性たちが人身売買の被害者であると認めることに消極的であった。2004年以降、これらの機関は人身売買の被害者を保護する施策をとるようになったが、まだ「第二分類」から外れるには至っていない。

　日本人男性の海外への買春ツアーは、人身売買と児童虐待の観点からも多方面から批判されている。またアメリカ国務省担当官のジョン・ミラーは2004 年の時点で「セックス旅行客」として海外に赴く日本人男性は、たとえ未成年者とセックスして逮捕されても「比較的軽い罪」と考えていると指摘している（Courson 2004）。2014 年の「人身売買に関する年次報告書」は「相変わらず日本人男性が、東南アジア諸国や、数は少ないがモンゴルへも、子どもを対象とする買春ツアーの需要の主たる源泉」と報告している（Department of State 2014 country narratives, Japan）。しかし、この問題についての一般的な認識は依然として低い。

116

6 「道徳的本質主義」のしくみ

　ジェンダースタディーズの観点から問われるべき重要な問いは、こうして日本人男性のために少女や成人女性たち（なかでも外国人女性が増加している）から大規模な性的サービスが行われていることが、ジェンダー、セクシュアリティ、国家といったものの意識にどのような影響を与えているのかという点である。風俗店で働く女性はモラルが欠如しているとみなされ、彼女たちがひどい扱いを受けても正当化されることすらある。それに対し、買う男性の側に問題があるとされることはほとんどない。ここには、性に関するダブルスタンダード（二重規範）が根深くある。売春防止法は売春斡旋業者や売春婦を処罰するが、客は処罰の対象にならず、セックスを買った男性は大目にみてもらえるのである。

　家庭の脱性化と強力な性のダブルスタンダードが合わさって、セックスに興味がなく無知な「良い子／良い女性」と、「水商売」の女性とがはっきりと二分される。風俗店で働く女性は不純で道徳観が欠如した存在とみなされ、人権がしばしば軽んじられてしまう。重松セツは、日本社会で作用する「道徳的本質主義」のために、「女性の価値とアイデンティティが性的な値打ちに還元されてしまう」と指摘している（Shigematsu 1996）。重松は、日本では、「年齢、エスニシティ、人種的特性、体型」も女性の値打ちをはかる要素であるが、「男性との性的かかわりの有無や多寡」が一番根本的なレベルで少女や成人女性の価値を決めてしまうと批判している（Shigematsu 1996）。

　言い換えれば、売春女性や性的なサービスでお金を得ている女性たちは、純潔性という物差しの底辺に位置し、同時に人間としての価値までも低いものとされてしまう。重松は「道徳的本質主義は、いわゆる性的純潔性を価値あるものとして褒美を与える一方で、風俗店で働く女性や売春女性のような純潔ではないとされる女性に対する暴力を正当化する」と強調する（Shigematsu 1996）。暴力を正当化する「道徳」とはいったい何なのだろうか。風俗店で働く外国人女性は、人種差別と合わさった二重の差別にさらされている（Ikeda and d'Estree 2007）。

Part II　家族と性をめぐる変動と挑戦

　重松の「道徳的本質主義」という概念に注目することで、なぜ少女も大人の女性も「純粋」で「価値が高い」とみなされたいがために、性的な要素を感じさせないように装おうと苦心するのかが説明できる。「家族のシステムは、女性が『悪い女』とみなされ扱われることを恐れて、女性の性行動の領域を封じ込める道徳的本質主義の上に成り立っている。彼女たちにとって、性産業に従事する女性たちは、自分たちが人生をかけて投資してきた家族システムを脅かし、『夫の興味とお金とを奪ってしまうかもしれない』存在と映るのだ（Shigematsu 1996）」。

　まとめて言えば、日本におけるジェンダー化された家族システムと、日本中に広がり、繁茂する性を売り買いするビジネスとには深い関係がある。その両者は関連しあって、女性を「良い／価値の高い」「悪い／価値が低い」という二種類に区分するだけでなく、女性たちのセクシュアリティをも分かつ。「良い女性」は脱性化されたイメージを世間にふりまき、家庭／家族の脱性化された空間に落ち着く。他方、そんなことはしたくない女性たち、それに失敗してしまった女性たちは、「悪い女」のカテゴリーにすぐさま落とされ、性商品となって、お金を払う男たちの夢と欲望に供される。そして、日本社会における強固な性のダブルスタンダードによって、男性たちは、夫・父親、あるいは息子として脱性化された家庭に安住しつつ、性産業の客として「遊ぶ」、二つの場を行き来する自由を手にしているのである。

ポジティブなセックスのとらえ方に向けて

　本章でみてきたように、性とは、文化や社会・心理的要素と密接にかかわる、多様で幅広いものであるはずなのだが、残念ながら日本社会では、生殖とだけ結びつけられたり隠されねばならないものとして扱われたり、また逆に、際限なく商業化されてしまう状況にある。しかし、科学的にみても、セックスやセクシュアリティが健康にプラスにはたらく潜在性があることを証明する研究も多く出され始めている。男女双方にとって、「性的活動を楽しむこと、良いセックスライフを送ること、性に興味をもつことは、健康と長寿にプラスの影響を与える」（WHO 2006）。これは、私たちがセクシュアリ

ティについて考えるにあたって、大事なことだ。

　しかしながら、とくに日本では、子どもや思春期にある青少年が性的な徴候を示すと問題行動であるとみる見方はあまり変わっていない。日本では、思春期の性は、性的逸脱とリスクのタームで語られがちだ。しかし、これからは、セクシュアリティや性を表現することのポジティブな面について注意を向けるのが大事な課題だといえよう。

（山本ベバリーアン）

参考文献

バイエル 2006、『「現代社会における 2 人の寝室と性生活に関する調査」発表』バイエル薬品株式会社

Borovoy, Amy. 2005, *The Too-Good Wife: Alcohol, Codependency, and the Politics of Nurturance in Postwar Japan*, Berkeley: University of California Press.

Chalmers, Sharon. 2002, *Emerging Lesbian Voices From Japan*, London: RoutledgeCurzon.

Courson, Paul. 2004, "Japan Put on Sex Trade Watch List," *CNN.Com*, June 14, 2004.〈http://www.cnn.com/2004/US/06/14/trafficking.report/〉

Department of State. 2004, *Trafficking in Person Report 2004*, United States Department of State. 〈http://www.state.gov/g/tip/rls/tiprpt/2004/33191.htm〉

Department of State. 2014, *Trafficking in Person Report 2014*, United States Department of State. 〈http://www.state.gov/documents/organization/226847.pdf〉

Ikeda, Mitsuko and d'Estree Claude. 2007, "Sex Industry and Human Trafficking of Foreign Women in Japan: A Cultural Perspective," *Contemporary Slavery and Human Rights*, November 16, 2007.

北村邦夫 2012、「第 6 回男女の生活と意識に関する調査報告書」日本家族計画協会

北村邦夫 2013、『「第 6 回男女の生活と意識に関する調査」結果（概要）』日本家族計画協会 〈http://www.koshu-eisei.net/upfile_free/20130118kitamura.pdf〉

Leheny, David. 1995, "A Political Economy of Asian Sex Tourism," *Annals of Tourism Research*, 22(2).

McCurry, Justin. 2008, "Japan to Outlaw the Possession of Child Porn," *The Guardian*, March 10, 2008.〈http://www.guardian.co.uk/world/2008/mar/10/japan/〉

Part II 家族と性をめぐる変動と挑戦

McLelland, Mark and Dasgupta Romit. 2005, "Introduction," In McLelland, Mark and Dasgupta Romit eds., *Genders, Transgender and Sexualities in Japan*, London: Routledge.

Okura, Yayoi. 1996, "Promoting Prostitution," In AMPO and Japan Asia Quarterly ed., *Voices from the Japanese Women's Movement*, London: M.E. Sharpe.

Plummer, Ken. 1984, "The Social Uses of Sexuality: Symbolic Interaction, Power and Rape," In Hopkins, June ed., *Perspectives on Rape and Sexual Assault*, London: Harper and Row.

Plummer, Ken. 2002, "Making a Sociology of Sexualities: An Introduction," In Plummer Ken ed., *Sexualities: Critical Concepts in Sociology*, London: Routledge.

Shigematsu, Setsu. 1996, '"The Law of the Same" and Other (Non) -Perversions: Woman's Body as a "Use-Me/Rape-Me" Signifier,' *U.S.-Japan Women's Journal*, No. 12.

Simon, William. 1996, *Postmodern Sexualities*, London: Routledge.

Simon, William and Gagnon John. 1969, "On Psychosexual Development," In Plummer Ken ed., *Sexualities: Critical Concepts in Sociology*, London: Routledge.

Weeks, Jeffery. 2003, *Sexuality* Second Edition, London: Routledge.

WHO. 2006, *Defining Sexual Health: Report of a Technical Consultation on Sexual Health, 28-31 January 2002*, Geneva: World Health Organization.

Yamamoto, Beverley Anne and Kitano Naomi. 2015, "Designing a safeguarding tool for Japanese professionals to identify, understand and respond to adolescent sexual behaviours," *Environ Health Prev Med*, on -line version. DOI 10.1007/s12199-014-0438-y.

Yunomae, Tomoko. 1996, "Commodified Sex: Japan's Pornographic Culture," In AMPO - Japan Asia Quarterly ed., *Voices from the Japanese Women's Movement*, New York: East Gate Books.

・課　題・

1. セックスやセクシュアリティについてポジティブに教える性教育は、どうしたら可能だろうか。自分の受けたい性教育について考えてみよう。

2. 『人身売買に関する年次報告書』2014 版を以下のアメリカ国務省のHP で読み（http://www.state.gov/j/tip/rls/tiprpt/2014/）、日本がどの

第 6 章　セクシュアリティと日本社会

レベルにランクづけされているか、近年の変化を調べてみよう。'country narratives' の日本の項（http://www.state.gov/documents/organization/226847.pdf）を読んで、日本の現状や課題について述べなさい。

「セックスの社会的用法」

　セックスは何のためにするのだろう？　常識的には、「愛情の確認のため」「快楽を得るため」という答えが返ってきそうだが、その常識に反して、社会学者のプラマーは、「セックスの社会的用法」として次の 10 項目を挙げている。

1）個人的問題の解決として：緊張や罪悪感、孤独、抑うつ、不安、退屈などを解消するため
2）自己肯定の手段として：成熟していること、魅力あること、愛されること、男らしさ、女らしさを確認するため
3）権威への挑戦として：親や規則、社会に挑戦するため
4）連帯の確認として：仲間集団、カップルの絆を確かめるため
5）獲得の手段として：金銭、力、威信、好意、安全、愛、配慮、子どもを得るため
6）成人の遊びとして：娯楽、悦び、新奇さ、スリルを求める、冒険をするため
7）怒りや攻撃性、愛想のよさを表す手段として
8）慣習的義務として　　　　　　　　　　　（Plumer 1984：42）

　この分類は、「愛情」「快楽」のためという常識からは、かなりずれて感じられるだろう。なぜセックスを義務的習慣としてするのか？　なぜセックスが威信を得ることと結びつきうるのか？　レイプはこの定義ではどこにあてはまるだろうか？　「セックスの社会的用法」の例から、これらについて考えてみよう。

　また、この定義からは、セックスや性的なこと、「セックスのシナリオ」について、どのようなことが学べるだろうか？

（山本ベバリーアン）

第7章

「性別」は「女と男」ではない
──多様な性の混沌を捕捉する

1 「性別」って何だろう？

「女である」こと、「男である」こと

　いきなりで恐縮だが図1と図2の二つの写真を見くらべてほしい。何がいえるだろうか。「図1の写真は男の人で、図2は女の人」。なるほど、ではなぜそのように判じたのだろうか。服装？髪型？だが、それだと服装や髪型が入れ替われば性別も変わることになるが、それでよいだろうか。性別を分かつ根拠だと一般にはされている身体部位は残念ながら写っていない。えっ、全体的な雰囲気？　それはある意味重要な指摘なのだけれど、つまるところ私たちが誰かの性別を判断する根拠が、意外にも相当に具体性を欠くということを、はからずも告白していることにもなる。しかもこの二つの写真、じつは同一人物なのである。図1は1991年の筆者、図2が2008年の筆者である。つまり一方を男性、他方を女性の写真であると認識するのが社会通念に照らして妥当であるにもかかわらず、両者は同じ人物を写した結果なわけだ。

　また、このように筆者の場合ある時点で「性別を変えた」ともいえるわけだが、さて、こうしたケースではどのような時点で「性別が変わった」といえるのだろうか。その性別の服装を着てみたとき？学校・職場などでの生活がその性別になったとき？性別適合手術（いわゆる性転換手術）を済ませたとき？……いろいろ意見は出ると思うが、実際に「性別を変えた」本人に尋

第7章 「性別」は「女と男」ではない

図1　この人物は？　　　　　　図2　こちらの人物は？

ねれば回答は人によって違うし、その人の周囲の人がいつその人の「性別が変わった」と認識したかもまちまちで、正解はないのが現実だ。ただ、「性別を変える」といっても、いちにのさんで一気にすべて変わるものではないことが、このことからわかる。「性別」を構成する要素は、決して単純な一枚岩ではない、多くの事柄が重層的に折り重なったものであるようだ。

　はたして誰かが、あるいは自分が、「女である」「男である」とは、いったいどういうことなのだろうか。

「女らしく」「男らしく」しないと変なのはなぜ？
　子ども向けテレビ番組でも、仮面ライダーや戦隊ヒーローは男児のもの、「プリキュア」シリーズは女児対象とされているが、どうしてなのだろう。よく見れば前者も後者も結局のところ仲間とともに変身して悪者と戦い自分たちの世界を守る物語ではないか。スポンサーが発売する関連玩具もまた、そうした状況を反映して、似たような遊び方をするものとなっていることに気づく。平均的なジェンダー通念に合わせたデザインが付与されることで、一見すると前者は男児向け、後者は女児向けのような印象も醸しだされているが、ではそこまでして男女で分ける必要はなぜあるのだろう？

　小学校に人権教育の出前授業に行っている人たちに話を聞いても、小学生に「女らしく男らしくしないと変かな？」と尋ねると、一様に「変！」と返

ってくるものの、「それはどうしてなのかな？？」と聞けば、その回答は「そうしないと変だから」のようなものになってしまうという。

　なぜ女は「女らしく」男は「男らしく」でないと変なのか？　この疑問は本章を読み進める上で、ぜひ心に留めておいてほしい。

社会が採用する「お約束」

　このように「男」とか「女」といった概念を、日頃の私たちは深く考えずに受容しがちだが、その深淵は、思いのほか混沌としているようだ。むしろ、複雑すぎてわけがわからなくなり世の中が混乱しないように、「性別」とは女らしい「女」と男らしい「男」の二種類で、しかもその男女の間で恋愛するものなのだ、ということにしてあると考えたほうが辻褄が合うのかもしれない。少し難しくいうと「性別二元制と異性愛主義が社会的に構築されている」ということになる。

　そのような社会的な「お約束」のもとで私たちは生きていて、ゆえに何でも「男女」で仕切ってとらえることで、物事がスッキリ理解でき、それがあたかも唯一絶対の真理であるようにも思えてしまい、それ以外の見え方を観察上の盲点へと追いやっているとも考えられるだろう。そうなってしまうと、男女いずれかの自分が属するポジションからの見え方が自分にとっての現実認識となり、世界のもう半分に自分が属さないほうの国が広がっているように感じてしまうことにもなる。このことを江原由美子は「男女は全く別の世界に住まう」「社会が男女に全く異なる社会的世界を割り当てる」と批判的に述べている（江原 2001）。

　本章では、こうした【「社会的に構築された性別二元制と異性愛主義」では捨象されてしまう、人の複雑で混沌とした性のありよう（いちばん広い意味での「セクシュアリティ」）】について考えてみることとしよう。

「女性学・男性学」の便宜的アプローチ

　ただ本書でも他の章では、特に前置きなく「男女」「女性」「男性」などの言い回しがされている。それらは男女は単純に分けられるものではないとす

る本章の主張とは矛盾するが、現にある各種の社会問題に取り組んでいくには、社会があまねく男女で仕切られているかぎり、その構造に乗ったところで論を進めることも避けられず、便宜的に必要なアプローチだと理解したい。

また、何かを語るための言語自体も「男女」を前提として成り立っている。字数の制約や直観的なわかりやすさ読みやすさを優先すると、男女二分構造に則った文章表現にせざるをえないことは往々にしてある（たとえば代名詞の「彼」「彼女」等の使用を封印すると相当な制約になる）。そうした事情まで含めて読み解いていくリテラシーもまた、私たちは鍛えていきたいところだ。

2 「性別違和」と性的少数者

トランスジェンダーと「性別違和」

前節冒頭で触れたとおり、筆者の生活上の性別は以前と現在とでは「男性」から「女性」へと変わっている。1990年代の後半、30代の半ばだったのだが、それまでの男性としての生活への違和感が頂点に達し、社会生活がどうしようもなく行き詰まってしまった。そのとき悩みぬいた熟考の果てに出た結論が、自分には女性として生活するほうがふさわしい……ということだったのだ。

このように出生当初に割り振られた男女いずれかの性別に違和感をもち、その後その性別を変更して生活するようなケースをトランスジェンダーと呼ぶ。これは、人を単純に男女に二分はできないと実感できる代表的な事例のひとつでもあるだろう。昨今ではそうした事情をカミングアウトして社会生活を送っている人も珍しくない。

では、この「男女」二分社会で、当初あてがわれた性別に違和感をもつこと――「性別違和」の実相とはどのようなものとなるのだろうか。筆者の事例も参照しつつ、まずはその概要を見てみよう（詳細は佐倉2006）。

望まぬ性別での生活

「性別違和」を訴える人のほとんどは、それを幼少期から自覚していたと

いう。往年の筆者も物心づいたころ親から「あなたは男の子」と伝えられた際は残念に思ったものだ。当時からすでに、男女のいずれかでなければならないのだとしたら「女の子」でいるほうが自分に合っており、自分らしい自分を好きになれて、人生上の各種の課題も上手にクリアしていける、そう無意識に感じていたわけだ。

その後は望む選択ができないことによる満足のいかない事象が連続することとなる。近所の男の子たちと遊んでも結局は波長が合わず楽しくない。少し大きくなると男の子だからというだけで野球やサッカーに参加することを強いられるが、やはり上手くできない。髪型を長髪にすることも、なかなか認めてもらうのは難しい。テレビ番組や玩具など各種商品の選択も然り。

筆者とは逆に、現在は男性として生活しているが、かつては女性だったという人に聞いても状況はだいたい同じだ。ひな祭りの雰囲気に馴染めなかったとか、七五三の記念撮影で晴れ着を着せられるのに泣いて抵抗したなどと、その人は言う。就学時のランドセルや学用品の色分けなども悩ましい問題である。

さらに将来設計だ。進学する学校や、なりたい職業を考えるにしても、男女別に望ましいとされる進路がある。筆者もまた、将来の夢がつい女性向けとされるほうへ行ってしまう男の子だった。これらは成人後の経済的自立にも直結する案件だけに深刻である。

そして、本人はこのように自分が望む選択が妨げられ続け、満足のいく生活が送れないでいるのだが、そうした本人のありようが周囲から否定的にみられることもまた表裏一体の問題である。社会生活において周囲から望まれる女らしさ・男らしさの期待にそぐえないことで、同年代の仲間からも、親や学校の先生などからも、変なやつ・ダメなやつと評価される。イジメに発展することも珍しくない。その結果、本人の自己肯定感が下がり、ますます社会生活に支障をきたすのである。

性別を変える困難

これらの問題の解決策として「性別を変える」ことは切実に望まれることになる。だが、当初に割り振られた性別属性を変更する取り組みには、それ

第7章　「性別」は「女と男」ではない

自体に大きな困難が伴う。性別規範が根強い風潮のなかでは自ら強く意識する罪悪感もある。筆者もまた、性別を変更した生活を目指しはじめた当初は、女物の衣類や化粧品を葛藤の末に通信販売で入手し、試行錯誤をくり返したものだ。不慣れな状態で街へ出て「オカマだ」と笑われたこともある。現行社会がすべてを男女別にしているため、当初その人に割り当てられたものと逆の性別属性での社会生活についてのあらゆる知識・経験が、その年齢にふさわしい水準ではまったく身についていない状態を、手探りで回復していくことは相当な労力を要する（たとえば自分が明日から現在と男女を入れ替えて生活しないといけないと仮定して考えてみてほしい）。人によってはホルモンや性別適合手術が望まれる場合もあるだろう。

　近年ではインターネットの発達もあり、筆者の時代と比べれば、若年層の間にも相応の情報が普及してきており、社会的なサポート体制も少しずつではあるが整えられつつある。それでもいまだ偏見はあるし、未成年者の場合、保護者の理解が得られないと大きな制約を受けることになる。

社会制度がもたらす障壁

　それらの困難を乗り越えて無事に望みの性別で暮らすことが可能になったからといって油断はできない。社会生活でのほとんどの局面において、人生の途中で性別属性を越境した人の存在は想定されていないのである。

　とくに各種の社会制度とかかわる公的書類の性別（これを変更するための法整備もなされたものの要件を満たすことのハードルは高い）は、実際の生活上の性別との離齬が、思わぬトラブルの種となる。幸い筆者の場合は風邪をこじらせて受診する病院の受付での健康保険証を呈示した際の説明の面倒程度で済んでいるのが日常だが、一度パスポートの性別記載のせいで空港で拘束されかかったときは冷汗が出たものだ。

　また「性別」と身体性を分かちがたく結びつけて考える私たちの意識もまた、広い意味での社会制度だといえる。日常生活はその性別で問題なく送れているが性別適合手術は受けていないというような人が公衆浴場で女湯・男湯のいずれに入るべきか、という命題はまさにこれとかかわっている。

127

Part II　家族と性をめぐる変動と挑戦

恋愛・結婚そして老いる

　恋愛や結婚から家族にかかわる諸制度も「男女で異性愛」を前提としているため、その典型から外れるという点では、トランスジェンダーに限らず、同性愛者なども含めた性的少数者（セクシュアルマイノリティ、LGBTなどともいう）全体が疎外されてしまっている。家族をつくり、子をもうけ、育て、そして老いていく際の、モデルケースに当てはまらないのである。そのため各種の社会保障の網からはこぼれ落ちてしまう。周囲の偏見や思い込みとの折り合いをつける作業も強いられる（たとえば同性カップルだと、子どもを入学させる学校に対して、通常なら必要とされない事情説明を、そのつどしないとならない）。

　異性間恋愛を至上とする価値規準が広範に流布し、多くの人が早い段階で内面化してしまっているため、日常の雑談の場においても恋愛・結婚・家族の話題は「男女で異性愛」が標準化されがちで、ほとんどの性的少数者が疎外感を覚えることになる。とりわけ思春期の学校などでは、それが深刻な悩みとなることも多いだろう。

3　問題は「社会で」起きている

男女二分社会と「性別違和」

　さて「性別違和」を抱えた生活の実相を概観して、どう思っただろうか。「トランスジェンダーの人は大変なんだ」「偏見で差別したらいけないと思った」「自分の性別に違和感をもつ原因は何だろう？」……といったところだろうか。

　だが、よく読み直してみよう。前述した「性別違和」をめぐる諸問題はすべて社会の性別二分構造のなかで起こっている。つまり人が社会生活を送る上での性別カテゴリーが「女」か「男」の二種類で、その二種の択一において、自分が望まないほうへ所属させられることが発端といえる。でも、性別カテゴリーの振り分けはなぜ厳格なのか、もっと柔軟な運用でもかまわないのではないか。そもそも選択肢が男女の二種類のみで用意されているのは妥当なのか──。そこに着目するとき、これは社会全体の問題となる。

128

第7章　「性別」は「女と男」ではない

「性別」の当たり前

　何かの申込書など書類の「性別欄」は、この点で象徴的だ。【性別：男　女】のようになっていて、いずれか「該当するほうに○」をして回答することが通例だが、これは、はじめにも述べた社会が「性別」を男女の二種類であるとしている「お約束」の反映であり、以下のようなことが当たり前のこととして共有されているべきだという前提に立っている。すなわち、①性別は「男」と「女」の二つ（各人はどちらか一方でしかありえず、区別は当然）、②その「男」とはあらゆる要素において男らしく、「女」もまたあらゆる要素において女らしいものである、③恋愛は男女間でするものである（これと表裏一体で男女が親密にしていると恋愛だと認識されがち）。「女」か「男」かを尋ねれば、その人のあらゆることが推定可能だという前提だといってもよい。

　たとえば、ショッピングセンターの会員カードの申し込みでなら、男のほうにマルをつけたら最後、その人の好みや必要が実際にはどうであれ、化粧品や可愛いらしい雑貨の案内などは決して送ってきてもらえなくなる。結婚情報サービスなどでは、女のほうにマルをつけると、その人が出会いたい相手がどんな人かにかかわらず、紹介されるのは男のほうにマルをつけた人に自動的に絞られてしまう。身体に関しても、病院での問診票などで男女のいずれかにマルをするだけでは、性別適合手術を受けて公的書類の性別変更も済ませた人などの身体については決して正確には伝わらないが、いったんは典型的な男性身体か女性身体のどちらかに措定されてしまうだろう。

　そして、このようなことは明示的に書類の性別欄に記入する場合以外でも、じつは日常の生活のあらゆる局面で起こっている。社会のすみずみに「性別をめぐる体制」があまねく張り巡らされていて、それが対人関係の基本的な秩序となっているといってもよい。

　これらに、トランスジェンダーおよび同性愛などセクシュアルマイノリティは合致しない。そのため、多くの人が「普通」だとする基準と摩擦が起き、結果、生活上の困難が引き起こるという構図がある。逆にいえば、社会のありようのほうに性的少数者を受容する柔軟性があれば、何も問題は起こらないだろう。

129

Part II　家族と性をめぐる変動と挑戦

セクシュアルマイノリティを「社会モデル」でとらえる

このように、何らかの事情をもつ人・各種のマイノリティが抱える困難が、社会のありように起因して発生しているのだというとらえ方を、障害学では「社会モデル」と呼ぶ。

たとえば車椅子の人などは身体障害者とされているが、こうした障害者の「障がい」が個々の障害者に内在する欠損に由来すると考えるのは「医療モデル」である。対して、社会の意思決定の場での多数派が車椅子の人の存在を想定せずに各種のインフラを整備したために、ほうぼうに段差があったりエレベーターが設備されていないなどの「障害物」がもたらされてしまい障害者が自由に行動できない環境が生まれている、というのが「社会モデル」的アプローチだといえる（星加 2007 などに詳しい）。

SF 物語ではエスパーがその超能力ゆえに苦悩する描写がしばしばあるが、それもまた社会が超能力を前提としていないせいだと読める作品は少なくない。誰が「障害」者で、誰が「超能力」者か、何が「普通」かも、多数派の基準しだいで相対的に遷移するのではないだろうか。そして、性的少数者・セクシュアルマイノリティにも、この「社会モデル」的アプローチはあてはめることができる。

誰もが「ありのまま」を生きる当事者

この社会での性をめぐる「普通」が、「男女」で「異性愛」となっていることが、性的少数者を「普通でない」者として苦しめ、トランスジェンダーに越えられない性別の境界線を障壁としてもたらすという観点は、それならばそうした規準のほうを変えることによる解決をめざそうという発想に道を開く。図 3（左）のように「女国」と「男国」が厳然と壁で隔てられて行き来ができないのではなく、図 3（右）のように境界の意味づけが変わり通行が自由になれば、性的少数者もまた特殊な存在ではなくなるだろう。

同時に、このように境界の取り扱いが良い意味でアバウトになれば、その恩恵はセクシュアルマイノリティのみにとどまらない。境界線の行き来が自由になれば、誰もが自分の行動範囲を自分にとって心地よいように任意にア

第7章 「性別」は「女と男」ではない

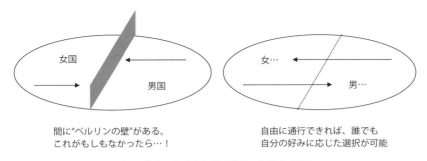

図3　社会のありようが「境界」を意味づける

レンジできる。「女らしい」ものも「男らしい」ことも、すべてを選択肢に入れて咎められることがないほうが、より豊かであることは疑いない。

　多くの人が「性別」を根拠に「女なら」「男であれば」「こうあるべし」を押し付けられることで抑圧を感じる問題は、じつのところ性的少数者の苦悩と地続きだ。互いに最初に相手を「性別」で「女」「男」と区切って考えるのではなく、まずはありのままのその人を見て、そのありようを認めあっていけるようにできれば、それはすべての人にとって、より自由でおおらかな、生きやすい社会なのではないだろうか。

　障害者などをはじめ、他のマイノリティに敷衍しても、何らかのマイノリティを「普通」の世界を脅かすイレギュラーな存在として周縁化するのではなく、いろいろな人がいることが「普通」なのだとしていくほうが、問題解決のスタンスとしてはより成熟したものだといえる。「多数派基準による普通」を自明・当然とせずに成り立った社会が望まれるところだ。

4　多様な性の深淵を探る

セクシュアルマイノリティのわかりやすい説明を確認する

　ところでセクシュアルマイノリティ全般について、わかりやすく説明する

Part Ⅱ　家族と性をめぐる変動と挑戦

際に図4のようなチャートが用いられることは多い。身体、意思（心）、恋愛対象の3項目各々について、両端の「女」～「男」の間のどのあたりに位置するかプロットするのである。

　いわゆる「普通」の男性だと上から順に［男・男・女］の位置に印がつくことになる。女性なら［女・女・男］が「普通」とされるだろう。女性の同性愛者・レズビアンなら［女・女・女］。男性同性愛者・ゲイは［男・男・男］となる。トランスジェンダーで女性から男性へと移行する場合（Female to Male）は［女・男…］ときて、三つ目の恋愛対象は一概にはいえない。筆者のような男性から女性へというケース（Male to Female）なら［男・女…］ときて恋愛対象はやはり人によって異なる。こうしてみてみればトランスジェンダー系と同性愛系では「多数派基準による普通」からの外れ方が異なり、巷間よくある両者の混同が誤りであることもよくわかるだろう。

　このように3項目に分けて、仮にそれぞれ単純に男女二択で答えたとしても8通りの「性別」があることになる。プロット位置は「真ん中よりちょっとこっち寄り」等でもよいわけなので、実際には印のつけ方は無限にある（身体が男女の典型でなく、図4でなら中ほどにプロットされることになる、「インターセクシュアル」「性分化疾患（DSD）」などといわれる人もいる）。まさに「性別」は「女と男」ではない。

セクシュアルマイノリティをわかりやすく説明する陥穽

　――といったことを理解する、いわば入門編として、図4を用いた説明は便宜上とても有用だ。だが、これこそが究極の真理だと思い込むのも罠である。

　だいたい恋愛対象が「女」や「男」といっても、その相手の「性別」にも

「あなたの性別は？」	女	男
身体を基準に付与される性別	←――――――――　＊　―――――――→	
本人の意思に基づく性別（心の性別？）	←――――――――　＊　―――――――→	
恋愛対象にかかわる性別（いわゆる性的指向）	←――――――――　＊　―――――――→	

図4　性的少数者についてわかりやすい図なのだが……

第 7 章 「性別」は「女と男」ではない

この図が適用されるとしたら、はたしてそんなシンプルに表現できるのかは
おおいに審議が必要であることは、すぐにわかるだろう。身体や意思（心）
の項目も同様の疑念が湧いてくる。そもそも、チャートの両端が「女」「男」
となっていることの正当性さえ怪しくなってこないだろうか。

　ただ、そんな図4だが、一般的によく見かける同様のものに比して、本書
に掲載のものは3項目の説明の文言に筆者が若干の手直しを加えている。《身
体を基準に付与される性別》となっているところは通常は「身体の性別」と
書かれる。《本人の意思に基づく性別》は同様に「心の性別」と断言されが
ちだ。《恋愛対象にかかわる性別》と含みをもたせてある三段目も単に「性
的指向」とされやすい。

　この三点を掘り下げることで、性的少数者の深層に迫る際にさえ、いかに私
たちの概念が「男女」と「異性愛」にとらわれているかを詳らかにしてみよう。

人が好きになるのは自分の好みのタイプの相手

　「性的指向」と言ってしまうと、恋愛や性的関心の対象が女性を向いてい
るか男性を向いているか、それが異性なのか同性なのか……という意味あい
に矮小化されやすい。だが、本当にすべてに先立って相手をまず異性か同性
かで振り分けてしまってよいのだろうか。

　E. K. セジウィックも、一人ひとりの性行動の特徴にはさまざまな要素が
あるのに、そのなかにあってただひとつの次元、選択対象のジェンダーのみ
が、「性的指向」とは驚きに値すると述べている（Sedgwick 1990 = 1999）。

　自分は異性愛者であり性的少数者ではないという人でも、恋愛対象が異性
なら誰でもいいわけではなく、好みのタイプというものがあるはずだ。本当
は誰もが自分の「好みのタイプ」を好きになっているだけだと考えると、意
外なほどスッキリと腑に落ちる。現状ではその「好みのタイプ」が結果的に
異性だとみなされる範囲に収まっていると、社会が設定する「普通」のセク
シュアリティに合致するものとして問題とならず、もしも同性だったりした
場合において逸脱だととらえられる、ただそれだけのことなのだ。

133

Part II　家族と性をめぐる変動と挑戦

心に性別があるわけではない

「心の性別」も使われやすい語である。しかし、色も形もない心の、その「性別」なんてどうやって判断するのだろうか。

人が「ジェンダーをもつといえるだろうか」、女だ男だというのは人が「そうであるといえるような本質的な属性なのだろうか」という疑義を呈するジュディス・バトラーは、ジェンダーは行為遂行するものだともいう（Butler 1990 = 1999）。人は単独で女や男「である」のではなく、人と人が社会関係のなかにおいて女を「する」・男を「する」のだというわけだ。

これをふまえると「心の性別」と呼ばれるものも、結局は個々人の外面に表れるふるまいや自己表現を、周囲の人が一般的ジェンダー観念に照らして、女らしい・男らしいと解釈しているにすぎない。その意味では、その人が女らしいか、それとも男らしいかという事実は、その人の内面に何らかの核心があるのではなく、人と人との間に、すなわち社会的なコミュニケーションの場にのみ生成されるものだといえる。

「心の性別」と近似した意味で「性自認」という言葉もある（英語での gender identity に相当）が、自分自身の性別を自認するという事象も、これにしたがえば決して自分ひとりでは成立しない。要は、自分の自己呈示を周囲の他者がどのように受け止めるか、その結果として相手が自分を「男」あるいは「女」のいずれだと判断するのか、それをそれまでの経験則にしたがって事前に予測したものが「性自認」なのだろう。「認」の主体は自身と周囲の他者との関係性なのであり、その意味では「性他認」とでも呼ぶほうが実態には適っている。

つまるところ、これらコミュニケーションの場での自己表現と他者との関係性をマネジメントする本人の意思のありようを、慣習的に男女いずれかに分類したものが「心の性別」であるようにみえるということではないだろうか。

身体の性的差異を「性別」にしているもの

では「身体の性別」はどうだろう。たしかにヒトにも生殖にかかわる身体のタイプの差があるのはまちがいない。しかし、そうした身体差と社会的な

第7章 「性別」は「女と男」ではない

「性別」の意味づけの間にはかなりの開きがある。ヒトの身体的性差に関する知を提供する生物学自体が人間社会の文化の所産のひとつであるし、社会的に構成された解釈コードを通して身体的性差をみた場合、それが「男女」にみえてしまうということもあるだろう。ジュディス・バトラーが記した「セックスは、つねにすでにジェンダー」（Butler 1990 = 1999）も、このように私たちが身体的性差を認識する際には社会や文化のありようの影響を受けていることを指摘している。

　ヒトの身体に生物学的な性差はあっても、それは人の社会における「身体の性別」とはイコールではない。ある人の「身体の性別」は、生物学的な性差を解釈する基準に沿って社会がその人に付与しているのだ。

「性別違和」も社会に起きている公共の現象

　このように「身体の性別」「心の性別」という言説を相対化してみると、「性別違和」の受けとめ方もまた、より精緻化することができる。

　日本語圏では性別違和を抱えるトランスジェンダーらに対して「心と身体の性別が一致しない『性同一性障害』という病気」という理解をすることが一般化している。この場合、本来の医学用語としての定義はかなり緩めて準用されているとはいえ、また実際の医療現場でも便宜上の病名として運用されているとはいえ、あくまでも「性同一性障害」が個人に内在する病理であるとしての認識である。だが、「身体の性別」「心の性別」自体がさほど確固としたものでないなら、それらの「男女」が一致しているのが正常で、そうでないのは病気だという設定もまた、仮構された社会通念にすぎないだろう。

　先ほどの「心の性別」のところでも触れたが、私たちの社会における「性別」は、人と人とのコミュニケーションの場で意味をもつ。そして、その場その場のスムーズな進行というものは、E. ゴッフマンの論（Goffman 1959 = 1974）を借りれば、居合わせる人々が皆その状況にふさわしくふるまいあうという「相互行為秩序」によって保たれている。ゆえに、そこへ性別をめぐる自己呈示が一般的な通念から外れるトランスジェンダーが登場すると、場の秩序を脅かす規定違反となり、社会のスムーズな営みへの脅威となること

135

Part II　家族と性をめぐる変動と挑戦

は起こりえる。だがそれは個人の内面の病理ではなく、社会関係という場で起きている公共の事実（先述した障害学での「社会モデル」的とらえ方と、ここでのゴッフマンの論を合わせると、障害者の「障害」とは、「○○銀行の ATM で大規模システム障害」などでの「障害」と、まったく同じものだともいえよう）であり、社会の成員全員によって共有され、協調的に解決が探られるべき課題ではないだろうか？

多様な性の混沌はわかりやすくない

　さて、ここまで性的少数者の問題を切り口に用いながら「性別」をめぐる社会のありようの問題をみてきた。本当は一人ひとりのセクシュアリティのありようは千差万別で、性的少数者をカテゴリーで切り分けて単純な定義で理解することは適切ではないし、すべての人を女か男に二分することもできない。にもかかわらず社会で卓越的な規範が、そうした深層と合致せずにコンフリクトを起こしているのだという現実、その一端にでも触れてもらえたなら幸いである。

　同時に、この件は単に「セクシュアルマイノリティの人権問題」として学んで終わりなのではなく、誰もが当事者である自分自身のセクシュアリティの探求の端緒としてもらいたい。それは単純な男女二択にくらべれば非常にわかりにくく混沌としたものになるだろうが、それだけに大きな可能性に満ちている。既存の男女軸にとらわれることなく「どういう身体でありたいか」「社会のなかでどういう自己でいたいか」「誰とどんな関係性を結びたいか」……のそれぞれ性にまつわる要素についての、一人ひとり各自の理想と現実のせめぎあい方、そのすべてのありようが「その人の性別」として認められるのだとしたら、さあ、あなた自身はどんな自分になりたいだろうか。

　人がむやみに「男女」に分けられることなく、出生時に割り振られる性別にかかわらず「ありのままのその人」が尊重される──。これは、遠いけれども目指すべき理想である。

（佐倉智美）

第7章 「性別」は「女と男」ではない

参考文献

Butler, Judith. 1990, GENDER TROUBLE, NewYork & London: Routledge. (＝竹村和子訳 1999、『ジェンダー・トラブル』青土社)

江原由美子 2001、『ジェンダー秩序』、勁草書房

Goffman, Erving. 1959, The Presentation of Self in Everyday Life, Doubleday Anchor. (＝石黒毅訳 1974、『行為と演技』誠信書房)

佐倉智美 2006、『性同一性障害の社会学』現代書館

Sedgwick, Eve Kosofsky. 1990, Epistemology of The Closet, University of California. (＝外岡尚美訳 1999、『クローゼットの認識論』青土社)

星加良司 2007、『障害とは何か──ディスアビリティの社会理論に向けて』生活書院

・発展的な学びのために・

中村美亜 2005、『心に性別はあるのか？──性同一性障害のよりよい理解とケアのために』医療文化社

トランスジェンダーを社会的アプローチで研究・考察した代表的な1冊といえる。幅広い視点で性的少数者が置かれた状況をふまえながら論じられている。

佐倉智美 2004、『明るいトランスジェンダー生活』トランスビュー

筆者が『性同一性障害の社会学』の前々年に出した自伝エッセイ。性別を変えて生きはじめた体験が硬軟まじえて綴られるなかに、社会の性別二元体制について考えるヒントが多数。

橋本秀雄編 2003、『性を再考する──性の多様性概論』青弓社

2002年度の三重大学での「性の多様性概論」講義録。性的少数者のテーマを縦糸に、社会学、ジェンダー研究、医師、活動家など多様な分野から結集した講師陣の多岐にわたる話は示唆に富む。

Part II　家族と性をめぐる変動と挑戦

・課　題・

1. 自分、もしくは架空の人物などの「性別」を説明してみよう。ただし「女」「男」という語句（およびこれらに類するあらゆる語句）はいっさい使わずに。本文の最後にあるように「どういう身体で」「社会のなかでどういう自己で」「誰とどんな関係性を結びたいか」を、ていねいに述べること。

2. 本章の内容をふまえた上で「Ｘジェンダー」「バイセクシュアル」「Ａセクシュアル」「ポリアモリー」などの語について調べ、さらにそれをふまえて「男女」「異性愛」を規準としたとらえ方では不可視化されてしまっている、一人ひとりの在り方や人と人の関係性の可能性について論じてみよう。

3. 最近のアニメやマンガ、ライトノベルなどにみられる、トランスジェンダーや同性愛、インターセクシュアルなどにかかわる描写を取り上げ、それが作中でどのように意味づけられているか、古い作品での同種の事例と比較してどう違うか、そして現実世界とどのように影響しあっているのかなどについて考察してみよう。

第7章 「性別」は「女と男」ではない

ミッキーマウスはミニーマウスと同一人物!?

Column

　トランスジェンダーと同性愛を混同する誤解は、本文でも触れたように一般によくある。それにともない、筆者のように男性から女性へと移行した人が「性的指向は男性」と決めてかかられることも多い。もちろん、実際には人によってちがうので一概にはいえない。そして筆者の場合、恋愛や性的関心の対象は、仮に男女二分法に則していうなら「女性」となっている。詳しい経緯を語る紙幅はないが、じつはとある女性と結婚し、子どもも一人いる。

　そんな筆者の家庭生活は、ごくごく「普通」に親子三人つつがなく暮らしている。傍目には「親子三人」に見えないかもしれないが、娘も物心づいたときすでに筆者が現状のようなトランスジェンダーだったので「我が家はこういうもの」と納得し、中学生となった今では、むしろそうした状況を楽しみ活かしながら女子中学生ライフを送っているようにもみえる。そして、そういう家庭で育った彼女の「性別」をめぐる観念は、やはり相当にタダ者ではない（「性別」を単純に決めつけてはいけないとするなら「娘」「彼女」といった因習的な表現も本当はよくないのだが、便宜上ご容赦願いたい）。

　その最たるエピソードが、娘がまだ3歳くらいのとき、ウルトラマンダイナとウルトラマンガイアはしっかり区別しているのに、ミッキーマウスとミニーマウスの区別をつけていなかったことだろう。この意味、おわかりだろうか。なんと彼女は、今日のミッキーが明日カワイイ服に着替えたら、それがすなわちミニーだと解釈していたのである。家ではイイカゲンな恰好でダラダラしている「お父さん」が、仕事だとなると化粧してスカートはいて出かけるのを見ている娘にとっては、それは何の不思議もないことだったのだろう。

　逆に言えば「ミッキーとミニーは性別が異なるから別人」という理解も、子どもたちが「男と女は別」だという二元的ジェンダー観念を知らず知らずのうちにすでに身につけているからこそ。すなわち、私たちの社会が、子どもたちにジェンダー観念を知らず知らずのうちに刷り込んだ結果なのである。

（佐倉智美）

Part III

ジェンダー視点で考える 社会制度・福祉

第8章

教育とジェンダー
——歴史と今をみつめる

1　教育を受ける権利とジェンダー

暴力が奪う学ぶ自由

　カナダ政府が定めたメモリアル・デーのなかに、12月16日という日付がある。1989年12月16日、モントリオールの工科大学（polytechnic）に銃を持って乱入した男性によって14人の女子学生が射殺されるという悲惨な事件があった。男性は、教室内の男性教授と男子学生に女子学生たちから離れるよう指示した上で、女子学生だけを銃撃した。犯行後現場で自殺した男性が残した遺書には、本来男性の領域である理工系に進出する女子学生、そうした女性の進出を推し進めるフェミニストへの非難と憎悪が書き残されていた。ただ理工系分野を学びたくて進学した女子学生たちは、その性別ゆえに殺されたのだ。

　こうした暴力は決して過去のものではない。2012年、パキスタンの当時15歳だったマララ・ユスフザイさんが銃撃された事件はあまりにも有名だろう。彼女は、過激なイスラム原理主義団体による、女子が通う学校破壊活動の理不尽さを告発し、女子にも教育を受ける権利があると国際的に訴えていたことを理由に銃撃された。奇跡的に回復した彼女は翌年国連で教育の重要性を改めて訴えるスピーチを行い、2014年にはノーベル平和賞を受賞したが、その前後にも、イスラム過激派による女子教育への批判や暴力的に女子学生を攻撃する事件は続いている。

142

第 8 章　教育とジェンダー

　こうしたエピソードは日本にいる私たちには無縁のものだろうか。今、日本の大学のキャンパスでは、女子学生と男子学生が当たり前のように机を並べている。しかしひと昔前には、この風景は決して「当たり前」ではなかったという歴史的事実から、ジェンダーと教育の課題を考えていこう。

現代日本における教育機会のジェンダー・ギャップ

　性別によって教育機会が制限されてきた歴史をふり返る前に、教育の「今」について、性差に注目して整理しておこう。現代社会においてもなお、教育へのアクセス、就学機会の開放性は性別によって異なるのではないか。そうした疑問を生じさせる現象はさまざまな形で存在している。

　就学経路上のジェンダー・ギャップ（gender gap 性別格差）について、まずは、進学率によってその実態を確認してみよう。

　第二次世界大戦後、教育基本法の下の新しい学校教育制度は、小学校 6 年・中学校 3 年・高等学校 3 年・大学 4 年という、いわゆる「六三三四制」の単線型システムを、男女平等に保障する形でスタートを切った。男女共学が認められ、高等教育の門戸は女性に開放された。

　そうした平等なシステムの下で、高度経済成長を背景としつつ、義務教育以上の学校段階への進学率は男女ともに順調に上昇した。とりわけ女子の進学率の伸びはめざましく、三つの逆転現象が生じた。

　まず、高等学校進学に関して、1970 年前後に女子の進学率は男子のそれに追いつき、追い越す（図 1）。これが第一の逆転である。現在では、高等学校進学率は男女ともに 95％以上に達し、義務教育に近い状況を呈している。男女比をみると、女子の方が若干高い進学率を保っている。

　次に、四年制大学と二年制短期大学を足し合わせた高等教育進学率をみてみよう。六三三四制の一時的な「亜流」として生まれた二年制の短期大学が恒久化し、女子向け高等教育機関として増加したことを背景に、1980 年代に女子の進学率が男子のそれに追いつき追い越すという、第二の逆転が起こっている（図 2）。その後 2000 年度に再度男子が逆転するなど、順位は流動的であるが、ともあれ、女子は男子に匹敵する実績を挙げている。

143

Part III　ジェンダー視点で考える社会制度・福祉

　しかし、その内実をみれば、女子の場合は、男女進学率逆転が起こった1980年代にも、その過半数が短期大学に進学し、高等教育レベルでの男子向きコースと女子向きコースの分化は明確であった。ただし、1990年代以降、女子の四年制大学への進学率が大きく伸びる。女子の高等教育進学率の内訳において、短期大学と四年制大学の比率が逆転（第三の逆転）するのが、1990年代半ばである（図2）。
　女子の進学率は男子のそれに追いつき、しのぎつつあるようにみえる。し

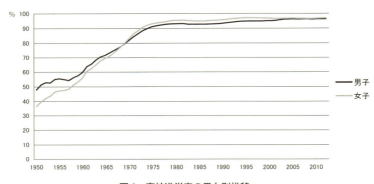

図1　高校進学率の男女別推移
『学校基本調査』より作成

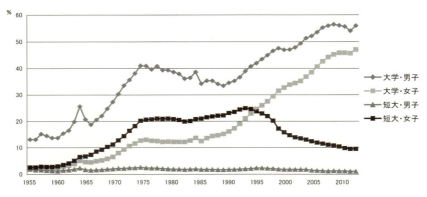

図2　大学・短大進学率の男女別推移（過年度高卒者含む）
『学校基本調査』より作成

第8章　教育とジェンダー

かし、現在もなお、より高い教育を受ける機会に関してはジェンダー・ギャップが存在する。四年制大学への進学率については 10% 前後、男子の方が高い。さらに、大学院進学者も男子は女子の二倍以上にのぼる。大学院拡充の文教政策を背景に、大学院への進学率が 1980 年代以降男女ともに上昇しており、大学院卒が最も高い学歴として、今後社会的な重要性を高めていくことが予想される。とすれば、大学院レベルにおける男女差が、新たな教育上の格差として意味をもってくることになるだろう。

男女で分化する専攻分野

次に、専攻分野における男女比率の状況をみてみよう。短期大学・四年制大学の専攻分野の構成には男女で相当の違いがみられる。人文科学、教育、保健、家政、芸術などでは女子学生が多く、社会科学、理学、工学、農学、医・歯学などでは男子学生が多い。こうした男女比率のアンバランスは、女子の進学率が伸びた四年制大学において、この 30 年間にある程度縮小している。家政以外のすべての分野で女性の比率が大きくなっているが、従来男性向きとされてきた社会科学・工学・理学・農学・医歯学などの領域で特に格差の縮小がみられるのである（図3）。

しかしながら、理工系学部の男女比率は圧倒的に男性優位である。かつて

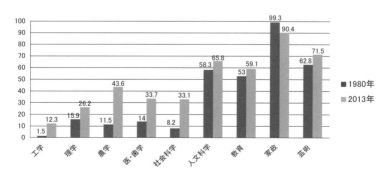

図3　大学学部専攻分野別女子学生比率（1980 年度と 2013 年度）
『学校基本調査』より作成

145

Part III　ジェンダー視点で考える社会制度・福祉

とくらべると理系の女子学生の増加には目をみはるものがあるが、それでも男女比率にはまだ大きなギャップがある。従来、日本は、他国と比較して科学技術分野への進出に関する男女格差がはげしいといわれてきたが（小川2001：123-127）、それは21世紀の今もかわらない。

　科学技術分野での男性優位は、生来的な能力の違いとして解釈されることも多い。2005年1月、ハーバード大学のサマーズ学長が講演のなかで「科学分野で女性の活躍が乏しいのは生まれつきの性差によるものだ」という趣旨の発言をし、大変な物議をかもした。学長は学内外の批判に対して謝罪したが、同大学教養学部教授会が3月に賛成多数で学長不信任決議を可決するという前代未聞の事態に発展した。

　能力の性差の定説として、「言語能力は女性、空間把握能力や理数的能力は男性がすぐれている」というものがある。この点に関して、これまで多種多様な実験や調査が実施されてきた。それらの結果は必ずしも一致するものではないが、多くの場合ある程度の性差が観察されている。しかし、観察された性差が先天的なものであるのか、後天的なものであるのかについては、当然のことながら判断不可能である。また、仮にそれらの性差が先天的な要因から生じていたとしても、発達プロセスにおいて不変的なのか、換言すれば環境要因によって変わりうるものなのではないかという疑問は、追究されるべき研究課題となっている。

　小学校から中学校へ、中学校から高校へ、そして高等教育機関へと学校段階が上がるにつれて、男女の進路は分化し、労働市場における位置の違いにつながっていく。現代においても、就学経路上の男女平等を確立するための課題は山積している。現代の課題を考えるために、私たちを「今」に連れてきた教育の歴史をジェンダーの視点から振り返ってみよう。

2　ジェンダーの視点からみた近代日本教育史

「国民」をつくる学校の誕生

私たちが「教育」や「学校」という言葉で思い浮かべるのは、近代的な学

第8章　教育とジェンダー

校教育制度が確立されて以降のイメージである。明治維新で近代化の幕を開けた日本は、立憲君主制国家の下で人々を「国民」として組織するようになる。明治政府にとって、義務教育制度の整備は、「国民」に対する管理統制をスムーズに進めるために重要な施策であり、同時に、「殖産興業」を担う人材育成という意味でも不可欠の施策であった。

1872（明治5）年に明治政府は「学制」を発布し、「国民皆学（カイガク）」を宣言する。その際に出された「学事奨励ニ関スル被仰出書」は、「自今以後一般ノ人民華士族卒農工商及婦女子必ス邑ニ不學ノ戸ナク家ニ不學ノ人ナカラシメン事ヲ期ス」と、それまでの身分制度にかかわらず、なおかつ性別にかかわらず、すべての人は「国民」として明治政府が設置する教育を受けるべし、と規定したのである。江戸時代においては、武士階級の男子には藩校、農工商の庶民階級には寺子屋といった、教育機関があったことが知られている。武士階級の女子は家内での教育や近隣での習い事によってある程度の教養やたしなみを身につけていたし、読み書きそろばん能力が必要とされる商家の娘をはじめとして、裕福な家の女子は寺子屋にも通っていたとされるが、男女の教育は基本的に明確な区別の下におかれていた。また、近世は、女性に学問は必要ないとする「男尊女卑」的な儒教道徳が力をもっていた時代でもある。

しかし、近代学校教育のスタート時点において、女性は男性とともに国民として同列に教育の対象となる。特に小学校について、先述の「被仰出書」は「幼童ノ子弟ハ男女ノ別ナク小學ニ従事セシメサルモノハ其父兄ノ越度タルヘキ事」とあらためて規定している。「学校」というあたらしい仕組みは、男性のみならず、女性をも迎え入れることを宣言して船出したのである。しかしじつは、「学制」には、「女児小学」の設置や、「女児小学」においては「女子ノ手芸」を教えるとの文言が含まれている。近代学校教育の構想のなかには、学習者として男女が「同質」であるという認識と、「異質」であるという認識の、矛盾する二つの考え方が含まれていた。

「学校」は、男女をともに包摂してスタートし、その後、男女が人間として「同じ」であるという考え方と、男女は生まれながらに能力や適性が「異なる」という考え方の、二つの方向性の交差のなかでバランスをとりながら、

147

Part III　ジェンダー視点で考える社会制度・福祉

発展していく。次代の「国民」として男女を「平等」に包摂する「学校」が、そのなかで、いかに男女の「異質性」を強調し、男女の非対称的な権力関係や性別役割分業という近代的なジェンダー秩序の形成に貢献していくのかを、以下にみていこう。

男女を分けるシステムの展開

　男女の「異質性」への言及は、「学制」段階では、まだ副次的な位置にとどまっていたが、1879（明治12）年の「教育令」、1880（明治13）年の「教育令」（いわゆる「改正教育令」）において、すべての学校における男女別学の原則がうち立てられ、男女別カリキュラム導入として、女子のみを対象とする教科「裁縫科」の導入がすすめられる。「教育令」を受けて小学校カリキュラムを定めた1881（明治14）年の「小学校教則綱領」では、「裁縫科」や「家事経済」など男女別カリキュラムが明記される。男女別カリキュラムは、次節でみるように、中等教育の整備とともに本格的に展開されていく。

　カリキュラムが分化する前提として、男女別学の原則によって、性別の分離が徹底されていく。「教育令」は、小学校においてのみ事情に応じての例外的共学を認めており、実際小学校低学年や学校規模が小さい地域においては、ある程度の割合で共学の実態があったとされる。しかし、男女別学原則が要求していたのは、同じ小学校に通う子どもたちを、できるだけ性別で分離する状況をつくり出すことである。当然ながらクラス編成は男女別であり、女の子と男の子が同じ教室で授業を受けることがない、それが基本的に求められる姿であった。校舎やグラウンドも男女で分離されていたり、学校に入る門さえ「男子門」「女子門」に分かれていたことがあるようだ。同じ学校に在籍しながらも分離させられるという経験は、当時の子どもたちに男女の「異質性」に関して大きな教育的効果をもたらしていたと考えられる。

　国家は、男女別学の原則の次に、男女別の学校体系の整備にのりだす。1886（明治19）年にいわゆる「諸学校令」が出され、男女の教育系統を分離することが国家政策として明確化する。その際に、まず男子のみを対象とする中学校令や帝国大学令が公布され、その5年後の1891（明治24）年の中学校令改正

において、女子向けの中等教育機関である高等女学校が法的に規定される。

それらの法令で、男子向けの中学校と女子向けの高等女学校は、いずれも小学校を終えた後に進学する「高等普通教育」（小学校を初等教育とすると、中等教育と位置づけられる）という同等の教育段階に位置づけられている。同じ位置にありながら、男子の場合は「中」と名づけられ、女子の場合は「高」と名づけられているのは、男子の方が潜在的な能力レベルも、必要とされる教育レベルも高いという前提ゆえである。だからこそ、男子にのみ、中学校の後に高等学校、大学と、さらに上級の学校が用意されていたのである。

男子に対する教育はメインストリームであり、女子に対する教育はそのサブに位置づけられていた。よって、男子に対する教育を「男子教育」と呼ぶことはなく、「女子教育」という言葉だけが用いられていた。

学校教育システムの整備と普及は、男女の「分離」の拡大でもあった。それは、男女の「異質性」を公的に定義づけ、あらたに構築する機能を果たしていた。

それぞれの性別に「ふさわしい」カリキュラム

男女別の学校体系の確立とともに、男子に向けたカリキュラムと、女子に向けたカリキュラムは、別々に構想されていく。

男子向けの中学校令よりも13年も経過してやっと公布された、1899（明治32）年の高等女学校令によって、最低一県一校の女学校の設立がめざされるとともに、「一般の教育＝男子向けの教育」とは別に、「女子教育」の理念というものが示された。男子に対する教育の目標を表すキーワードが「立身出世主義」であったのに対して、「女子教育」の理念は「良妻賢母主義」と名づけるべきものだった。

近代的な業績主義の原理に沿って、自己の能力と努力によって社会的地位や財を獲得し、産業化を担う人材として社会や国家に貢献することが、男子に求められた課題であった。一方、男子のそうした「立身出世」を可能にするために、夫を支え、良い子を産み育てる「良妻賢母」になることが、女子に求められたことだった。男性の「立身出世」と女性の「良妻賢母」は、「男

149

Part III　ジェンダー視点で考える社会制度・福祉

は仕事・女は家庭」という性分業に基づく近代家族の成立を意味してもいる。公教育は、こうした近代的なジェンダー秩序の形成のために、性別のカリキュラムを用意したのである。

　すでに述べたように、初等教育では、学制発足当初から女子用教科として「手芸」や「裁縫」という教科が設けられていたが、それらは明治期には女子の就学を促進する方策として重視されるだけでなく、女子中等教育の整備にしたがって、「家事」「家事経済」などの充実とともに、女子教育の中心となっていく。

　中等教育段階の中学校と高等女学校でのカリキュラムを比較すると、量的にも質的にも違いがあることがわかる。量的には、中学校の修業年限が5年であるのに対して、高等女学校は4年と短く、総授業時数も少ない。質的には、外国語や数学、理科関係の教科（高等女学校の場合は理科1科目、中学校の場合は博物・物理・化学の3科目に分けられている）は中学校の方が多いのに対して、修身や音楽（中学校では唱歌）は高等女学校の方が多く、しかも漢文・法制・経済は中学校にのみ、家事・裁縫という家政関係の科目は高等女学校にのみ設けられているという、カリキュラム上の違いがみられる（橋本 1992：65）。

　また、戦前の教育で重視された「修身」においても、男子向けと女子向けは区別されていた。女子向けには、「家」制度下の家長としての父や夫への服従を求める、儒教的な婦人道徳が説かれた。

　体育も性別の違いが目立つ分野だった。「体操」は男女ともに必要と考えられたが、その内容や必修時間数には男女で違いがみられた。初等教育では、男子には主として「兵式体操」を、女子には「普通体操」もしくは「遊戯」を授けるよう定められていた（明治24年小学校教則大綱）。中等教育カリキュラムでも、中学校では「兵式体操」や「撃剣・柔術（後に剣道・柔道と改称）」などが重視される一方、高等女学校では中学校よりも時間数が少なく、内容も「普通体操」「遊戯」中心で、さらに「舞踊」など「女らしい」種目が考案されたりもした。男子と女子では、求められる理想的な身体にも違いがあったと考えられる。

　「男子向けカリキュラム」は、さらなる進学や軍隊を含めた職業生活に向

けての準備教育の色合いが強く、「女子向けカリキュラム」は、卒業後は結婚によって「家庭に入り」、家事育児を担っていく主婦の育成に力点をおいている。二つのカリキュラムは、あざやかな対比的構図を描いている。

「知」からの排除

　男女別の学校体系において、高等学校や大学への進学、進学を通じての社会移動のルートは、女子に対して門戸を閉ざしていた。その理由として、女子は男子よりも先天的に知能が劣っていること、家庭を守るという女性の役割には高等教育は不必要であることが挙げられた。なまじ高い教育を受けた女性は「生意気」になるばかりで、かえって弊害の方が大きいともいわれた。高等教育への進学資格が先天的な理由から男性に限定されることにより、教育の結果として高い教養や技能を身につけた男性が増加する。その事実の連鎖が、高等な「知」と男性性（男らしさ）を結び付け、逆に女性性（女らしさ）を「知」から遠ざける。原因と結果は混同され、「女性は男性に知的に劣る」という通念が再生産されていったのである。

　しかし、高等女学校に学ぶ生徒が十万人から二十万人、三十万人へと増加するなかで、当然のことながら高等女学校以上の高等教育を受けたいという女性の要求も高まっていった。1920（大正9）年に平塚らいてうや奥むめお、市川房枝らによって結成された新婦人協会は、婦人参政権の要求とともに、教育の機会均等・男女共学を要求して運動を展開した。1919（大正8）年の全国高等女学校長会議において、女子の高等学校建議案が参加101校の校長名で決議されたのをきっかけに、高等教育請願署名運動が、女子教育関係者・知識人を巻き込んで盛り上がりをみせた。署名は1万4千人に達し、議会に提出されたが、やはり「時期尚早」として退けられた。文部省の姿勢は、翌年（大正10）年に高等女学校に2年または3年の高等科専攻科を設置する旨、高等女学校令を改正するにとどまった。

　国家が女子の高等教育に対する消極的な姿勢をくずさないなか、1913（大正2）年の東北帝国大学が当時の沢柳総長の「英断」によって、突如3人の女子を入学させるという「事件」が起こる。男性が占有していた大学という

Part III　ジェンダー視点で考える社会制度・福祉

神聖な「知」の領域に、女性が「侵入」したことに対して、賛否とりまぜての議論が生じた。大学への女子入学を当時の文部省は決して歓迎していなかったが、その後徐々に他の大学も聴講生や選科生として、やがては学部学生として少数ながら女子を受け入れるようになっていく。そうした実績を背景に、1924（大正 13）年には日本大学・早稲田大学・東洋大学らの女子学生が中心となって、高等教育の女子への門戸開放を要求する女子学生連盟が結成され、翌年には、全国組織として発展している（橋本 1992：135-154、湯川 2003）。

　歴史をみるおもしろさは、こういうところにある。一世紀近く前の若い女性たちが、やむにやまれぬ向学心をもって、大学の門戸をたたき、聴講生として、あるいはごく例外的な本科生として、男性の「知の牙城」である大学に「もぐりこむ」。女子学生連盟を結成して、高等教育門戸開放の運動を起こす。「今」に通じる人々の息づかいが感じられる。

　大正期から昭和初期にかけて女子高等教育要求運動は高まりつづけ、1939（昭和 14）年の教育審議会は女子高等学校の設立を認める答申を、1940（昭和 15）年の教育審議会は女子大学の設立を認める答申を出した。いずれも、男女別の学校体系を前提としたものであったが、女子にも男子と同等の高等教育機関を設置しようとの方向性が示されたことは大きな前進だった。しかし、その実現は、第二次世界大戦の敗戦後となる。

3　現代の学校教育とジェンダー秩序

戦後の教育改革と男女別コースの再編成

　戦前の男女別学・別体系という、あからさまに性差別を制度化した教育システムは、1945 年を境に様変わりする。第 1 節でみたように、戦後教育は、男女共学、高等教育の門戸開放、男女共通教科としての家庭科の提唱で幕を開けた。男性は「立身出世」／女性は「良妻賢母」という、性別コースの制度的強制は消えた。

　しかしその後、高度経済成長のはじまりとともに、戦後型のジェンダー秩

152

序に向けた教育システムの再編成がめざされる。女子向け高等教育機関としての発展を見越した短期大学制度の恒久化、家庭科の女子のみ必修化、高等学校多様化など、就学段階が上るにつれて「自発的」な性別分化が生じることをうながす政策が次々と打ち出されていく。男女共学を基本とする公立高校も、1950 ～ 60 年代の多様化路線のなかで、工業高校の男子校化、商業高校の女子校化という学校ごとの実質的男女別学、同一高校内における学科やコース別の実質的男女別学（たとえば、工業科・水産科の男子クラス化、家庭科・看護科の女子クラス化）がすすむ。1966 年の中教審答申「後期中等教育の拡充整備について」や 1971 年の中教審答申「今後における学校教育の総合的な拡充整備のための基本的施策について」などで、「女子の特性」に応じた教育の必要性が提唱され、「性別特性論」が教育政策に影響を及ぼすようになったのである。

「性別特性論」に基づく教育政策の代表的なものは、やはり家庭科の女子向け教科化といえよう。日本はナショナル・カリキュラム（「学習指導要領」）をもつ国であるが、「学習指導要領」という公的なカリキュラム上、性別で明確に分けられているのが、中学校の技術・家庭科と、高等学校の女子のみ家庭科であった。家庭科は、1989 年の学習指導要領改定で男女共修となるまで、長きにわたって、女子にのみ家事・育児・家庭運営にかかわる知識と技能を授けるとともに、「男は仕事、女は家庭」という性別役割分業意識を伝達するシンボリックな機能を果たしてきた。

女子向け教科として家庭科が位置づけられていく動きに抗して、家庭科の男女共修を求める運動も続けられてきたが、共修化が実現する契機となったのは、1985 年に日本が批准した女性差別撤廃条約におけるカリキュラム上の性別規定を差別として禁じる条項であった。国内外の動きが重なり合って、家庭科や保健体育など公的カリキュラムにおける性別規定が改善され、現在に至っている。

「かくれたカリキュラム」とジェンダー・バイアス
学校は男女平等の原則が徹底されている場というわけではなく、その文化

153

Part Ⅲ　ジェンダー視点で考える社会制度・福祉

のなかにはジェンダー・バイアス（性別による差別や偏見）が浸透している。学校文化におけるジェンダー・バイアスを分析する際には、先述したようなフォーマル・カリキュラムにとどまらず、インフォーマルな「かくれたカリキュラム」を見つめ直すことが必要となる。学校は、国語や算数などの教科の内容のみならず、さまざまな価値観や行動規範、スキルを学ぶ場でもある。「かくれたカリキュラム」とは、生徒としてのふるまい方、良い成績をとることの社会的価値など、慣習・制度や教育実践をつうじて子どもたちに伝達されているメッセージの束を指す。

　学校運営、教室運営上のさまざまな慣習が、ジェンダー・バイアスを含む「かくれたカリキュラム」として分析の対象とされてきた。近年見直されている男子優先男女別名簿もこれにあてはまる。式典や行事の際に、合理的な理由なく男女別に列や集団をつくり、序列が生じる場合は必ず男子優先の慣習が、学校ではごく自然なこととしてみなされ、繰り返し実践されている。また、クラスの委員や生徒会・児童会の役員などを決める際には、トップ・リーダー役は男子で、サブとなるのは女子という、暗黙のうちの役割分担がなされていることも多い。それらの慣習は 21 世紀の現在では、ずいぶん改善されているが、いまだ学校生活の日常からジェンダー・バイアスが一掃されているとは言いがたい。

　教室内における教師と生徒の相互作用を分析した研究では、授業のなかで教師は女子よりも男子に多く働きかける傾向があること、生徒の発言や活動についても女子よりも男子の方が活発であることが指摘されている。また、どのような働きかけをするのかという相互作用の内容も、生徒の性別によって違いがあると分析されている（木村涼子 1999、木村育恵 2014）。

　教職員組織にみられる性差が、子どもたちに与える影響も無視できない。近年変化しつつあるとはいえ、幼稚園から大学まで学校段階が上がるにつれて減少する女性教員の比率、校長・教頭など管理職に占める男性の比率の圧倒的な高さ、また中学校以上では教科による教員の男女比率の偏りなど、教職員組織における性別構成の不均衡は、男性の優位性と男女の適性についての固定的なイメージを連想させる。子どもたちの目に社会の縮図として映る

第8章　教育とジェンダー

学校は、組織体制のあり方そのものによっても、性差別的なイデオロギーを
伝達している。

4　変わっていく学校、変わっていく社会

社会の平等化をすすめる教育

　学校教育は、一方で男女平等を原則としつつ、他方で男性優先の序列関係
や男女の特性・役割を提示している。学校がもつジェンダーの再生産機能を
みつめる視点は、私たち一人ひとりの女として／男としての成長過程が、か
けがえのない個別のものでありながら、社会的にコントロールされたもので
もあることに気づかせてくれる。

　21世紀の今、人々の意識や社会制度は、かつてよりも平等を意識したも
のへと着実に変化してきている。学校教育はその変化を牽引する役割を担っ
ているといえよう。学校をより男女平等なものに変え、さらには学校が発信
源となって社会を変えることをめざそうとする取り組みが、国内外でさかん
になっている（亀田他 2000、入江 2004）。

　冒頭で紹介した教育にかかわる二つの「暴力」に対しても、それぞれの社
会で抗議する声や運動が力強い形で生じている。モントリオール工科大学事
件の悲劇を経験したカナダでは、それを乗り越えるための、また、今もさま
ざまな形で存在する女性への暴力に抗議するための運動が、12月16日を節
目としながら継続的に行われている。パキスタンでは、マララさんをモデル
に、女子校を破壊しようとする「悪者」とブルカをかぶったヒロイン（その
正体は女性教師）が、できるだけ非暴力的にペンや本を主な武器として戦う
痛快アニメが製作され、大衆的な人気を博しているという。学習は権利であ
り、教育は社会を平等化・民主化する力を潜在的に有しているという認識は
グローバルに共有されている。

　時に歴史をさかのぼり、時に国際的に視野を広げ、ジェンダーの視点から
教育という現象を注意深く見直すことが、今日本社会で起こっている変化を

Part III　ジェンダー視点で考える社会制度・福祉

より良いものにしていくことにつながるだろう。

（木村涼子）

参考文献

橋本紀子 1992、『男女共学制の史的研究』大月書店

入江直子 2004、「フェミニズム教育学」『生涯学習理論を学ぶ人のために』世界思想社

亀田温子・舘かおる 2000、『学校をジェンダー・フリーに』明石書店

木村育恵 2014、『学校社会の中のジェンダー —— 教師たちのエスノメソドロジー』東京学
　　芸大学出版会

木村涼子 1999、『学校文化とジェンダー』勁草書房

村松泰子編 2004、『理科離れしているのは誰か　全国中学生調査のジェンダー分析』日本
　　評論社

小川眞理子 2001、『フェミニズムと科学／技術』岩波書店

湯川次義 2003、『近代日本の女性と大学教育 —— 教育機会開放をめぐる歴史』

・発展的な学びのために・

木村涼子編 2009、『リーディングス日本の教育と社会　16　ジェンダーと
教育』日本図書センター

　　　教育をジェンダーの視点から分析した教育社会学的研究の代表的な
　　論文を集録している。1990 年代以降の新しい研究成果を学ぶこと
　　ができる。

小山静子 2002、『子どもたちの近代 —— 学校教育と家庭教育』吉川弘文館

　　　近代日本の「学校」と「家庭」の二つの場において、「子ども」に
　　対するまなざしや「のぞましい」教育がどのように構築されてきた
　　のか。そのプロセスをジェンダーの観点を取り入れながら包括的に
　　論じている。

第 8 章　教育とジェンダー

河野銀子・藤田由美子 2014、『教育社会とジェンダー』学文社
　　　教員養成課程、家庭での子育て、子ども文化、スポーツ、学校のカ
　　　リキュラムなど、さまざまな側面をジェンダーの視点から分析して
　　　いる。

・課　題・

1.　日本以外の国を一つ取り上げ、教育を受ける機会が性別によって制
　　限されていたり、カリキュラムが性別によって区別されていたりす
　　る制度の有無や、進学率や専攻分野の選択において男女間格差やジ
　　ェンダー・バイアスが存在しているかなどについて調べてみよう。

2.　現代の子育てや学校教育が抱えている課題について、「男の子の問題」
　　「女の子の問題」として語られることが多いトピックはないだろうか。
　　それらがなぜ「男の子／女の子」特有の問題として扱われるのかを
　　考えてみよう。

3.　脳の性差を取り上げた書籍や論文は多い。それらを読んで理解した
　　ことを、ジェンダーの視点から相対化しようとすれば、何がいえる
　　かを考えてみよう。

Part III　ジェンダー視点で考える社会制度・福祉

Column

学力調査にみる性差

　女と男は生まれながらにして、能力や特性が異なっているという考え方がある。そうした考え方を支えるものとして、脳の性差論もさかんだ。学力において性差はどのように現れているのだろうか。

　近年国際的に注目を集めている OECD による PISA 調査では、性差の分析にも力を入れている。表 1 は 2012 年の調査結果の一部を表にしたものだ。PISA 調査に参加している国は多いが、この表では全体の傾向をそこなわない形で 9 カ国を抜粋している。値は、男子の成績マイナス女子の成績で計算されているので、プラスの値の場合は男子の方が、マイナスの値の場合は女子の方が高い成績をおさめていることを意味する。数字が太字になっている場合、統計的に有意（誤差の範囲といえない差がみられる）な性差が出ていることを指す。この表をみると、読解力はすべての国で女子が、数学では 3 分の 1 強の国で男子が、統計的に有意な差をもって高い学力を示していることがわかる。科学（理科）では、一貫した性差がみられず、国によってさまざまだ。

表 1　PISA2012 調査にみる成績の性差

（「平均点性差」がプラスの値の場合男子の方が、マイナスの値の場合女子の方が成績が高いことを意味する）

平均点性差（男子−女子）	読解力	科学	数学
フィンランド	**−62**	**−16**	**−5**
フランス	**−44**	−2	1
ドイツ	**−44**	−1	**14**
アイスランド	**−51**	0	**−11**
イタリア	**−39**	3	**15**
日本	**−24**	**11**	**12**
韓国	**−23**	3	**18**
ニュージーランド	**−34**	5	**8**
アメリカ	**−31**	−2	3
OECD average	**−38**	1	**9**

以下の出典より筆者作成
PISA 2012 Results, 'What Students Know and Can Do',
February 2014.

第8章　教育とジェンダー

表2　小中学生の学力のジェンダー差

	算数・数学 学力	差（女子–男子）	国語 学力	差（女子–男子）
小4 男子	78.7	0.5	71.0	4.8***
女子	79.2		75.8	
小5 男子	72.7	1.3*	74.3	6.3***
女子	74.0		80.6	
小6 男子	65.5	-0.3	70.2	6.2***
女子	65.2		76.4	
中1 男子	62.5	-0.5	69.2	4.8***
女子	62.0		73.9	
中2 男子	53.3	-2.2**	60.7	6.6***
女子	51.1		67.3	
中3 男子	53.1	-1.7*	67.7	4.7***
女子	51.4		72.4	

注：t検定　統計的有意差　***p < .001　** p < .01 * p < .05
出典：伊佐・知念（2014）より筆者作成

　日本国内での学力調査でも、似通った結果が出ている。表2は2006年から2010年にかけて、ある県で実施された学力調査の分析結果である（伊佐夏実・知念渉 2014「理系科目における学力と意欲のジェンダー差」『日本労働研究雑誌』）。統計的有意差のあるなしは「*」という記号によって表中に示してある。国語の成績は小学校・中学校ともに統計的な有意差をもって女子の方が高い。小学校の算数から中学校の数学へとすすむと逆に男子の成績の方が高い場合がみられるようになるが、国語ほどの違いにはならないことがみてとれる。

　注目すべきは、女子は数学に対して、男子は国語に対して、苦手意識をより強くもつという学習意欲の性差の存在だ。この点は、PISA調査でも上述の国内調査でも指摘されている。とくに女子と数学の関係について、学力はそれほど低くなくても、苦手意識が強いという特徴がみられるそうだ。

　国内外の学力調査は、「理系は男子、文系は女子」という、よく語られる男女の適性の違いを表しているといえるのだろうか。男子の言語能力の低さや女子の理数系能力の未開発が、世界の教育関係者や政治経済リーダーたちの頭を悩ませる問題となっているが、みなさんはこれらの結果からどんなことを考えるだろう。

（木村涼子）

第9章

年金とジェンダー

1　ジェンダーと社会保障法

社会保障と憲法25条

　国の最高法規である日本国憲法（以下、単に憲法とする）は、すべての国民に生存権（健康で文化的な最低限度の生活を営む権利）を保障している（憲25条1項）。憲法25条の理念に基づき、国民の生活保障を行うのが社会保障である。社会保障の範囲は、医療、年金、介護、雇用・失業、労災補償、障害者福祉、児童福祉、社会手当、生活保護など幅広いが、本章では年金におけるジェンダーの問題を、法学の見地から考えてみよう。

社会保障と憲法14条

　憲法でもう一つ、ジェンダーの観点から重要な条文がある。憲法14条1項が定める法の下の平等（人種、性別等による、政治的、社会的関係等における差別の禁止）である。たとえば法制度を構築するにあたり、この規定に基づき国は、性別による差別がないような法規定を整備すべき義務を負う。もっともこれは性別を理由とする差を一切認めない、というものではない。たとえば婚姻可能年齢は男女で異なるし（民731条）、国立大学法人のなかには男子学生の入学を認めていない大学（女子大学）もある。これらは憲法14条1項が禁止する差別にはあたらないと解されている。このように解される

160

のは、目的に合理的根拠があり、手段が合理的関連性を有しているからである。すなわち、差を設けることに合理的理由があるならば、それは性別を理由とする差別ではなく、合理的理由に基づく区別にすぎない。もっとも、これらの区別が本当に合理的であるといえるかについては異論もあろう。

社会保障でも、かつては厚生年金支給開始年齢を男性は 60 歳（後に 65 歳）、女性は 55 歳（後に 60 歳）と異ならせていた（表 1 参照）。しかし、このような区別には合理性がないと考えられるようになり、現在の規定は男女の区別なく支給開始年齢は 65 歳と定められている（厚年 42 条 1 号参照）。このような支給開始年齢の変更は、支給開始が遅くなるという意味で被保険者に不利になることから、じっくりと時間をかけて行われる。そのため現在でもなお支給開始年齢には男女の差が残っているのであるが、将来的にはこのような区別は完全に解消される（表 1 参照）。

そのほか社会保障には受給権者が妻や母であることに着目した制度がみられる。近年改正の動きはあるものの、いくつかの制度はなお残っており、これらのなかには合理的理由に基づく区別というよりも男女差別というべきものがある。

表 1　厚生年金支給開始年齢の変遷

法改正	男　性	女　性
1954 年	55 歳→ 60 歳（1957 年度から、4年に 1 歳ずつ引き上げ）	55 歳
1985 年	60 歳→ 65 歳（ただし、特別支給の老齢厚生年金を支給）	55 歳→ 60 歳（1987 年度から、3年に 1 歳ずつ引き上げ）
1994 年	定額部分について、60 歳→ 65 歳（2001 年度から、3 年に 1 歳ずつ引き上げ）	定額部分について、60 歳→ 65 歳（2006 年度から、3 年に 1 歳ずつ引き上げ）
2000 年	報酬比例部分について、60 歳→ 65 歳（2013 年度から、3 年に 1 歳ずつ引き上げ）	報酬比例部分について、60 歳→ 65 歳（2018 年度から、3 年に 1 歳ずつ引き上げ）

Part III　ジェンダー視点で考える社会制度・福祉

社会保障法におけるジェンダー

社会保障法におけるジェンダーの問題を、三つに分けて考えてみよう。

健康保険の被保険者の産前産後休業期間中の所得保障を目的として、産前産後休業を取得した労働者には健康保険から出産手当金（健保102条）が支給される。産前産後休業を取得するのは妊娠・出産の場面であるので、この休業を取得するのは女性に限られる。男性にこの出産手当金が支給されることはない。これは男性差別であろうか？　これは男女の生物的差異に基づく結果であり、女性のみが支給できることには合理性がある。したがって、社会保障法におけるこのような区別は男女差別にあたらない。

次に、ひとり親家庭を支給対象とする児童扶養手当は最近まで「父と生計を同じくしていない児童が育成される家庭」にその対象が限られていた（児扶手旧1条）。支給対象は主として母子家庭であり（そのほか、祖父母孫家庭も支給対象となる）、父子家庭は児童扶養手当の支給対象でなかった。言い換えれば児童の親の立場にある男性がこの児童扶養手当を受給することはなかった。これは男性差別であろうか？　これは男女の社会的差異、とくに母子家庭に対する支援の必要性に基づくものであると考えられてきた。したがって、母（母子家庭のみ）が支給できることには合理性があり、男女差別にあたらないと解されてきた。

2010年の法改正によって同規定は「父又は母と生計を同じくしていない児童が育成される家庭」（児扶手1条）となり、母と生計を同じくしていない児童を育成する父（父子家庭）も児童扶養手当の支給対象となった。筆者はこの法改正を、男女差別の解消および父子家庭に対する保障拡大の点で肯定的に評価するが、かつてはなぜ男性差別であると考えられなかったのか、なぜ母子家庭にのみ支給されるべきと考えられたのか、なぜ父子家庭への支援は必要と考えられなかったのか。母子家庭のおかれている状況のほか、女性の就労実態や賃金水準等を踏まえて検討してみるべきである。父子家庭の父像に変化がみられるかも、考えてほしい。

社会保障法におけるジェンダーの第三の問題として、制度自体は男女の区別なく構築されているが、その制度の利用に男女の大きな偏りがみられるも

のもある。その代表例が、国民年金の第3号被保険者制度である（後述第2節参照）。第3号被保険者制度は、一定の女性を保護すべき要請から作られた制度である。法律の文言上は男女の区別なく規定されているものの、制度設計においても運用実態においても、男女の区別が意識されてきた。第3号被保険者制度は、第3号被保険者になることができる者（その圧倒的多数が女性である）に有利な制度であり、結果的に一部の女性を優遇するものである。

　これは男性差別であろうか？　先に述べた二つの場面と異なり制度から男性を排除しているわけではない。男性も第3号被保険者になることができるので、第3号被保険者制度自体は男性差別でない。事実上、結果として第3号被保険者（繰り返しになるが、女性が圧倒的多数である）が優遇されているにすぎないので、問題はないようにもみえる。しかし、なぜ第3号被保険者（≒女性）を優遇すべきと考えられたのか、先ほどと同様に、家庭内における役割分担意識や社会情勢、またそれらの変化を踏まえて、検討してみるべきである。筆者は第3号被保険者制度を否定的にみているが、それはこのような優遇が女性の就労阻害要因となり、その結果、社会における真の意味での男女平等にマイナスに作用すると考えるからである。この例のように男女の区別なく構築されている制度であっても、ジェンダーの問題が生じうることを知っておいてほしい。ちなみに社会保障法以外のこのような例に、育児休業制度がある。育児休業は男女を問わず取得できるが、取得率は圧倒的に女性が高い。育児休業の利用の偏りは、育児休業取得による女性のキャリアの一時的中断という問題をもたらしている。

2　老齢年金にみる女性の年金

公的年金とは？

　公的年金（社会保障における国が行う年金。企業年金や私的年金と区別される）には、すべての国民が対象の国民年金（基礎年金）と、働く者を対象とする被用者年金（厚生年金、国家公務員共済組合など）とがある。国民年金には、

Part III　ジェンダー視点で考える社会制度・福祉

日本国内に住所を有する 20 歳以上の者がすべて加入し、被保険者となる。被保険者は 60 歳まで保険料を納付し、65 歳以降は死亡するまで老齢基礎年金を受給できる。2014 年度の老齢基礎年金の年額（満額）は、772,800 円である。

　被用者（労働者や公務員等）は、国民年金に加えて、厚生年金などの被用者年金（以下、とくにことわりがなければ厚生年金で説明する）に加入する。65 歳になると老齢基礎年金と老齢厚生年金の支給が始まる。なお、現在は支給開始年齢の引き上げ途中であるので、65 歳以前から老齢厚生年金の一部が受給できる（前掲表 1 参照）。老齢厚生年金の額は、平均標準報酬額と被保険者期間により計算される。

国民年金の被保険者

　まずは国民年金について、被保険者を詳しくみていこう。

　国民年金の被保険者には三つの種類がある（国年 7 条 1 項）。第 1 号被保険者は、後述する第 2 号被保険者・第 3 号被保険者に該当しない被保険者をいう。20 歳以上の学生のほとんどがこの第 1 号被保険者である。自営業者、農業従事者、無職の者も第 1 号被保険者の例である。第 2 号被保険者は被用者年金の被保険者であり、民間企業の労働者や公務員はこれになる。この第 2 号被保険者には 20 歳以上という要件がないので、20 歳未満の者であっても働いていれば第 2 号被保険者になる。また、70 歳未満の者が対象となる。第 3 号被保険者は、第 2 号被保険者の配偶者で、第 2 号被保険者の収入により生計を維持する 20 歳以上の者である。いわゆるサラリーマンの妻である専業主婦やパート主婦（年間収入が 130 万円未満である者に限る）が、これに該当する。第 3 号被保険者には性別要件がなく、専業主夫や男子大学院生が第 3 号被保険者となる例もあるが、第 3 号被保険者の圧倒的多数は女性である（2012 年度末の第 3 号被保険者数は 960 万人で、そのうち女性が 949 万人）。

　被保険者が保険料を拠出することは社会保険の大原則であり、第 1 号被保険者はその原則どおり国民年金保険料を拠出する。しかし、第 2 号・第 3 号被保険者は国民年金保険料を納付しない（国年 94 条の 6）。そのうち、第 2

164

号被保険者は厚生年金保険の保険料を支払い、厚生年金保険が国民年金のために基礎年金拠出金を負担するので（国年94条の2）、第2号被保険者は間接的に国民年金保険料を納めているといえる。しかし、第3号被保険者は国民年金保険料も厚生年金保険の保険料も負担しない。

老齢基礎年金の支給額は、被保険者でない期間があったり、納めるべき保険料を納めていない期間があったりした等の場合を除き、被保険者の種類の区別なく、同額である。つまり、第1号被保険者が国民年金保険料を納付して65歳以降に老齢基礎年金を受給するのに対して、第3号被保険者は保険料を納付することなく同額の老齢基礎年金を受給することになる。これが優遇と前述した意味である。

第3号被保険者制度

それでは、なぜ第3号被保険者を優遇するような制度が構築されたのだろうか？

第3号被保険者制度が作られたのは、国民年金に基礎年金が導入された1985年改正による。基礎年金が導入される前、サラリーマンの妻である専業主婦の国民年金への加入は任意であった。そのため、年金権をもたない専業主婦も少なくなかった。もっとも、夫（サラリーマン）は厚生年金保険に加入し、配偶者がいる場合には加給されるなど老齢年金が比較的充実していたため、それを老夫婦二人の生活保障ととらえるならば、とくに問題は生じなかった。

しかし、この夫婦が離婚をした場合には問題が発生する。離婚した夫は老齢年金を受給できるが（ただし配偶者加給はなされない）、年金権をもたない妻には老齢年金が一切支給されない。年金権をもたない者が離婚した場合、その者の老後の生活はきわめて厳しいものになった。そこで女性の年金権を確立すべきという観点から、サラリーマンの妻である専業主婦を国民年金に強制加入させたが、このような者は稼得がなく保険料の負担が困難であることに配慮して、第3号被保険者とし、第1号被保険者と区別することによって、第3号被保険者自身の保険料負担を免れさせたのである。

Part III　ジェンダー視点で考える社会制度・福祉

1985年改正は、20歳以上の国民すべてを国民年金に強制加入させることにより、すべての国民に将来の老齢基礎年金が保障されるようになったこと、とくに専業主婦が年金権をもつことになった点は、高く評価される。

第3号被保険者制度の問題点

しかし、第3号被保険者制度には批判的な意見も少なくない。

第1の問題は、第3号被保険者の優遇に関するものである。稼得がない専業主婦は、自分の夫がサラリーマンであれ自営業者であれ、国民年金の保険料を自ら負担することは困難であろう。ところが、夫がサラリーマンである専業主婦は第3号被保険者となり保険料負担を免れるのに対し、自営業者の夫をもつ専業主婦は第1号被保険者として保険料を拠出しなくてはならないのである。第3号被保険者の保険料負担がないことに対する不満は、第1号被保険者である学生のみなさんも感じているかもしれない。第3号被保険者の保険料相当分は、第2号被保険者全体で負担することになっている。第2号被保険者には、専業主婦の妻をもつ夫のほか、共働きの者や母子家庭の母、未婚の者もいるが、これらみんなで第3号被保険者の保険料相当分を負担している。仮に第3号被保険者の優遇の意義を、第3号被保険者が家庭で育児等を行っていることに対する（年金制度や社会への）貢献に求めるのであれば、第2号被保険者に限ってみても、共働きで子を育てる親や母子家庭の働く母の厚生年金保険料への配慮が必要であろう（ちなみに、第2号被保険者の産前産後期間中および育児休業期間中は、保険料が免除される）。

第2の問題は、第3号被保険者のこのような優遇が社会における真の意味での男女平等にマイナスに作用しているのではないかという点である。第3号被保険者であるかぎり、国民年金保険料を負担しなくてよい。これは、専業主婦に働くことを躊躇させ、パート主婦に就労調整させることにもなる。とくに問題となるのは後者である。パート主婦も、所定労働時間等が通常の就労者のおおむね4分の3以上であれば第2号被保険者になるが、それを超えない働き方をしていて年間収入が130万円未満であれば、第3号被保険者としての優遇を受けることができる。この者は同時に健康保険の被扶養者と

なり、年金、医療の双方において、保険料負担を免れることになる。しかし
これらの者がかりに、フルタイムの労働者並みの労働時間で働いたり、年間
収入が130万円を超えたりすると、第2号被保険者かつ健康保険の被保険者
となって、年金、医療の双方において、保険料を負担することになるのであ
る。そのため、このような優遇を受け、手取り賃金を減らさないよう、就労
調整を行う傾向がみられるのである。すなわち被保険者を優遇するような制
度は、パート主婦が非正規労働者として低賃金の仕事を続ける一つの原因と
なっている。このような状態は望ましいといえないし、パート主婦が将来の
老齢年金の充実を考えて就労調整することなく積極的に第2号被保険者に移
行してほしい、というのが筆者の考えであることを付言しておく。

　なお、2012年の法改正により、2016年以降は第2号被保険者の範囲が拡
大する。

厚生年金の分割（3号分割）

　基礎年金の導入と第3号被保険者制度の構築により、国民すべてに個人の
年金権が確立された。それでは、専業主婦が離婚をした場合の老後の生活不
安は解消されたであろうか？

　年金権が確立し、老齢基礎年金を受給できるようになった点で、状況は大
いに改善された。しかし、妻が受給するのは老齢基礎年金だけであり、さら
に第3号被保険者制度が構築された1985年以前に国民年金に任意加入して
いなかった者は、その間の保険料納付実績がないので、保険料未納期間に応
じて老齢基礎年金が減額されるため、老齢基礎年金の受給者であっても生活
するのに十分な額を受給できるとは限らない。夫が老齢基礎年金・老齢厚生
年金を受給するのに比べると、老後の生活格差は大きい。このような格差は、
夫は就労して賃金を得て保険料を納めていたのであるからむしろ当然である
との見方もある。しかし、片働き家庭における稼得賃金や保険料納付実績は、
夫にのみ帰属すると考えるのが妥当であろうか？　夫が賃金を得て保険料を
納付できたのは、妻の支えがあったからではないのであろうか？

　2004年改正により、離婚時に厚生年金を分割する仕組みが新たに導入さ

Part III　ジェンダー視点で考える社会制度・福祉

れた。二つの仕組みがあるが、まずは3号分割（第3号被保険者期間について分割するもの）をみてみよう。

　3号分割は、配偶者が第3号被保険者である第2号被保険者が負担した保険料は夫婦が共同して負担したものという基本的認識を前提とする（厚年78条の13参照）。そして、夫婦が離婚や事実婚を解消した場合などに（以下、単に離婚とする）、婚姻期間中の第2号被保険者の厚生年金保険料納付実績を夫婦間で分割するものである（図1B参照）。分割の対象となるのは、3号分割制度が開始した以降（2008年4月以降）の保険料納付実績で、分割の割合は2分の1である。第3号被保険者の請求により、分割が行われる。分割の際に第2号被保険者の同意は不要である。第3号被保険者であった者は、自分が厚生年金保険の被保険者であった期間がまったくないとしても、分割により、老齢基礎年金に加えて老齢厚生年金を受給することになる。夫の老齢厚生年金はそれだけ少なくなる。

　3号分割は、片働き家庭における妻の家事労働を評価してそれを年金受給権に反映させた点や、これにより離婚をした場合の老後の生活不安がさらに減少するであろう点で、評価される。しかしこのような制度は第3号被保険者をいっそう優遇するものではないだろうか？

　たしかに夫婦の共同負担の実態や家事労働の具体的評価を一切することなく、一律に保険料納付実績を2分の1分割することは、後述の離婚分割と比べても第3号被保険者に有利な仕組みである。これは保険料納付実績が乏しい妻を優遇するものといえる。

　それではなぜ第3号被保険者である妻は、第2号被保険者として保険料を負担しないのか、なぜ働かないのか、その理由を推測してみてほしい。第3号被保険者は働きたくない、働く必要がないという者だけでなく、キャリアが途絶した者や喪失した者、働きたいけれど働けない者がいることを、考えておくべきである。婚姻や夫の転勤、育児や家事を理由に、妻が転職を余儀なくされたり、あるいは勤務形態や雇用形態の変更を余儀なくされたり、場合によっては就職機会を失ったりするケースも少なくないであろう。理論的にはそのような選択は妻だけでなく夫にも同様に生じるはずであるが、実態

168

第 9 章　年金とジェンダー

A　分割がなされていない状態

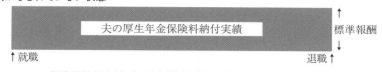

保険料納付実績(平均標準報酬額と被保険者期間)
に応じて、65歳から老齢厚生年金が支給される。

B　3号分割

▨ の部分が、第3号被保険者であった元配偶者に分割される。
　Aの場合と比べると、被保険者(夫)の年金支給額はそれだけ少なくなる。

C　離婚分割

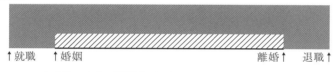

合意等により、▨ の部分が、元配偶者に分割される。

C'　離婚分割 (共働きであり、夫の標準報酬が妻より多いケース)

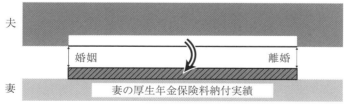

分割により、婚姻期間中の保険料納付実績のバランス
がとれ、それが将来の年金支給額にも影響する。

図1　厚生年金の分割イメージ

169

Part III　ジェンダー視点で考える社会制度・福祉

としては圧倒的多数の家庭で妻のみがこのような選択を迫られているのである。

厚生年金の分割（離婚分割）

　厚生年金の分割のもう一つの仕組みは、離婚分割（当事者の合意もしくは裁判所の決定に基づいて分割するもの）である。

　離婚分割は、離婚当事者の婚姻期間中の厚生年金保険料納付実績を当事者間で分割するものである（図1C参照）。分割できるのは、2007年4月以降に離婚した場合であるが、それ以前の期間も分割の対象となる。分割割合は当事者間の協議で決めるのが原則であるが、合意に至らないときには家庭裁判所が分割割合を定める（厚年78条の2）。分割割合の上限は、離婚当事者双方の納付実績の合計の2分の1である（厚年78条の3）。一般に、夫は妻よりも高い賃金を得て、多くの保険料納付実績を有している。そのようなケースでは離婚分割によって、夫から妻に保険料納付実績が分割移転することになる。離婚分割により、夫妻間の標準報酬のバランスがとれ（図1C'参照）、それが将来の年金額に反映する。

　厚生年金の離婚分割は、民法上の財産分与（民768条）を厚生年金に取り入れたものとみることができる。厚生年金の離婚分割が認められることによって、財産分与の方法の選択肢が増えたともいえる。

3　遺族年金にみるジェンダー

遺族基礎年金

　公的年金の役割は、老齢時の保障にとどまらず、遺族年金（遺族基礎年金・遺族厚生年金）や障害年金（障害基礎年金・障害厚生年金）も重要である。以下では遺族年金を取り上げるが、まずは遺族基礎年金をみてみよう。

　家庭の生計維持者が死亡した場合、残された家族（遺族）は生活の糧を失うことになり、その生活が厳しいものになることは避けられない。遺族の生活保障をはかるために遺族基礎年金が支給される。対象となる遺族は、国民

年金の被保険者（60歳以上の者で被保険者であった者を含む）の配偶者または子（18歳到達年度末まで、一定の要件を充たす障害児は20歳になるまで）である（国年37条の2）。配偶者が受給できるのは、この要件をみたす子がいる場合に限られる。つまり、子がいない場合やすべての子が高校を卒業したような場合には、遺族基礎年金の支給対象から外れる。受給権者である配偶者が再婚した場合にも、受給権は消滅する。

遺族基礎年金は老齢基礎年金（の満額）と同額であり、子の人数に応じて加算がなされる。

遺族基礎年金の支給対象は、最近まで妻と子に限られていた（国年旧37条の2）。生計維持者が妻で夫が主夫の家庭で、妻が死亡して父子家庭となったとしても、遺族基礎年金は支給されなかった。言い換えれば親の立場である男性にこの遺族基礎年金が支給されることはなかった。これは男性差別（父子家庭差別）であろうか？

1で児童扶養手当について述べたことがここでもあてはまる。これは、男女の社会的差異、すなわち、家庭のなかで期待される役割や社会的位置づけに基づくものであると考えられる。したがって、妻（＝親の立場である女性）のみが支給できることには合理性があるし、むしろ母子家庭を支援するものとして積極的に評価され、男女差別にはあたらないと解されてきた。筆者は男女の区別を解消した2012年の法改正を肯定的にとらえるが、かつてはなぜ母子家庭に支給されるべきと考えられたのか、なぜ父子家庭への保障は必要と考えられなかったのか、かつての家庭内における役割分担意識や社会情勢を踏まえて、検討してみるべきである。

遺族厚生年金

家庭の生計維持者である厚生年金の被保険者が死亡した場合、遺族は遺族厚生年金を受給できる。遺族厚生年金を受けることができる遺族の範囲は遺族基礎年金とくらべると広く、厚生年金の被保険者の配偶者、子、父母、孫または祖父母で、被保険者の死亡当時、生計を維持されていた者が、遺族にあたる（厚年59条1項）。

Part III　ジェンダー視点で考える社会制度・福祉

　その受給要件は、妻とそれ以外の者で異なる。すなわち、妻以外の者にあっては、①夫、父母、祖父母については55歳以上、②子、孫については18歳到達年度末まで（一定の要件をみたす障害児は20歳になるまで）という年齢要件もみたさなくてはならない。働く女性の夫も遺族厚生年金を受給する可能性はあるものの、配偶者の死亡により妻は年齢にかかわりなく受給できることと比較すると、実際に夫が受給する場面は少ない。

　このように、厚生年金では遺族の範囲が広いものの、被保険者の死亡により被保険者に生計を維持されていたすべての遺族が遺族厚生年金を受給できるわけではない。被保険者の配偶者が遺族厚生年金の受給権を取得したときは、父母、孫、祖父母は遺族厚生年金を受けることができる遺族から除外される（厚年59条2項）。また妻が遺族厚生年金の受給権を有する期間、子に対する遺族厚生年金の支給は、原則として停止する（厚年66条1項）。それに対して、夫に対する遺族厚生年金は、子が遺族厚生年金の受給権を有する期間、支給が停止される（厚年66条2項）。次に、生計維持の認定基準は政令で定められるが（厚年59条4項、厚年施行令3条の10）、それによれば、被保険者と同一生計にあり、厚生労働大臣の定める金額以上の収入を将来にわたって有するものと認められない者が対象になる。厚生労働大臣の定める金額は1994年通達により年額850万円が基準とされる。以上のことからすると、遺族厚生年金が支給される遺族の範囲は広く規定されているが、実際には妻が受給者になるケースが一般的であることがうかがえる。後述する例を除き、原則として、妻は再婚するか死亡するまで遺族厚生年金を受給できる（なお、65歳以降に自らの老齢厚生年金を受給する場合には遺族厚生年金が減額される）。

　2004年の年金改革で、夫死亡時30歳未満の子のない妻の遺族厚生年金を5年に限定する内容の規定が取り入れられた（厚年63条1項5号）。このような規定が取り入れられたのは、若い世代には雇用機会や雇用条件格差の改善がみられることから、夫を失った妻がずっと遺族厚生年金に依存するのではなく、自ら就労するよう方向づけるためである。子のない妻に限定しているのは、子がいる場合には子の養育のために就業にあたり制約が多いからであり、30歳未満を対象としているのは、中高齢世代では雇用機会や雇用条件

172

格差の問題が依然あるからである。

遺族年金における妻と夫の区別の背景

このように遺族年金の受給要件においては、妻と夫が区別されてきた。その背景にはどのような事情があるのだろうか。

高度経済成長期の日本社会では、夫が外で働き、妻が家事・育児をするというのが典型的な家族の姿であった。それは日本の伝統的な家族観や社会通念によって維持されてきたともいえるし、修学や就職の機会が男性と比べて大きく制約されていた女性からすれば、自立という選択肢は現実的でなく、結婚して家庭に入るという選択しかなかったともいえる。会社のために仕事に打ち込む男性にとっても会社にとっても、労働者である夫を家庭で支える妻の存在は貴重であった。

高度経済成長は、長期雇用慣行によっても支えられていた。会社は、定年まで働く男性正社員を軸に人事制度や雇用管理を設計・運用し、男性も会社のために働いた。長期雇用慣行下では、労働者、とくに女性が中途採用される可能性はきわめて少なかった。またその頃は多くの女性が婚姻を機に退職しており、いったん家庭に入った女性が再就職をすることは、その者の労働能力や職務対応能力の点でも難しかった。当時の労働市場・労働環境下では、家庭の生計維持者である夫が死亡した場合に妻が正社員として就労して自立することは容易でなく、だからこそ遺族に対する所得保障が必要であった。

このような状況は時代とともに変化している。女性の大学・大学院進学者が増加し、基幹的・専門的な知識や能力をもった女性が多数、労働市場に参入した。男女雇用機会均等法の制定・改正により、募集・採用・配置などにおける差別が禁止され、法的には、女性が男性と同様に働ける環境が整備された。日本社会の特徴であった長期雇用慣行は揺らぎ、離転職が増加している。女性が婚姻を理由に退職するケースは激減しているし、育児休業の取得や育児期間を終えた後の再就職も、以前と比べれば大幅に改善されている。

もっとも、男女間の賃金格差は改善傾向にあるとはいえいまだ解消されていないし、イクメンが増加しているといっても家庭内における家事負担は今

Part III　ジェンダー視点で考える社会制度・福祉

でも女性に重くかかっている。そのような状況をふまえると、受給要件における妻と夫の区別を撤廃することには慎重になるべきである。しかしそれが、必要性を欠く行きすぎた優遇になってはならない。前述の夫死亡時30歳未満の子のない妻に対する遺族厚生年金の有期化は、優遇に合理的な歯止めをかけたものともいえよう。

ジェンダーフリーに向けて

　児童扶養手当制度（前述第1節参照）や遺族基礎年金制度（前述第3節参照）には、最近まで男性と女性とで異なる取扱いがみられた。女性（母、妻）のみを支給対象とするこれらの給付制度は女性を優遇するものという見方もあるが、これは男性が働き女性が家庭を守るという伝統的な家族観と、男性が正社員として定年まで働くという伝統的な男性中心の雇用社会を前提とすれば、社会的差異に基づく区別であり、優遇というよりも合理的に必要と考えられる措置であった。近年では家族のあり方が多様化し、労働市場・労働環境の大幅な改善もみられる。そうなると、児童扶養手当制度においても遺族基礎年金制度においても、女性であることを重視した措置の合理性は薄れる。むしろひとり親家庭（母子家庭・父子家庭）という点に着目した措置をとることが必要になる。

　他方、遺族厚生年金や遺族補償年金（後述 Column 参照）には、男性と女性とで異なる取扱いが残っている。男性と女性で区別することの合理性や必要性については十分に検討する必要があるが、将来的にはこれらもジェンダーフリーの規定に整備されるべきであると筆者は考える。

　国民年金の第3号被保険者制度や厚生年金の3号分割（前述2節参照）など、制度自体はジェンダーフリーであっても、実質的には女性を優遇しているともいえる制度も存在する。しかし本当にそうなのか？　これらの制度がジェンダーフリーの妨げになってはいないか、現実の不平等を埋めるためにこのような優遇が必要不可欠なのか等、制度そのものだけではなく、その背景や問題の根源を探ってみる必要がある。問題の一つは、労働市場や労働環境におけるジェンダーフリー化が法律レベルではほぼ完了しているものの、実態

第 9 章　年金とジェンダー

がまだ追いついていないことにあろう。企業そして一人ひとりの意識と行動の変革が望まれる。

（水島郁子）

・発展的な学びのために・

西村健一郎・水島郁子・稲森公嘉編 2015、『よくわかる社会保障法』有斐閣

　　社会保障法をよくわかるための 1 冊。会話形式で読みやすい。

嵩さやか・田中重人編 2007、『雇用・社会保障とジェンダー』東北大学出版会

　　雇用・社会保障におけるジェンダーの問題を、社会科学の諸分野から、また比較法・政策的な観点から検討した、学際的・国際的な視点に立った研究書。「東北大学 21 世紀 COE プログラム　ジェンダー法・政策研究叢書」の中の 1 冊であり、同叢書の他の図書も重要である。

・課　題・

1. 国民年金制度における第 3 号被保険者の意義はどのような点に求められるか。またジェンダーの視点から、第 3 号被保険者制度をどう評価するか。

2. 遺族基礎年金の支給対象は、現在では父子家庭に拡大されている。このことをどう評価するか。

3. 遺族補償年金（Column 参照）の受給要件は男女で異なるが、それはなぜか。このような取扱いは、将来的に維持されるべきであるだろうか。

175

Part III　ジェンダー視点で考える社会制度・福祉

Column

遺族補償年金男女格差違憲訴訟

　労働者が仕事でケガをした場合、あるいは仕事が原因で病気になったり障害が残ったり死亡してしまったりした場合（これを「労働災害」という）に、労働者やその遺族は労働者災害補償保険法に基づいて補償を受ける。労働災害には、工事現場作業での転落事故や営業中の交通事故、超長時間労働を原因とする心臓疾患、モンスター顧客による執拗なクレームのために発症した精神障害など、さまざまなものがある。公務員が労働災害にあった場合（これは「公務災害」という）には、公務員に適用される法律に基づき、労働災害の場合とほぼ同じ補償を受ける

　さて、年齢は同じで年収もほとんど変わらない共働きの夫婦をイメージしてほしい。フルタイムで勤務し残業もそれなりにしている二人は、家事分担もほぼ平等にこなしている。夫婦の一人が不幸にも仕事中に事故にあい死亡した。残されたもう一人は労働者災害補償保険法に基づいて補償を受けることができる。補償は、夫が死亡した場合と妻が死亡した場合で、同じであろうか？　現行法上は、同じでない。

　労働者災害補償保険法 16 条の 2 によれば、遺族補償年金を受けることができる遺族は、労働者の配偶者、子、父母、孫…であるが、妻以外の者については、年齢要件が定められている。夫の年齢要件をみると、「60 歳以上であること」（なお、同法は特例を定めており、現在は 55 歳以上であれば要件をみたす）となっている。年齢も年収もほぼ同じ共働きの夫婦が、遺族補償年金受給の他の要件をみたしているとして、夫が死亡した場合は妻に遺族補償年金が支給されるのに対して、妻が死亡した場合には夫が 55 歳未満であれば遺族補償年金が支給されないのである。もしこの 55 歳未満の共働きの夫婦に 18 歳到達年度末までの子がいれば、子に遺族補償年金が支給される。そのような子がいないなど、他に遺族補償年金を受けることができる遺族がいない場合には、遺族補償年金に代えて遺族補償一時金が夫に支給される。

　背景には、遺族補償給付が原則年金化された 1960 年代の社会情勢がある。当時、女性は就労の機会に恵まれず、就労しても男性と比べて低賃金であった。とくに家庭のなかにいる妻には家庭責任が重くかかり就労はいっそう困

難であった。すなわちこの規定は、男女の役割分担がみられた時代に作られたものであり、片働き夫婦、専業主婦を念頭においた制度である。

　この遺族補償年金における年齢要件は、男性と女性に均等な雇用機会が確保され、賃金の男女格差も徐々に縮小し、性別役割分担という考えも支持されなくなってきて、共働き夫婦が増加している、という変化にかかわらず、なお変更されていない。

　大阪地方裁判所は、公務災害のケースでこのような規定が憲法 14 条に違反すると判断した（大阪地判平成 25・11・25）。これは、次のようなケースである。中学校教諭であった原告の妻は 1998 年に自殺し、公務災害と認定された。妻の死亡当時、原告は 51 歳であったため、遺族補償年金は支給されなかった。そこで原告は訴訟を提起した。

　裁判所は「憲法 14 条 1 項は、法の下の平等を定めており、この規定は、事柄の性質に応じた合理的な根拠に基づくものでない限り、法的な差別的取扱いを禁止する趣旨のものである」と述べる。そして、遺族補償年金の年齢要件は、「社会保障的性質をも有する遺族補償年金の受給権者の範囲を定めるに当たり、立法当時の社会情勢や財政事情等を考慮して、職員の死亡により被扶養利益を喪失した遺族のうち、一般的に就労が困難であり、自活可能ではないと判断される者に遺族補償年金を支給するとの目的の下に、障害要件とともに、そのような者を類型化するための要件として設けられたものであると解される」として、要件を設けたこと自体は合理的なものとする。

　他方で裁判所は、「女性の社会進出が進み、男性と比べれば依然不利な状況にあるとはいうものの、相応の就業の機会を得ることができるようになった結果、専業主婦世帯の数と共働き世帯の数が逆転し、共働き世帯が一般的な家庭モデルとなっている今日においては、配偶者の性別において受給権の有無を分けるような差別的取扱いはもはや立法目的との間に合理的関連性を有しないというべき」であるとして、遺族補償年金の第一順位の受給権者である配偶者のうち、夫についてのみ 60 歳以上（当分の間 55 歳以上）との年齢要件を定めた規定は、憲法 14 条 1 項に違反する不合理な差別的取扱いとして違憲・無効であると判断した。

　この判決が法改正のきっかけになるか、見守りたい。　　　　（水島郁子）

第 10 章

高齢者介護とジェンダー

1　介護とジェンダー──誰が介護し、誰が払うのか

　介護は高齢社会ゆえの問題ではない。「誰が介護するのか」という問題は、100 年以上も前から、さまざまな形で常に存在してきた。本章ではジェンダーの視点から「誰が介護するのか」というテーマで議論したい。

　厚生労働省の雇用動向調査によれば、介護を理由に離職をした人は 9 万3,000 人（2013 年）であり、この数は 5 年前に比べて 2 倍に増えている。介護離職者の 76％が女性で、最も多いのは 40 〜 50 歳代である。この数字は介護負担が家庭内の女性に求められる現実、介護と仕事を両立できる体制になっていない社会構造、また労働市場における男女の賃金格差や労働事情を示している。家族の誰かに付き切りの介護が必要で、家庭内の誰かが介護者にならざるをえない場合、家計を考えて収入の少ない妻や娘、嫁が仕事を辞めるという構図になりがちであるが、本来、男女の賃金格差がなければこのような現象は起きない。日本の長時間労働や有給休暇の取りにくさも介護離職の大きな要因と考えられる。生活時間にもっとゆとりがあれば、介護サービスがもっと利用できれば、離職せずに両立策を考えられるはずである。

　介護従事者の多数は女性で占められる。介護従事者の賃金が他業種に比べて格段に低いことは常に指摘されており、給与所得者の平均年収が約 468 万円[1]であるのに対し、介護従事者の平均年収は約 254 万円[2]である。介護

178

第 10 章　高齢者介護とジェンダー

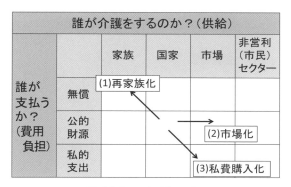

図1　誰が介護し、誰が費用を払うのか
Szebehely（2014）に加筆

の仕事にも常勤職員が若干増えてきたとはいえ、50％強が非常勤職員という不安定な労働条件は続く。この状況からも、日本社会に存在するジェンダー問題を考える上で、介護が不可欠なテーマとなることは明らかである。

　図1は介護をめぐる近年の動向である。公的に提供される介護給付の規模は国により大きく異なる。戦後、多くの福祉国家において公的な財源と公的な支出が高齢者介護の基本であったと考えた場合、日本より早く高齢化が進んだヨーロッパ諸国では、1990年代頃から介護の動向は「再家族化」（Re-familialisation）、「市場化」（Marketisation）、「私費購入化」（Privatisation）に向かう兆候がみられていた。「再家族化」は福祉国家の機能を縮小し、かつてのように介護、育児等を家族に期待する方向性を指す。「市場化」は営利企業や非営利団体による民間介護サービスの供給に期待し、民間事業者の介護サービス市場への参入と事業者間の競争を促す方向性である。「私費購入化」は家事、育児、介護を私費購入で解決しようとする方向性を指す。これらは社会の高齢化とともに、経済と労働市場のグローバル化や福祉国家の財政事情を要因に発生している現象である。

Part III　ジェンダー視点で考える社会制度・福祉

2　ジェンダーの視点からみた戦後の福祉国家

「脱商品化」からみた福祉国家

　G. エスピン-アンデルセン(1990) は労働力の「脱商品化」(de-comodification)の概念を示し、福祉国家の類型化を行った。労働力の脱商品化とは、労働市場において労働者が賃金を得られなくなったときに、社会的な援助や給付を得て生活できる度合いを指す。言い換えれば、労働者に対する社会保障や福祉がどれだけ進んでいるかを示す指標である。

　労働力の脱商品化がもっとも進んだ国のグループがスウェーデン、デンマークに代表される北欧諸国であり、「社会民主主義的福祉国家レジーム」と呼ばれる。すべての市民に対象に強力で包括な社会権が保障され、完全雇用が社会目標とされてきた。福祉サービスは資力調査を必要としない、つまり本人や家族がどれだけの資力を有しているかを問わずに、支援を必要とする人に必要な支援が提供される普遍的給付を特徴とする。高福祉高負担の国として知られるグループである。

　労働力の脱商品化の度合いがもっとも低い国のグループは「自由主義的福祉国家レジーム」と呼ばれ、アメリカに代表される。福祉的給付は資力調査を伴い、給付は経済的困窮者に限られる。医療や介護は自分で購入することが基本である。低福祉低負担の国、自助努力が求められる国といわれる。

　前述の二つのグループは主に租税を福祉の財源としているが、ヨーロッパ大陸には社会保険制度を社会保障の軸としている国が多い。このグループは「保守主義的福祉国家レジーム」と呼ばれ、ドイツが代表国である。社会保障の諸権利が労働市場への参加と結びついており、一家の大黒柱が稼ぎ手となるモデルであり、家族主義が強い。社会政策はカトリックの影響を受け、福祉供給は家族や地域コミュニティに求められる傾向がある。

　この福祉国家類型は世界的に注目され、比較福祉国家研究に大きく貢献した。その一方で、エスピン-アンデルセンの比較福祉国家論はジェンダーの視点が欠けていると強い批判を受けた。世界には労働市場にさえ参加していない女性が数多くいるにもかかわらず、その存在にまったく言及していない

第10章　高齢者介護とジェンダー

という批判であった。

「脱家族化」からみた福祉国家

　エスピン–アンデルセン（1999）はその批判に応えるべく、9年後の著作では、「脱家族化」（de-familialisation）という概念を用いて、従来の比較福祉国家論に、福祉国家が家族内の家事・育児・介護負担をどれだけ軽減しているかという視点を加えた。

　エスピン–アンデルセンは「戦後の福祉国家は主として所得移転のシステムであり、家族内のサービス活動に対してはわずかに貢献したにすぎない」と育児や介護の家族負担を軽減するという点においては福祉国家の貢献は低かったと言及している。所得移転とは貧富の差を緩和するために家計が受け取る失業保険や年金などで、個人の労働や経済活動による収入ではなく、政府等から受け取る給付を指す。たとえば健康保険制度の普及は、医療費負担における本人や家族の自己負担を軽減した（＝所得移転）が、看病や介護で果たす実働（＝家族のサービス活動）は依然として大きいとする。エスピン–アンデルセンは、福祉国家が家庭内でさまざまな形態で提供されるケアに注目してこなかった要因として、「ゆりかごから墓場まで」という、英国の福祉国家像を示したW. H.ベヴァリッジを含め、戦後福祉国家の建設者たちが、母親が主婦であることを前提に福祉国家を構想していた点を指摘する。戦後の福祉国家の活動は医療と生活扶助が基本で、育児や介護負担の軽減に対しては社会政策が多少の援助をしたにすぎず、エスピン–アンデルセンは「戦後の福祉国家は家族の介護負担に対処してこなかった」とも述べている。育児や介護における家族支援策の拡充（特に保育所や老人ホーム建設、ホームヘルプ整備）に取り組んだ最初の国が1960年代のデンマークとスウェーデン、続いて1970年代のノルウェー、フィンランド、ベルギー、フランスくらいだとしている。つまり戦後福祉国家は生活保障という側面でその役割が評価されるが、家族、多くの場合、家庭内の女性が担っている育児や介護負担を減らすことへの配慮がなかった。

　脱家族化の指標として、エスピン–アンデルセンは家族サービスへの公的

Part III　ジェンダー視点で考える社会制度・福祉

支出（対 GDP 比率）、3 歳未満児童の保育所利用率、ホームヘルプ利用率を挙げた。1990 年初頭の統計では、社会民主主義的福祉国家レジームのグループが、保育所利用率（31％）もホームヘルプ利用率（19.5％）も、他のグループに格段の差をつけて高い数字を示していた。

3　家事使用人の歴史と女性の貧困

　家事、育児、介護の担い手は時代とともに変わってきたが、その多くが女性であることに変わりはない。工業化以前の時代の介護（おそらく当時は老親の扶養）をみると、老親が成人した子と同居することは多くの国においてごく自然な光景であった。成人した子は老親から家や財産を譲り受け、子育ての援助を受ける代わりに、老親扶養の義務を負った。

　裕福な家庭では、乳母や家事使用人を雇い入れたが、家事使用人はかつて女性の代表的な職業であった。1930 年代のデンマークでは家事使用人は労働人口全体の約 13％を占め、女性の雇用の約 4 割を占めていたという。スウェーデンでも同様で、とくに貧しい村の娘たちが都会に出てきて家事使用人になった。

　　私の母は 1921 年、（あちらこちらの農場で転々と雇われて働く）巡回農業労働者家族の 7 人きょうだいの末っ子として生まれた。母は栄養不足で発育も不十分だった。6 年間の基礎学校が終わってからは、母は子守りの仕事をし、その後は住み込みの家事使用人として働いた。当時の母の月給はわずか 25 クローナだった。

　　母は 1 人の男性に出会い婚約した。母は（私を）妊娠したことで、家事使用人の仕事を失い、生活苦から結婚も延期された。母は 2 人目の子どもを妊娠したので、施設に行き、そこで男の子を出産したが、不本意ながらその子は養子に出すことにした。2 人の私生児をもつ女性に仕事が見つかるはずはなく、屈辱的な状況が続いた。母は 1 人の男に声をかけられ、再び、家事使

用人の仕事を始めたが、そこで母は性的虐待を受けたものと思われる。

　新たな仕事の広告に母は救われた。「農家が家事使用人を探している。子ど
もは対象外」。母は3歳の私を腕に抱え、長旅を経て、小さな島に住む若い男
性の家にたどり着いた。母はその男性と結婚し、その男性は私の父となった。
その辺境の地から、母は逃げ出さず、私を置き去りにすることもしなかった。
この地で母は、かつて家事使用人だった時代には決して経験したことがない
愛情と配慮を受けた。幼少期の貧困による栄養不足が原因で、母は身体が弱く、
64歳で亡くなった。（ストックホルム歴史博物館展示資料2012）

　これはストックホルム歴史博物館の展示資料であるが、同博物館は家事使
用人を女性の貧困の典型例として取り上げている。

　ヨーロッパの多くの国では家事使用人は1960年代頃までに労働人口の2
％程度にまで減少し、1980年代にはほとんど消滅したとされる（Esping-
Andersen 1999）。家事使用人が衰退した理由には、戦後に男性を一家の稼ぎ
手とする家族が増加したこと、女性にとって職業の選択肢、たとえば電話の
交換手などを含め、家事使用人より条件のよい仕事が増えたことが考えられ
る。

　日本では家事使用人と考えられる職業に「家政婦」（病院等に寝泊まりして
世話をする「付添婦」も含む）がある。1990年代の日本の老人病院（現在の療
養病床）では、寝たきり高齢者のベッドの隙間の狭いスペースに、ふとんを
敷き、寝泊りをしながら24時間介護をする「付添婦」の光景をよく目にした。

　家政婦の派遣を行うのは家政婦紹介所であるが、介護保険制度の導入によ
り、その多くが訪問介護事業者としての認定を受けるようになり、家政婦の
多くは有資格のホームヘルパーとなったため、その大部分が介護保険制度に
統合されたといえる。

　現在でも2万5000人（家政婦紹介所に登録されている人のみ）の家政婦市場
が存在する（2010年）。家政婦は、労働基準法上「家事使用人」とされ、家
事一般に使用される労働者を指すが、家事使用人の労働形態は、各事業にお
ける労働とは異なったものであり、同一の労働条件で律するのは適当でない

Part III　ジェンダー視点で考える社会制度・福祉

という理由で、家政婦紹介所に登録されていない家事使用人は労働基準法の適用外とされている（同法116条）。

4　日本の在宅介護の展開 ── 主婦を福祉の担い手に

整備が遅れたホームヘルプ

図2は日本におけるホームヘルパー数の推移を示す。

日本ではホームヘルプが北欧諸国と同じ1960年代初頭に始まったものの、貧困救済的施策としての時期が長く、所得等による利用制限が厳しかったので、すべての人が利用できたわけではなかった。たとえば、1973年時点の国際比較では、人口10万人あたりのホームヘルパー数はスウェーデン825人に対し、日本はわずか9人であった（森1974）。在宅介護サービスの量的な拡大が行われ、介護の外部化が本格的に始まったのは1990年代に入ってからである。1989年高齢者保健福祉推進10カ年戦略（以下、ゴールドプラン）でホームヘルプが在宅福祉3本柱（他の二つはデイサービスとショートステイ）の一つに位置づけられ、日本でもようやく公的介護の整備が始まった。それでもすべての人が介護サービスを利用できるようになったのは介護保険制度（2000年創設）が導入されてからであり、その意味で日本における介護サービスの普遍的給付の歴史は短い。日本で高齢者の公的な在宅介護、その柱となるホームヘルプの整備がヨーロッパ諸国に比べて遅かった理由は次の3点から考えることができる。

高齢化率の低さと同居率の高さ

第一に、日本では高齢化率が低かった上に、成人した子世帯との同居率（以下、同居率）が高かった。1970年の同居率は73.4％で、1985年でも64.6％であった。また高齢化率もヨーロッパ諸国に比べて低く、1975時点でノルウェーは13.7％、スウェーデンは15.1％であったが、日本はまだ7.9％であった（Saito 2010）。同居率が高かったのは、社会保障のなかでも年金や介護の

第10章　高齢者介護とジェンダー

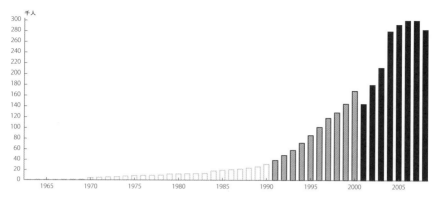

図2　日本におけるホームヘルパー数の推移
注：2000年以降は統計の手法が変わっている。
出典：Saito（2010）
原出典：森（1974）、北場（2001）、厚生労働省統計

給付が不十分で、子世帯に頼らざるを得ない状況があったともいえる。また戦前の家族制度や教育も影響している。戦前の民法では老親の扶養義務が規定されており、長男は後継ぎとされ、家の財産を引き継ぐ代わりに、老親扶養と介護が当然のこととして任されていた。戦前の教育を受けてきた高齢者が多かった時代、つまり1990年代までは「主たる介護者」のトップが「長男の嫁」であったことは、戦前の法制度や教育が大きく影響していたといえる。近年では「配偶者」「娘」が主たる介護者となるケースが増えている。

「日本型福祉社会」という政策

　第二に、日本の社会保障政策である。戦後、憲法において、国民の最低限の健康で文化的な生活における国の責任が示されてから、生活保護、児童福祉、障害者福祉、老人福祉等、社会福祉制度が次々と整備されていった。戦前からみると大きな変化であったが、1955年から1975年にかけて日本は急激な経済成長を経験したにもかかわらず、社会保障支出はGDP比2％程度に抑えられてきた。また1970年代半ばには「日本型福祉社会」という政策が打ち出され、ヨーロッパ諸国とは異なる社会保障の道が選択された。1975

Part III　ジェンダー視点で考える社会制度・福祉

年厚生白書には「（日本の）三世代同居は福祉の含み資産」と記述され、オイルショック後の政府の財政難により、家庭内介護で高齢化社会を乗り切ろうという方針が示された。当時、福祉の充実は経済活力を低下させるとして、社会保障の充実に力を入れてきたイギリスは「英国病」、北欧諸国は「自殺率の高い国」などとして批判の対象となった。具体的には社会保障の充実のために税金を高くすると、国民の勤労意欲は低下し、また充実した福祉は家族のつながりを希薄にし、孤独を招くという内容で、根拠の薄いものだった。

　日本型福祉社会論の考え方を具体化する政策は、特に税制においてみられるが、主婦に対する配偶者特別控除（1987年創設）、老親扶養を行う家族に対する老親扶養控除（1979年創設）等があるが、老親と同居するための住宅改造に補助金を出す自治体もみられた。つまりヨーロッパ諸国のように税や保険料を財源に介護給付を充実させるという方法ではなく、日本では税金の控除（税負担の減免）という方式で家庭内介護を奨励してきたともいえる。

　介護保険制度の施行間近に至っても、当時の政権から「（介護保険は）家族が介護するという美風を壊す制度」として介護手当（サービスを使用せずに家族で介護をする人に支払う現金給付）の必要が主張され、家族の手による介護という選択肢が残されようとした。家庭内の介護や保育の負担を軽減する政策の決定過程をみると、日本は家族主義が根強い国の一つといえる。

家政婦との競合

　第三に、安価な家事労働力として、日本には家政婦の存在があった。多くの国において20世紀初頭における代表的な女性の仕事は家政婦であり、1930年頃の日本には約51万人の家政婦が存在していた。図3は家政婦数とホームヘルパー数の推移を示す。戦後の経済成長に伴い、職業の選択肢が増えるなかで家政婦（とくに住込の女中）の数は大幅に減少したが、1970年代以降も5万人強の家政婦市場があったので、家族に看病や介護が必要になると家政婦を雇う家庭はあちこちでみられ、前述のように病院に泊まりこむ「付添婦」の姿もみられた。1990年当時の日本のホームヘルパー数は約5万人でしかなく、5万人強の家政婦市場は決して小さなものではなかった。

第 10 章　高齢者介護とジェンダー

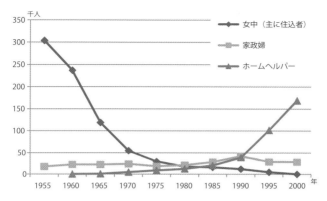

図3　家政婦数とホームヘルパー数の推移
出典：Saito（2010）
原出典：北場（2001）、厚生労働省統計

5　ホームヘルパーの仕事——主婦の兼業職から専門職へ

日本のホームヘルプ——「奉仕員」から「訪問介護員」へ

　日本の高齢者向けホームヘルプも慈善や互助による活動や自治体による取り組みとして始まったが、その広がりは限定的だった。国による「老人家庭奉仕員事業」（1962年制度開始）は制度化のはじまりであるが、その従事者は「老人家庭奉仕員」という名称がつけられた。老人家庭奉仕員の仕事は「食事の世話」「洗濯」「掃除」の順で挙げられており、当初は介護といっても家事援助中心のサービスであった。老人家庭奉仕員には「慈善の気持ち」が必要であり、「日常生活の相談係」の役割があるとされ、介護を必要とする高齢者の心理面のサポートも期待されていた。そして老人家庭奉仕員制度には、母子家庭の母親の雇用対策としての役割もあった。

　1989年ゴールドプランでは、ホームヘルパーの仕事は「身体の介護に関すること」「家事に関すること」「相談・助言」の三つになり、身体介護に重点がおかれるようになった。これは高齢化が進み、在宅に要介護高齢者が増えてきたことを意味する。ホームヘルパー資格制度（1～3級）も始まり専

Part III　ジェンダー視点で考える社会制度・福祉

門職化が進む。

　2000 年介護保険制度では、ホームヘルパーは法律上「訪問介護員」という名称になり、仕事内容は法律で規定された。仕事内容はおおまかに「身体介護中心型」「生活介護中心型」「通所等乗降介助」等に分類され、2005 年法改正では「介護予防訪問介護」というカテゴリーも登場し、近年では痰の吸引や胃ろうの処置等の医療行為の面でも期待されるようになってきた。

　ホームヘルパーは 60 年足らずの短い歴史でありながら、仕事内容は日常生活の相談係から医療行為というように、期待される仕事内容が大きく変わってきた珍しい職業といえる。

スウェーデンのホームヘルプ ── ボランティアから公的ヘルパーへ

　スウェーデンで高齢者向けのホームヘルプが始まったのは 1950 年代初頭で、赤十字のボランティア活動がきっかけとなった。介護が必要とする高齢者は老人ホームへの入所が普通であったが、ボランティアによるホームヘルプは老人ホームがもつ貧困救済事業のイメージを払拭していて、高齢者の間で好評であった。戦後の福祉国家創設期において、育児手当、医療改革、年金改革などの社会保障制度の大規模改革が先行し、良質の老人ホームを建設するための予算は見通しが立たなかった。当時の社会民主党政権はボランティアによるホームヘルプは予算もかからず、労働力の面からも主婦の潜在労働力に期待ができると考えた。

　当時の社会大臣は演説のなかで、「ホームヘルプは老人ホームの整備に比べて相当に費用を抑えることができる」とし、ホームヘルパー養成はおおげさに考えることはなく、その採用は中年の母親層を対象にするべきだとした。その理由は中年の母親層はホームヘルパーが必要とする技術を日常生活のなかから修得しているからだという。ホームヘルプに費用がかからないとする議論は、中年の主婦層が無償、あるいは時間給でホームヘルプを担うことを前提としていたからである。求人には「家事に豊富な経験をもつ専業主婦」という表現も使われており、主婦経験者がホームヘルパーになれば教育も研修も不要と考えられた。

スウェーデンではホームヘルパーは昔、「ヘムサマリート（家庭奉仕人：hemsamarit）」と呼ばれていた。ヘムサマリートの語源は聖書にある「善きサマリア人」であり、「隣人を愛せよ」というキリスト教の精神にあるともいわれる。1980年前後から公式文書では「ヴォードビトレーデ（介護士：vårdviträde）」という語が使われるようになった。日本でも、スウェーデンでも、ホームヘルパーの始まりは主婦の家事能力を求め、また奉仕の精神が求められていた点が共通する。

6 「再家族化」「市場化」「私費購入化」のなかで

家事労働者の国際的移動をめぐる論点 —— グローバル・ケア・チェイン

グローバル化とともに、女性の家事労働者（female domestic workers）の国際的移動（international migration）が議論されるようになった。とくにこの現象は高齢者介護と保育において急速に拡大する傾向にある。国際的移動による女性家事労働者数が最も拡大している国はアメリカであるが、ベルギー、フランス、ドイツ、イタリア、スペインなどでもその傾向がみられる。たとえばフィリピンは多くの家事労働者を国際的に供給してきた国の一つであるが、約60万人のフィリピン家事労働者が香港、イタリア、シンガポール等で働いている。

移民家事労働者のニーズが高まる背景には、人口の高齢化に伴って家族の構造が変化し、労働市場への女性の進出が高まったことがある。女性が男性と同様の働き方をするようになってきた上に、家庭と仕事の両立を支える公的サービスが不十分であるため、このような現象が発生する。

家族内福祉が母親の手から離れても、その担い手は家事使用人として雇われる貧困女性であったし、近年では多くの国で移民の女性たちがその担い手となっている。つまり福祉的労働は低賃金の女性に委ねられ、その女性が自ら担ってきた福祉的労働をさらに国境を越えて低賃金の女性労働に委ねるというグローバル・ケア・チェインが存在している。

Part III　ジェンダー視点で考える社会制度・福祉

　多くの国で家事使用人の市場は、表面的には消滅したものの、それに代わり（典型としては移民による）ブラックマーケットでの家事労働が存在している。ドイツでは 2003 年から家事サービスの税額控除が始まった。税額控除とは払うべき税額から、直接一定の金額を差し引くこと（控除）ができる制度のことで、日本にみられる身近な例として住宅ローン控除等がある。住宅ローン控除は家をローンで購入した個人に対し、その費用負担を軽減すると同時に、住宅購入を促進しようとする政策上の目的がある。このように考えると、ドイツが導入した家事サービスの税額控除には、育児や介護のための家事サービスを購入する個人の費用負担を軽減すると同時に、その利用を促進する目的があると考えられる。

　ドイツの介護保険制度では 1995 年 1 月から保険料の徴収、4 月に在宅介護給付、翌年 7 月に施設介護給付が始まった。在宅介護給付には介護手当（現金給付）の選択肢があり、この点が日本と異なる。ドイツが制度化した介護手当は当初、家族の介護労働を社会的に評価するものとして考えられたが、近年では介護手当を使ってポーランドなどの近隣諸国からの家事労働者を低賃金で雇うケースが増えている。派遣元が海外の家事サービス会社である場合、この種の家事労働者にはドイツ国内の労働関係法は適用されず、低賃金は問題とならない。また家事サービス市場の自由参入化は EU が推進する政策である。海外の家事サービス会社は、ドイツの労働関係法を遵守していなくても、必ずしも違法状態（ブラック）にあるとはいえないため、この市場はグレーマーケットと呼ばれている。ドイツ国内の家事労働者のうち、正規市場からの雇用は 10％にすぎず、90％がグレーマーケットによるという（Theobald 2009）。

　ILO（国際労働機関）第 100 回総会（2011 年）では、家事労働者のディーセント・ワーク（働きがいのある人間らしい仕事）を促進するため、家事労働者の労働条件や労働安全衛生などに関する規定を定める条約及び勧告が採択された。家事労働者の労働環境の改善は国際的な課題となっている。

第 10 章　高齢者介護とジェンダー

介護サービスの私費購入化をめぐる論点

　EU の政策は、家事サービスの産業化を奨励している。スウェーデンでは 2007 年に「家事労賃控除」を開始したが、これは前述のドイツの取り組みと似ている。スウェーデンの家事労賃控除では自宅、サマーハウス、親の住む家において、掃除、洗濯、調理、庭の手入れ、介護の一部としての散歩や銀行・病院への付き添い、子守りの一部としての保育所への送迎等のサービスを購入した場合、その半額を税額控除とするものである。ごく簡単に言い換えれば、家事サービスを半額で購入できるしくみである。対象となるのは労賃で、移動に係る費用や材料費などは控除の対象にならないが、納税義務のある 18 歳以上すべての市民が利用でき、年 5 万クローナ（約 75 万円）までの控除が可能である（2012 年）。

　家事労賃控除を利用して家事サービスを私費で購入するケースは子育て中の家庭に多いが、高齢者介護にも影響し始めている。75 歳以上高齢者の約 5 ％がすでに家事労賃控除を利用している（2010 年）。とくに受給する年金が多い高齢者にとっては自治体の介護を使うより安い場合が多く、また行政のニード判定を通じて、サービス内容が決められてしまうより使い勝手がいい。

　家事サービス産業の育成は、在住外国人の間で深刻な失業問題への対応策でもある。在住外国人の失業率は高く、失業者がブラックマーケットで家事労働者として働くケースもみられる。スウェーデン政府は、家事労働のブラックマーケット化を避け、正規の労働市場とすることで、労働者の雇用を保障し、労働条件の悪化を防ぐと同時に納税者を増やすことをめざす。スウェーデンでは人口の 16 ％が外国にルーツをもつ市民で構成されるようになり（2014 年）、この社会層の雇用の問題は深刻である。そこでこの新たな市民を正規の労働市場に、という考え方は社会的包摂の取り組みに向けた挑戦と考えることもできる。

　しかしその一方で、介護サービス供給の面では問題も多い。第一に、私費購入化の傾向は、高所得者と低所得者の間の格差を広げ、公的ホームヘルプは低所得者向けの貧困救済型のサービスになりかねず、質の低下も懸念される。第二に、専門職としての介護の意味が問われている。家事援助（ホーム

191

Part III　ジェンダー視点で考える社会制度・福祉

ヘルプ）と家事代行サービス（家事サービス会社）はどう違うのか。介護は担い手と受け手との間の相互関係で成り立つものであり、ホームヘルパーは介護の専門職として高齢者のこれからの生活に寄り添っていくのである。特に認知症高齢者の場合、早期の段階で顔なじみの関係を築き、適切な対応をとっていくことが重要とされる。その点で専門職による介護と家事代行サービスとは大きく異なる。スウェーデンでは、民間の家事代行サービスの急速な拡大に対して、介護の専門職から懸念の声が広がっている。

7　日本も「再家族化」「市場化」「私費購入化」か？

　日本では高齢者介護システムの整備により家族の介護負担の軽減を実現するまでに長い時間を要したが、介護保険制度は他国に類をみない速度と規模で介護サービスの拡大を図り、介護の社会化という点で一定の成果を収めた。ホームヘルプ利用者数は51万8000人（2001年）から135万2000人（2012年）に増加した。今や日本のホームヘルプ利用率は65歳以上人口4.4％であり、これはOECD諸国のなかでも決して低い数字ではない。

　また介護の内容の面からみると、日本の介護保険制度は「要支援」と呼ばれる比較的、軽度のサービス（主に家事援助）を必要とする高齢者を給付の対象としたことで、より多くの高齢者が早い段階で介護サービスを利用できるようになった。さらに従来の制度外の介護労働（たとえば家政婦や付添婦、また地域の介護ボランティアなど）も正規の賃金労働者として制度内部にとりこむことに成功したともいえる。多くの女性が担ってきた介護という無償労働、劣悪な低賃金労働を正規労働にかえたという意味でも介護保険制度の貢献は大きいものであった。

　しかし日本の介護保険制度も一つの転期を迎えている。2005年改正で示された「地域包括ケアシステム」は「高齢者の尊厳の保持と自立生活支援の目的のもとで、可能な限り住み慣れた地域で生活を継続できるような包括的な支援・サービス提供体制」とされるが、『地域包括ケア研究会報告書』（2013

第 10 章　高齢者介護とジェンダー

年）は自助・互助・共助・公助の機能区分を示し、制度の持続可能性の視点から今後は「自助」と「互助」が重要になるとしている。「互助」は費用負担の制度的な裏づけがない自発的な活動と定義されており、地域包括ケアシステムにおいて、都市部では民間サービス市場からのサービス購入（自助）、地方では近隣の助け合いによる「互助」の役割が大きくなるという。図 1 に示した国際的な潮流のように、「再家族化」「市場化」「私費購入化」の方向性が日本の高齢者介護のなかにもはっきりとみえてきた。

　また高齢化がピークを迎える 2025 年に向け、介護人材の確保も課題であり、EPA（経済連携協定）によるインドネシア、フィリピンからの看護、介護人材の受入れが始まり数年が経つが、今後の見通しはたっていない。2000 年度には 55 万人だった介護労働者は 2015 年度には 167 〜 176 万人（推計値）にまで増加し、2025 年には 237 万人〜 249 万人の介護従事者が必要と推計されている。

　誰が介護を担い、誰が費用を負担するのか。そしてその方向性次第では、介護が女性の負担に偏った社会が継続されることになる。

（斉藤弥生）

注

1）　国税庁「平成 24 年度分民間給与実態統計調査」（統計は 2012 年 12 月 31 日現在）。
2）　介護労働安定センター「平成 24 年度介護労働実態調査結果」（統計は 2011 年 10 月 1 日〜 2012 年 9 月 30 日までの 1 年間）

参考文献

Esping Andersen, Gøsta. 1990, *The three worlds of welfare capitalism*, Oxford: Policy Press.（＝ 2000、岡沢憲芙・宮本太郎監訳『福祉資本主義の三つの世界　比較福祉国家の理論と動態』ミネルヴァ書房）

Esping Andersen, Gøsta ed., 1996, *Welfare states in transition, National adaptations in global economies*. London: Sage publications Inc.

Part III　ジェンダー視点で考える社会制度・福祉

Esping Andersen, Gøsta. 1999, *Social foundations of postindustrial economies*, Oxford, UK: Oxford University Press.（＝ 2000、渡辺雅男・渡辺景子訳『ポスト工業経済の社会的基礎. 市場・福祉国家・家族の政治経済学』桜井書店）

森幹夫 1974、『ホームヘルプ』財団法人日本生命済生会

岡沢憲芙・中間真一編 2006、『スウェーデン ── 自律社会を生きる人びと』早稲田大学出版部

斉藤弥生 2014、『スウェーデンに見える高齢者介護の供給と編成』大阪大学出版会

Saito, Yayoi. 2010, Development of Home Help in Japan: A Comparison with Norway.

Saito, Yayoi, Auestad Abe, Reiko and Kari Wærness eds., 2010, *Meeting the challenges of Elder Care: Japan and Norway*, Kyoto: Kyoto University Press and Trans Pacific Press.

Szebehely, Marta. 2011, Insatser för äldre och funktionshindrade i privat regi. Hartman, Laura（ed.）*Konkurrensens konsekvenser. Vad händer med svensk värfärd?* Stockholm: SNS Förlag.

Szebehely, Marta, 2014, *Sustaining universalism? Changing roles for the state, family and market in Nordic eldercare*, Keynote, Annual ESPAnet Conference, *4-6 September, 2014*（*Oslo, Norway*）.

Theobald, Hildegard. 2009, Restructuring elder care systems in Europe: Policy -field, policy transfer and negative integration. at the ISA RC 19 conference "Social Policies: Local Experiments, Travelling Ideas" 20-22 August 2009, Montreal, Canada.

山井和則・斉藤弥生 1994、『体験ルポ　日本の高齢者福祉』岩波新書

第 10 章　高齢者介護とジェンダー

・発展的な学びのために・

斉藤弥生 2014、『スウェーデンに見る高齢者介護の供給と編成』大阪大学
出版会

　　20 世紀初頭からのスウェーデンの高齢者介護の変遷と介護を巡る
　　議論をまとめている。介護は高齢社会の問題というだけではなく、「介
　　護は誰がするのか」という議論はいつの時代にも存在した。先進的
　　な取り組みが数多く紹介されるスウェーデンであるが、本書では同
　　国の悲惨な老人ホームの時代から続く介護論争を取り上げている。

岡澤憲芙編 2015、『北欧学のフロンティア』ミネルヴァ書房

　　社会民主主義的福祉国家レジームに分類されるスウェーデン、デン
　　マーク、ノルウェー、フィンランドの社会政策が、政治学、経済学、
　　社会学、社会政策論などさまざまな研究分野の研究者によって紹介
　　されている。男女平等社会として取り上げられることが多い北欧諸
　　国の社会構造を知ることで、日本の課題がみえてくる。

・課　題・

1. 親に介護が必要になったとき、また、あなた自身に介護が必要にな
　　ったとき、あなたはどのような介護を望むだろうか。本章のテーマ
　　である「誰が介護をするのか」、「誰が介護の費用を払うのか」とい
　　う視点から述べなさい。
2. これからの日本では誰が介護の担い手になるのだろうか。また、あ
　　なたはこれからの日本で誰が介護の担い手になるべきだと思うか。
　　あなたの考えを述べなさい。

Part III　ジェンダー視点で考える社会制度・福祉

Column

ジェンダー平等を測る取り組み
── 日本は 17 位、それとも 102 位？

　国連開発計画（UNDP）は毎年発行する『人間開発報告書』で「人間開発指数」（HDI）と「ジェンダー不平等指数」（GII）を発表している。

　「人間開発指数」は平均寿命、教育水準（成人識字率と就学率）、勤労推定所得の統計を用いて、人間開発の達成度を示す指標である。「ジェンダー不平等指数」は三つの分野、すなわち、性と生殖に関する健康分野（妊産婦死亡率、若年（15 ～ 19 歳）女性 1000 人当たりの出産数）、エンパワーメント分野（国会議員の女性比率、中等教育以上の教育を受けた女性の割合）、労働市場分野（女性の労働力率）の指標を用いて男女間の不平等を測定するものである。

　2010 年に「ジェンダー不平等指数」が登場する以前は、約 15 年にわたり、ジェンダー・エンパワーメント測定」（GEM）が用いられていた。「ジェンダー・エンパワーメント測定」は 1995 年に始まったが、生活のあらゆる場面でジェンダー格差を解消するための各国の取り組み状況をチェックするねらいがあり、主に政治、経済分野の女性の参画度を中心に算定していた。

　日本でも、男女共同参画を扱う政府系刊行物では、「人間開発指数は世界でトップクラスであるにもかかわらず、ジェンダー・エンパワーメント測定の結果は世界で下位にある」と表現され、男女共同参画社会の実現に向けて必要な施策を講じる必要があるとされてきた。ちなみに 2009 年の「ジェンダー・エンパワーメント測定」では日本は 57 位であった（表）。

　「ジェンダー不平等指数」では日本は世界で 17 位となる（表）。一見、日本のジェンダー不平等が解消されたかのようにみえてしまうが、測定方法が変わったからにすぎない。「ジェンダー不平等指数」では、新たに女性の貧困問題に関係の深い項目（女性の健康や教育水準）を評価項目に加えたため、医療や教育のインフラが整備されている先進国の順位が高くなる。

　さらにジェンダー不平等を示す別の指標に「ジェンダー・ギャップ指数」（GGGI）がある。これはスイスのジュネーブに本部を置く民間団体「世界経済フォーラム」が毎年発表しているもので、国連統計などをもとに、①経済分野（労働人口、所得、管理職、専門職の男女比）、②教育分野（識字率、初中

第10章　高齢者介護とジェンダー

高等教育への進学率の男女比）、③健康分野（平均寿命の男女比）、④政治分野（議員数、大臣数の男女比）という四つの基準で比較する。「ジェンダー・ギャップ指数」でみると、日本は104位である（表）。詳細をみると、①経済分野では102位、②教育分野では93位、③健康分野では37位、④政治分野では129位である。ここまでみると、日本社会にみられるジェンダー問題の実感に近づく。

　国際比較統計は世界のなかでの自国や研究対象とする国の位置を理解し、その課題を見つける上で役立つが、その解釈には十分な注意が必要となる。

（斉藤弥生）

表　ジェンダー平等を測るさまざまな指標

	ジェンダー不平等指数 GII*（2013）	ジェンダー・ギャップ指数 GGGI**（2014）	（参考）ジェンダー・エンパワーメント測定 GEM***（2009）
1位	ノルウェー	アイスランド	スウェーデン
2位	オーストラリア	フィンランド	ノルウェー
3位	スイス	ノルウェー	フィンランド
4位	オランダ	スウェーデン	デンマーク
5位	アメリカ	デンマーク	オランダ
6位	ドイツ	ニカラグア	ベルギー
7位	ニュージーランド	ルワンダ	オーストラリア
8位	カナダ	アイルランド	アイスランド
9位	シンガポール	フィリピン	ドイツ
10位	デンマーク	ベルギー	ニュージーランド
	・・・	・・・	・・・
15位	韓国	・・・	・・・
17位	日本	・・・	・・・
57位	・・・	・・・	日本
104位	・・・	日本	・・・

出典：* UNDP（2013）Human Development Report 2013
　　　** World Economic Forum（2014）The Global Gender Gap Report 2014
　　　*** 内閣府男女共同参画局総務課「共同参画」2009年11月号

Part IV

グローバル社会と
ジェンダー

第11章

刑法の国際化とジェンダー

1 刑法とジェンダー

刑法とジェンダーの関係

　ジェンダーと関係の深い法律といえば、憲法や民法（家族法）、国際人権法などを思い浮かべる人が多いのではないだろうか。しかし実は、多くの法律の中で、刑法は民法と並び、ジェンダーの問題が最も先鋭的に現れる法律だ。

　なぜなら、後述の正当防衛や性犯罪をめぐる諸問題にもみられるように、犯罪が起きる背景にばかりでなく、そもそも犯罪条文の規定方法にジェンダーバイアスが潜んでおり、犯罪捜査、公判手続き、判決に至る条文の適用においても、関係者によるジェンダーバイアスが大きな影響を与える分野だから。

女性に対する暴力と刑法

　また、女性差別撤廃条約（1979年）に基づき設置された女性差別撤廃委員会（CEDAW）の一般勧告でも取り上げられているように、「女性に対する暴力」はジェンダーに関連する根深い問題であり、その具体的表れとしての身体的暴力（傷害罪、場合によっては殺人罪）、性暴力（強制わいせつ罪、強姦罪）、精神的暴力（日本の刑法にはないが、たとえばフランス刑法には「モラルハラスメント罪[1]」がある）などに対処する法律として、刑法はもっとも重要な法律だ。「女性に対する暴力」と闘う道具として、その国の刑法が有効か否かは、

200

その国のジェンダー・センシビリティ（ジェンダー問題に対する敏感さ）の一つの指標となる。

しかし、残念ながら日本の刑法は、その意味で非常に遅れた刑法のままだ。それは、明治40年、女性が権利無能力であった時代の家父長制度の下で、ジェンダー観念など皆無だった男性のみによって起草され、ジェンダーの観点からみると非常に問題の多い内容を含んだまま、100年以上も全面改正されずに、今も適用され続けている。

言葉を換えれば、そのような刑法を、21世紀の現在も改正することなく適用し続ける状況は、日本社会そのものの後進性を表している。民法とならんで社会の根幹にかかわる法律である刑法が、100年以上も前の男尊女卑的価値観を含んでいることが、日本人や日本社会のジェンダーバイアスに及ぼす影響は無視できないだろう。では、どこがどう遅れているのか。次節以降詳しくみていこう。

2　日本の刑法の後進性

基本構造── 男性の男性による男性のための刑法

日本の刑法は、明治40（1907）年に制定された。日本初の近代法典の一つであった明治13（1880）年の旧刑法は、フランス人お雇い法律家ボワソナードにより、世界初の近代法典といわれる1810年のナポレオン法典を範として起草された。しかし、フランス革命の原動力ともなったフランスの啓蒙的な自由主義思想の影響を受けた旧刑法は、制定直後からその自由主義的性格が日本政府や学者から批判され、より犯罪予防を重視し、同じ君主政体をとるプロイセン・ドイツの「国家主義」的色彩の強い刑法の影響を強く受けた現行刑法典に取って代わられた。

その基本的構造は、第1編の総則に続き、個々の犯罪を規定した第2編の「罪」では、皇室に対する罪（第二次世界大戦後に削除）を筆頭に、国家に対する罪、社会に対する罪、個人に対する罪の順に規定され、重要なものから

Part IV　グローバル社会とジェンダー

順に規定する刑法の慣例に照らせば、皇室や国家がもっとも重視され、個人がもっとも軽視されていたことがうかがえる。

　また、財産の持ち主がもっぱら男性であったことから、財産犯中心の刑法で、財産侵害に関してはきめ細かく規定が設けられ、処罰も重い。逆に、性犯罪被害女性の性的自由は財産より軽視されている。さらに、性犯罪規定そのものも、性犯罪被害者の保護という観点は薄く、むしろ当時の家父長制度を支えた男子の「家」の血統を守ることに重点が置かれている（後述）。

DV 被害者による殺人と正当防衛

　日本の刑法は、制定当時の時代背景を反映して、男性だけが活躍する公的領域における犯罪や状況に対処することを念頭に作られている。たとえば、有名な「正当防衛」（36条）の要件は、「①急迫不正の侵害に対して、自己又は他人の権利を防衛するため、やむを得ずにした行為は、罰しない。②防衛の程度を超えた行為は、情状により、その刑を減軽し、又は免除することができる。」と規定している。この要件は、あくまで1)「主として男性が活躍する公的領域」における、2)対等な立場にある一般人（男性）同士の関係を念頭に、3)国家に救済を求める時間的余裕のない緊急状態において、例外的に違法性が否定される要件として規定されている。公的領域における一般人同士の関係だから、継続的かつ私的な関係は想定されていない。1回限りの突発的な事態のみを想定しているため、A)侵害の「急迫性」という要件が判例でも厳格に解釈される。B)自己または他人の権利を防衛することが可能な、ある程度力のある一般人（男性）を想定しているため、侵害の排除のためにC)必要最小限で相当な行為（やむをえずにした行為）のみが許される。

　しかし、ひどい配偶者暴力（ドメスティック・バイオレンス、以下DVという）を受け続けた妻が、思い余って夫を殺すDV被害者による殺人のような場合、4)「女性が多く存在する（追いやられている）私的領域」における、5)対等ではない（圧倒的力の差がある）夫から妻が受け続けていた、6)「継続的な」暴力等に対する最後の抵抗が問題となるが、これら4)〜6)の状況は、現行刑法の正当防衛規定が前提としている上記1)〜3)の状況と一致しないことか

ら要件をみたさず、違法性が否定されて無罪となる正当防衛は認められない。殺人罪として有罪とされるか、せいぜい刑法上の責任が減少していたとして、過剰防衛（36条2項）で刑が減軽されるに過ぎない。要するに、男性が100年以上前に作った現行刑法の前提とそもそも異なる現代のDV被害者による、継続する深刻なDVから逃れようとしての殺人のような状況で、正当防衛が認められる可能性は非常に低く、被殴打女性[2)]に不利な状況となっている。

性犯罪規定の後進性 ── 「強姦法」の背景

　日本の刑法典第22章は、「わいせつ、姦淫及び重婚の罪」として、公然わいせつ罪（174条）、わいせつ物頒布等罪（175条）、重婚罪（184条）などの社会的法益に対する罪の中に、強制わいせつ罪（176条）、強姦罪（177条）を規定している。制定された当時（明治時代）は、家父長制社会にとって価値があるとされた（女性だけの）「貞操」という社会的法益が、強姦罪の保護法益だと考えられていたからだ。

　そのため、旧来は諸外国にもみられ、現在は先進国では廃止された男尊女卑的な「強姦法」の特徴が、日本の強姦罪（177条）規定には、今でもすべて備わっている。すなわち、将来男性に嫁ぐ無垢な女子の「処女性」または夫に従属する「貞淑な妻」の保護を目的としていたため、①強姦罪の客体は「女性」に限られ、②（処女性を失わせる、または妊娠の可能性がある）性器の結合は重く、それ以外の性的侵害行為（アナルセックス、男性被害等）は軽く処罰され、③（夫婦間の通常の性交にも男性による暴行はつきもの〈許される〉という理由で）犯罪の成立には、学説・判例上、非常に強い暴行が必要とされてきた[3)]。

　このような伝統的な「強姦法」の基底に横たわる法と性の領域における二重の差別主義[4)]（男性中心主義）に対する根本的な疑問から、欧米諸国では、1970年代後半より強姦法改革が行われ、より性平等主義的で被害者の保護を重視した「性的暴行法」へと変化を遂げている。「性的暴行法」の特徴は、1）強姦（性的挿入）罪の客体を男女共にする、2）性交（性器の結合）以外の性的侵害行為（口淫、肛門性交等）も同様に処罰する、3）暴行・脅迫要件を緩和し、被害者の意思に反した性的侵害行為を広く処罰する、4）性交同意

Part IV　グローバル社会とジェンダー

年齢を引き上げる、5）近親姦や優越的立場にある者による性的侵害を特に重く処罰するとともに、立証要件を緩和する（状況による犯罪推定規定を設ける）、などだ。

　日本は、これらの改革に完全に立ち遅れ、21 世紀の現在でも 100 年以上前に制定された刑法典を維持し、当時の価値観を反映した「強姦法」を適用し続けている。その前提であった家父長制度が崩壊した第二次世界大戦後、保護法益を「貞操」から「女性の性的自由・性的自己決定権」へと解釈で変更しようとした（多くの刑法教科書がそのように説明を変更した）が、規定方法・内容を温存したままでは、その根底を流れる二重の差別主義・男性中心主義を根本から変革することはできない[5]。

セカンドレイプの背景

　法廷で強姦罪の被害者が、被告人側弁護人や裁判官から抵抗の度合いやプライバシーにかかわる質問を受け、精神的苦痛をさらに受けることを「セカンドレイプ」というが、その原因は、法曹関係者の個人的資質というよりは、強姦罪の成立要件である「暴行・脅迫」は相当程度強くなければならないとする刑法上の判例（最判昭 24・5・10 刑集 3 巻 6 号 711 頁）・通説と、その背景にある性と法の領域における二重の差別主義にある。つまり、あくまで異常な少数の男性による例外的な強姦と、不可罰となる合意に基づく性交とを区別する必要性が（男性にとって）高く、合意に基づく通常の性交でもある程度の暴行は許容される（という思い込み）から、「犯罪となる暴行は相当程度強いものに限定されるべきだ」という男性支配主義思想や、「女性は嫌なら強く抵抗するはずで、本気で抵抗すれば強姦は防げる」という「強姦神話」が背景にある。

　それらの思い込みの原因は、教育や社会の風潮にもあるだろうが、欧米諸国のような刑法上の「強姦法」改革が行われていないことも、じつは影響している。そこから「暴行・脅迫が被害者の反抗を著しく困難ならしめる程度とは言えない」として被告人を無罪とした多数の裁判例が生まれ、一・二審で認められた強姦罪を破棄・自判し、逆転無罪を言い渡した最高裁判例[6]の多数意見の中にさえ「強姦神話」がみられることは、国際的にみれば異常

な事態といってよい[7]。

「疑わしきは被告人の利益に」原則と性犯罪被害者の保護は二者択一ではなく、それぞれが人権尊重という意味で本来両立可能なものだ。目撃者や物証の少ない性犯罪事件において両者を調和させるために、性犯罪被害者への偏見の除去や強姦神話の否定は最低限の条件であり、欧米先進国ではもはや常識なのだ。

女性の人権は財産より軽い？

強姦罪と強盗罪（236条）および強姦等致死傷罪（181条）と強盗致死傷罪（240条）の刑の不均衡も問題だ。強盗罪の法定刑は5年以上の有期懲役（刑の上限は20年、以下同様）だが、強姦罪の法定刑は、2004年の刑法改正により3年以上の有期懲役に引き上げられるまで2年以上の有期懲役（当時の上限は15年）と、100年近い間、刑罰の下限が強盗罪の2分の1以下だった。

2004年に新設された集団強姦罪（178条の2）でさえ、刑の下限は強盗罪より軽い4年以上の有期懲役だ。その理由は、「強盗罪は財産罪の一種ではあるが、同時に生命・身体・自由などの法益を危険にする人身犯罪の側面も有しており、強盗の方が例外的な（傍点筆者、以下同様）強姦に比べて誘惑が強いから、より強く禁ずる必要がある」などと説明される。しかし、強姦も女性の性的自由以外に生命・身体などの法益を危険にする点は同様だし、強姦が例外的というのもはたして本当だろうか。認知件数の少なさは、誰もが被害者となりうる強盗罪と比べて、被害者の性別は女性のみであり、年齢も暴行・脅迫を要件としない強姦罪の範囲が13歳未満と先進諸外国に比べて不当に低く限定され（13歳以上なら合意の下で性交できると想定されている）、かつ強姦神話のような偏見が強いために被害者が訴えにくく、暗数（認知されない隠れた実数）が非常に多いためだろう。このように日本の刑法典は女性の性的自由を財産より軽視しているが、刑法典起草当時の時代背景と女性の地位の低さを考えればむしろ当然で、それを21世紀の現在まで維持していることが正に問題なのだ[8]。

Part IV　グローバル社会とジェンダー

親告罪の問題点

　また、性犯罪が「被害者の告訴がなければ検察官が起訴できない犯罪」である親告罪（180条）であることもまた問題だ。その理由は、性に関係する犯罪の性質上、訴追して公にするとかえって被害者の名誉等に不利益となるからといわれてきた。しかし、性犯罪といっても被害者は通常犯罪の被害者と同様、本来何ら恥じることはないはずだ。もし、訴追することにより被害者の名誉が侵害される事実があるとすれば、それは日本社会に「強姦神話」、つまり「貞淑な女性は嫌なら強く抵抗するはずで、本気で抵抗すれば強姦は防げる」、「性犯罪の被害者は、犯罪を助長するような態度、服装など何らかの落ち度があり、性に対してもルーズな女性に違いない」という偏見が、今も根強く残っているからだ。それは裁判の場で被告人側弁護人から容赦なく指摘され、欧米先進諸国では後述するレイプ・シールド法の導入等によって過去のものとなりつつある、前述のセカンドレイプとして現れる。被害者がやっとの思いで訴えた強姦事件の裁判が、①暴行・脅迫の程度を非常に強いものに限定することによる加害者の不処罰化、②被害者の性的遍歴や抵抗の有無、落ち度の有無などの執拗な追及につながり、まさに「加害者ではなく被害者を裁く場」となっている。これらの問題の根本的解決（社会的には偏見の除去、法的には刑法上の強姦罪規定の見直し、被害者を保護するための刑事訴訟法上の各種措置等）が最も重要であり、親告罪とすることは、単なる対症療法に過ぎない[9]。

淫行勧誘罪ってなに？

　淫行勧誘罪（182条）は、「営利の目的で、淫行の常習のない女子を勧誘して姦淫させた者」を処罰する。これは、明治時代の「貞操保護」思想の名残であり、売春常習者の存在を良家の子女の防波堤として黙認するという差別的発想が背後にある。先進国の刑法では、売春あっせんが非常に重く処罰されている（加えて最近では買春処罰の動向さえある）のに対し、日本では売春防止法（1956年）という特別刑法で比較的軽く処罰されており、ジェンダー的視点からみればむしろ男性による性の商品化の被害者である売春女性を補導対象とするなど、時代錯誤の内容となっている。

206

第 11 章 刑法の国際化とジェンダー

自己堕胎罪の差別性

　自己堕胎罪（212 条）は、「妊娠中の女子が薬物を用い、又はその他の方法により、堕胎する」行為を 1 年以下の懲役で処罰している。この規定をめぐっては、「女性の自己決定権」か「胎児の生命の保護」か、という二者択一的な議論がされることも多いが、そのような選択肢の置き方自体、男性を傍観者とし、男女差別の問題から目をそらさせるもので不当だ。もし、「胎児の生命」が刑法的保護に値する重要な法益なら、その生命の原因を作り出した者として、女性だけでなく男性もまた同様に処罰されるべきではないか。しかも、堕胎によって身体的ダメージを受けるのは女性だけで、精神的ダメージも男性とは比較にならないほど深いにもかかわらず、打ちのめされた女性に対してのみ、国家が刑罰権をもって臨む（しかも懲役刑の選択しかない）ことによってさらに追打ちをかけ、胎児の父親たる男性は何の咎めも受けない。自己堕胎罪の女性のみ処罰の根底には、男性に対する社会の寛容、女性に対する差別意識がある [10]。

「ジェンダーに基づく犯罪」への対応の遅れ

　そもそも日本の刑法典は、男性が多くかかわる公的領域における秩序侵害、財産侵害への対応が中心であり、女性がかかわる数少ない犯罪（人身取引罪、強姦罪等）も、前述したように男性中心に構成されている。その結果、ジェンダー差別が要因の一つと考えられる児童虐待罪、児童ポルノ犯罪、DV、セクシュアル・ハラスメント等の私的領域への介入は不十分で、その一部は、児童虐待防止法（2000 年、最終改正 2014 年）、児童買春・ポルノ禁止法（1999 年、最終改正 2014 年）、配偶者暴力防止法（2001 年、最終改正 2014 年）などの特別刑法で、場当たり的に処罰されているだけだ。しかし、たとえばフランスでは、これらの罪はすべて 1992 年制定の新刑法典中に規定されている（後述）。

207

Part IV　グローバル社会とジェンダー

3　欧米先進国の刑法

アメリカ刑法の性犯罪改革

　アメリカも、かつては現在の日本のように「強姦法」をもつ国だった。19世紀の判例法（コモン・ロー）上の強姦罪は、伝統的に男性（夫や父親）の「財産」に対する犯罪として位置づけられ、その基礎には家父長制、男系中心の世襲制が存在していた。妻が夫以外の男と行う性交は、夫の血統の断絶をもたらす危険が大きく、世襲制を崩壊させるものとして処罰された。未婚の女性は家長である父親の所有物であり、将来の婚姻に備えて父親の管理下におかれ、強姦は、未婚女性を「傷物」とする行為として処罰された。逆に妻は夫の所有物であるから、夫婦間の強姦はありえなかった。強姦罪の成立には、被害者女性が実際に真剣に抵抗したにもかかわらず圧倒されたことが必要とされ、抵抗要件と呼ばれた。裁判で被告人側は、被害者女性の「同意」を立証するため、女性の性遍歴、被告人との出会いおよび第三者の証言を用いることが認められていた。また、「復讐心に燃える、嘘つきの女性」から男性の名誉を守るため、被害者女性の供述には、これを裏づける別の証拠（補強証拠）が必要とされた。このようなコモンローの考え方に対して、1960年代以降のフェミニズム運動が厳しく批判を行ったが、1962年の模範刑法典ではほとんど改革は行われなかった。

　しかし、1974年にミシガン州刑法が改正されたのをきっかけに、全米で次々と刑法が改正され、1980年には約40州に及んだ。従来の伝統的な「強姦罪」に代えて性中立的な「性的挿入」罪と「性的接触」罪が規定された。また、親族関係や学校の先生と生徒の関係などの権力関係の濫用も加重類型とされた。

　手続き面でも、性犯罪の裁判において、被害者と被告人やその他の者との過去の性的行動・性遍歴を証拠として利用することを制限するレイプ・シールド法が、多くの州で制定された。これに加えて、被害者の証言に補強証拠が必要であるというルールも大幅に縮小され、廃止の傾向にあるという[11]。

208

第 11 章　刑法の国際化とジェンダー

スウェーデン刑法 ── DV 犯罪、買春罪等

　北欧諸国は、世界経済フォーラムが毎年公表するジェンダーギャップ指数
（GGI）で常に上位を占める国が多いが、2013 年度 GGI 第 4 位のスウェーデ
ン刑法（1962 年）は、どのような内容だろうか。

　公表されている翻訳[12]によれば、第 2 編の「罪」は、重要なものから当
然に、個人に対する罪、社会に対する罪、国家に対する罪の順に規定されて
いる。第 3 章「生命及び健康に対する罪」、第 4 章「自由及び平穏に対する罪」、
第 5 章「名誉侵害」の次に、第 6 章「性犯罪（2005 年に新設）」と第 7 章「家
族に対する罪」が独立の章を設けて規定され、第 8 章以下に、窃盗、強盗、
詐欺等の財産犯が規定されている。日本と異なり、女性や子どもなどの弱者
に対する罪が財産犯より重視されていることがわかる。

　スウェーデン刑法の中で、とくに注目すべき犯罪として、まず、1998 年
の「女性の安全法」によって新設された「DV 罪」がある。これは、第 4 章
4 条の 2 に「1 項　現在又は過去の同居近親者に対して第 3 章、第 4 章又は
第 6 章による犯罪的行為を行う者は、これらの行為が反復される個人の統合
性の侵害の一部分を構成し、かつこれらの行為が個人の自己感情を深刻に害
する性質のものである場合、『重平穏侵害』として 6 月以上 6 年以下の拘禁
に処する。2 項　1 項に示す行為を現に婚姻中もしくは過去に婚姻していた
女又は婚姻に類似した状況で現に同居もしくは過去に同居していた女に対し
て男が行った場合、『重女性平穏侵害』として第 1 項と同じ刑に処する」と
規定されている。1 項と 2 項は刑罰も同じだが、わざわざ分けた理由は、「女
性に対する暴力を許さない」とするメッセージ立法だといわれている[13]。

　次に注目すべき犯罪として、ジェンダーニュートラルで弱者保護を徹底し
た性犯罪は当然として、世界でも珍しい買春罪を紹介する。第 6 章 11 条は、「1
項　本章において前各条に掲げる以外の場合で、対価と引替えに一時的性的
結合を得る者は、「性的奉仕の購入」として罰金又は 1 年以下の拘禁に処す
る（1999 年に新設）。2 項　1 項に述べることは、対価が約束され又は他人か
ら与えられた場合であってもこれを適用する（2011 年に新設）」と規定する。

　日本の売春防止法が、3 条で「何人も、売春をし、又はその相手方となっ

209

Part IV　グローバル社会とジェンダー

てはならない」と規定し、公衆の目にふれるような方法で売春勧誘した女性には刑事罰や補導処分を規定しているが、買春側の男性は一切処罰していないこととは対照的である。ジェンダー的問題意識からすれば、売春（や風俗嬢、AV 出演等）の背景には、女性の虐待経験や貧困が存在すると考えられ、いわば被害者である女性を「補導」するという考えは時代錯誤だ。次に述べるフランスでも、買春処罰法案が国会で審議されており、先進国のすう勢は、売春女性ではなく、むしろ女性を買う男性を処罰する方向へシフトしている[14]。

4　フランス刑法の先進性

フランスで 180 年余り続いたナポレオン刑法典を全面改正した 1992 年の新刑法典（1994 年施行）は、「中立的な性的暴行法」の導入はもちろんのこと、時代の流れとともに問題視されるようになった新たな犯罪行為を追加・更新するなど、ジェンダー的視点を取り入れた先進的特徴をいくつも備えている。

基本構造 ── 強きをくじき、弱きを助ける刑法

1992 年新刑法典の中の各犯罪の順番は、個人がもっとも重視され、社会や国家の保護はそのあとにくるなど、日本の刑法と逆になっている。また、性的攻撃罪やセクシュアル・ハラスメント罪が拷問及び野蛮行為、暴行・脅迫、過失傷害と同列に並べられている。女性、子ども、妊婦、病者、障害者等の弱者に対して行われた場合にほとんどの犯罪で加重されるなど、弱者保護の視点が鮮明に打ち出されている。逆に、日本では企業の抵抗が大きいと思われる「法人の刑事責任」をいち早く取り入れ、強者を厳罰に処する姿勢も明確だ。以下に、フランス刑法のジェンダー的観点重視を表す特徴的な規定を紹介しよう。

ジェンダーを原因とする犯罪の根幹をなす差別罪の処罰

フランス刑法の特徴である、あらゆる差別に対する毅然とした態度と「弱

第11章　刑法の国際化とジェンダー

者保護」の徹底は、「人の尊厳に対する侵害」として規定される「差別罪」（225
-1条1）に象徴される。同条は、「出身、性別、家庭状況、外見及び名字、
健康状態、身体障害、遺伝子の型、素行、同性愛傾向及び年齢、政治的意見、
組合活動、特定の民族、国籍、人種もしくは宗派への所属の有無を理由とし
て自然人の間でなされるすべての区別」を差別と定義し、1）財物又は役務
の提供の拒否、2）経済的活動の正常な遂行の妨害、3）人の採用の拒否、懲
戒又は解雇などの場合、3年以下の拘禁又は4万5千ユーロ以下の罰金で処
罰する。また、公務員が、その職務又は任務の遂行中に自然人又は法人に対
して差別を行った場合は、刑が5年以下の拘禁又は7万5千ユーロ以下の罰
金に加重される（432-7条）。

　このように、性犯罪、DV、児童虐待、セクシュアル・ハラスメント罪等
の背景にある「差別」そのものを、外形的行為に現れた場合に厳しく処罰す
ることで、差別を許さない社会の構築に刑法が一定の役割を果たしている。

　逆に、根幹となる差別行為を刑法上処罰することなく、日本のように表面
的に現れた事象を場当たり的に特別法で処罰することは、犯罪の統一的処罰
（法益保護）という側面からも、国民への啓発という側面からも不十分だ。

ジェンダー的視点に立った性犯罪規定や DV 罪の処罰方法

　フランス刑法の性的攻撃罪（222-22条以下）は、1）客体に男女の区別がな
く、2）行為も性交に限らず、3）暴行・脅迫要件も緩やかで、4）未成年被害
者と加害者との年齢の差異や加害者が法律上又は事実上被害者に及ぼしてい
る権限により心理的強制が推定されるなど、密室で行われることの多い性的
攻撃罪の立証上の困難を被害者に有利な形で緩和している。また、5）親告
罪ではなく、6）性交同意年齢は15歳以上だが、15歳以上18歳未満の場合
でも、尊属又は養親その他被害者に対して権限を有する者による実行の場合
は、暴行がなくても処罰される。7）日本では、判例・学説上成立にさえ争
いのある「夫婦間強姦」を明示的に処罰するだけでなく、他人による強姦罪
より刑が加重されている。その背景には、次に述べる DV に対する処罰方法
の一貫として、権力関係（又は非対称性）による構造的な暴力は、他人によ

211

Part IV　グローバル社会とジェンダー

る暴力より悪質だという考え方がある。

　また、フランス刑法典の中に独立した DV 罪という条文は存在しない。しかし、暴行、傷害、野蛮行為、殺人罪、性犯罪など多くの主要な犯罪が、配偶者又は内縁のパートナーにより実行された場合に加重事由となっている。20 年以上前に、すでにそのような考えに基いて刑法典が制定されていたことは、フランス社会のジェンダー的視点の浸透をよく物語っている。

人身売買罪の発展

　フランスは、もともと売春を目的とした人身売買に適用できる加重的売春斡旋罪（225-7 条）や組織的売春斡旋罪（225-8 条）を非常に重く処罰していたが、さらに多くの場合に対処するため、2003 年に人身取引罪（225-4-1 条）や拷問又は野蛮行為による人身取引罪（225-4-4 条）等を新設した。さらに2011 年の人身売買禁止等に関する欧州指令に基づき、2013 年に刑法を改正し、脅迫、強制や脆弱性の濫用ばかりでなく報酬と引き換えであっても、あらゆる「搾取」の目的で人を集め、移送し、受け入れる行為を人身売買として処罰することになった。

　2004 年に米国務省が発表した人身売買に関する年次報告（第 6 章参照）において、ロシアとともに「監視対象国」に指定され、国際的な非難が高まって初めて、急遽人身売買罪（刑法 226 条の 2）を立法した日本とは対照的だ。しかも、いまだに東南アジア女性等に対する売春目的の人身売買が後を絶たず、2014 年の米国務省による人身売買年次報告書では、「援助交際」が日本の子ども買春の温床であること、いわゆる「JK お散歩」と称して売春に従事していた女子高生が保護されたこと等、これらを広義の人身取引であるとして報告している。立法後 10 年を経ても変わらない日本の現状改善は急務といえる [15]。

セクシュアル・ハラスメント罪

　1992 年のフランス新刑法典は、「職務上の権限を濫用し、性的関係をもつ目的をもって、命令、脅迫または強制によって他人に対し嫌がらせをする行

212

第11章　刑法の国際化とジェンダー

為は、1年以下の拘禁刑又は1万5千ユーロ以下の罰金で処罰する」（222-33条）という「セクシュアル・ハラスメント（以下、セクハラという）」罪を新設したことでも知られる。2002年には「職務上の権限を濫用し」と「命令、脅迫又は強制によって」という文言が削除され、セクハラ罪の適用範囲は拡大した。

　2012年5月、フランス憲法院は、何がセクハラかを明確に定義する必要があるとして、222-33条を違憲と判断した。その3カ月後に刑法が改正され、セクハラとは「ある人物に対し、性的な暗示を含む言葉又は行為を繰り返し強いる行為であり、それらの言葉又は行為は、その人物を傷つける、又は侮辱するものであることから、その人物の尊厳を侵害する、又はその人物に対して威圧的な、敵対的な若しくは侮辱的な状況をつくるものである」と定義された。また、定義が明確化されるとともに重罰化され、「2年以下の拘禁刑又は3万ユーロ以下の罰金」と刑罰が2倍となった。さらに、1）職権の濫用により行われた場合、2）15歳未満の未成年に対して行われた場合など、5種類の加重事由を伴う場合、刑罰は3年以下の拘禁刑及び4万5千ユーロ以下の罰金と加重された。

5　刑法の国際化とジェンダー平等の実現

　以上みてきたように、ジェンダー平等の実現には、民法とともに刑法の国際化が不可欠だ。日本は第二次世界大戦の敗戦後、日本国憲法（1946年）を公布し、個人の尊重（幸福追求権、13条）や法の下の平等（14条）、両性の本質的平等（24条）などを規定した。そして、民法の家族法部分を一部近代化し、刑法からも皇室に対する罪や姦通罪などを削除した。しかし、家父長制度の下で男性のみによって起草された民法と刑法の根底を流れる男尊女卑思想は亡霊のように生き残り、夫婦別姓が認められないこと、悪質な性犯罪やDVの蔓延、児童ポルノや人身取引天国といった現代の問題に引き継がれている。

　「新しい酒は新しい革袋に盛れ」という言葉があるように、日本は、100

213

Part IV　グローバル社会とジェンダー

年以上前の刑法典を全面改正し、21世紀にふさわしいグローバルスタンダードを取り入れた新しい刑法典を起草すべきだと考える。

（島岡まな）

注

1) 2002年1月17日法は、刑法典222-33-2条として、「他人の権利又は尊厳を侵害し、身体的又は精神的健康を害し、あるいは職業上の将来性を危うくするような、労働条件（conditions de travail）の悪化という目的ないし効果をもつ反復行為によって他人に対し嫌がらせをする行為は、1年以下の拘禁刑又は1万5千ユーロ以下の罰金で処罰する」とする「モラル・ハラスメント罪」を新設した。Travail というフランス語は、報酬を伴う労働に限らず学生の勉学等も含むため、日本でも最近問題となっているいわゆる学校や職場での「いじめ」にも対応可能な広い射程をもつ規定である。

2) もちろん、DV被害者は女性に限られないが、少なくとも日本の統計をみる限り、平成25年のDV被害者は、6.6％が男性、93.4％が女性と、圧倒的に女性被害者が多い。警察庁「平成25年中のストーカー事案及び配偶者からの暴力事案の対応状況について」（http://www.npa.go.jp/safetylife/seianki/stalker/25DV.pdf）参照。

3) 詳しくは、浅田和茂・井田良編『新基本法コンメンタール刑法』（2012：384）以下「強姦罪」の解説（島岡まな執筆）参照。

4) この言葉を日本で最初に用いたのは、谷田川知恵である。三成・笹沼・立石・谷田川『ジェンダー法学入門』（2011、法律文化社：52）。

5) なお、国連女性差別撤廃委員会（以下、CEDAW という）の最終見解（2009年、以下同様）においても、身体の安全及び尊厳に関する女性の権利の侵害を含む犯罪として性犯罪を定義すること及び近親姦を個別の犯罪として規定することが要請されたが、5年以上経った現在でも、その方向の改正は行われていない。

6) 最判平成23・7・25集刑304号139頁。

7) CEDAW の最終見解でも、警察官、裁判官、医療従事者、ソーシャルワーカーをはじめとする公務員が、関連法規について熟知し、女性に対するあらゆる形態の暴力に敏感であることや被害者に適切な支援を提供できることを確保させるよう要請されたが、司法におけるジェンダーバイアスは依然として解消されていない。

8) CEDAW の最終見解でも、強姦罪の罰則を引き上げることが要請されたが、5年以上経った現在でも、改正は行われていない。

9) CEDAW の最終見解でも、被害者の告訴を性暴力犯罪の訴追要件（親告罪＝筆者注）

とすることを刑法から撤廃することが要請されたが、5年以上経った現在でも、改正は行われていない。

10）CEDAW の最終見解でも、女性と健康に関する委員会の一般勧告第24号や「北京宣言及び行動綱領」に沿って、人工妊娠中絶を受ける女性に罰則を科す規定を削除するため、可能であれば人工妊娠中絶を犯罪とする法令を改正するよう締約国に勧告されたが、5年以上経った現在でも、改正は行われていない。

11）斉藤豊治「アメリカにおける性刑法の改革」大阪弁護士会人権擁護委員会編『性暴力と刑事司法』（2014、信山社：159-）参照。

12）坂田仁「スウェーデン刑法典（試訳）（一）～（三）」法学研究79巻10号～12号（2006）所収参照。

13）矢野恵美「スウェーデン男女共同参画と DV 対策」法執行研究会編『法は DV 被害者を救えるか──法分野協働と国際比較──』（2013、商事法務：388-）参照。

14）CEDAW の最終見解でも、「『売春防止法』において売春をした者が起訴の対象となる一方で、顧客が処罰を受けないことを懸念する」と述べられている。

15）CEDAW の最終見解でも、人身取引の被害者を保護、支援するため、また、女性の経済状況を改善するための取組を拡充し、搾取や人身取引業者に対する女性の脆弱性を解消することによって人身取引の根本的原因の解決を図るためのさらなる措置を講じること、及び売春による性的搾取や人身取引の被害者である女性や女児の回復及び社会復帰のための施策を講じることを要請されたが、いまだ不十分なものにとどまっている。

参考文献

浅倉むつ子・角田由紀子編 2007、『比較判例ジェンダー法』不磨書房

第二東京弁護士会両性の平等に関する委員会司法におけるジェンダー問題諮問会議編 2009、『事例で学ぶ司法におけるジェンダー・バイアス（改訂版）』明石書店

犬伏由子・井上匡子・君塚正臣編 2012、『レクチャージェンダー法』法律文化社

女性犯罪研究会編 2014、『性犯罪・被害』尚学社

角田由紀子 1991、『性の法律学』有斐閣

角田由紀子 2001、『性差別と暴力──続・性の法律学』有斐閣

角田由紀子 2013、『性と法律』岩波新書

三成三保・笹沼朋子・立石直子・谷田川知恵 2011、『ジェンダー法学入門』法律文化社

大阪弁護士会人権擁護委員会性暴力被害検討プロジェクトチーム編 2014、『性暴力と刑事司法』信山社

Part IV　グローバル社会とジェンダー

・発展的な学びのために・

牧野雅子 2013、『刑事司法とジェンダー』インパクト出版会

　　従来、被害者に焦点を当てることの多かった性犯罪をめぐる刑事司法の問題点を、加害者や捜査機関に焦点を当ててその実体に迫った好著。

杉田聡 2013、『逃げられない性犯罪被害者』青弓社

　　2009 年と 2011 年に最高裁で出された性犯罪（痴漢と強姦）に関する逆転無罪判決の問題点を、哲学者、心理学者、医師、弁護士などさまざまな専門家の視点から解説している。

・課　題・

1. 「刑法 177 条の強姦罪が被害者を『女子』に限定しているのは、女性を男性よりも保護しているからだ」という説明について、条文の背景にも言及しつつ、反論してみよう。

2. 刑法 175 条のわいせつ物頒布等罪の保護法益を「社会の善良な性道徳」という社会的法益だととらえる現在の刑法学的通説に対し、どう考えるか。また、憲法 21 条の「表現の自由」との関係についての議論を調べてみよう。

Column

児童ポルノ・わいせつ物頒布等罪と表現の自由

　日本の刑法典の後進性は、成人ポルノの頒布・販売をいまだに刑法 175 条で処罰している点にも表れている。175 条は「風俗に対する罪」とされることに象徴されるように、伝統的には、国家が「善良な性道徳」を社会倫理として国民に押し付け、直接の被害者がいないにもかかわらず国民の「表

現の自由」を制限し、警察権力の恣意的な捜査を許すものだ。欧米では1970年代の「反権力」闘争の象徴としての「ポルノ解禁」により非犯罪化されたにもかかわらず、40年以上を経た日本では、いまだに見せしめのような逮捕、起訴（書類送検）が行われている。

　もちろん、ジェンダー視点からのポルノ批判も存在する。ポルノ作品は女性を性欲の対象としてしか見ない男性目線で描かれることが多く、性の商品化につながるものとして全面的に反対する立場にも一理ある。しかし、登場人物も観賞する側も成人で、暴力的表現を伴わない単なるセックス描写に過ぎないポルノは表現の自由として解禁し、むしろ児童への性的虐待の記録としての児童ポルノや女性差別・虐待の記録としての暴力的ポルノ（強姦ポルノなど）に特化して厳しく処罰することが先進国のすう勢だ。

　ところが、日本では、単なるセックスや性器の描写のみを警察・検察官や裁判官が「わいせつ」と評価し、恣意的に逮捕が行われるばかりでなく、児童買春・児童ポルノ禁止法における児童ポルノにあたるかどうかも、「一般人の性欲を刺激・興奮させるものかどうか」という成人を対象とした刑法175条の「わいせつ」概念と同様の基準で判断されており、被害者である児童の保護という視線は完全に抜け落ちている。さらに、インターネット上の暴力ポルノはむしろ野放し状態の半面、芸術的なヌード写真集を出版した有名写真家がわいせつ物頒布罪で逮捕されるなど、国際的にみればあり得ない事態となっている。

　結局、そこでは女性や児童被害者（弱者）は不在のまま、（双方とも男性が多数を占める）国家権力と大衆の争いが中心であり、ジェンダー視点は抜け落ちている。思想・表現の自由の侵害や捜査権の濫用による処罰範囲の不当な拡大懸念などは「大人側の事情」であり、それが格段に弱い立場にある児童の保護を犠牲にする理由とはなりえないという毅然とした態度が、日本社会にはみられない。

　日本の政治家や法律家も、思想・表現の自由の侵害や捜査権の濫用による処罰範囲の不当な拡大懸念には正面から立ち向かい、障害を取り除く努力を第一にすべきであり、それができないしわ寄せを弱者である児童や女性、性的マイノリティ等を含む暴力被害者に被らせるべきではないのだ。

（島岡まな）

第12章

「従軍慰安婦」問題

1　河野談話

　1990年代の初頭、韓国の金学順^{キムハクスン}さんはじめとして、第二次世界大戦下に
日本軍「慰安婦」[1)]にされた女性たちがアジア各地から、またオランダから
も名乗り出て証言を始め、日本政府に対して公式の謝罪と国家補償を訴える
ようになった。日本軍の暴力によって、生涯癒えない傷を心身に負わされた
体験の悲惨さは筆舌に尽くしがたい。国連の人権に関する諸条約機関は、半
世紀におよぶ沈黙をやぶって日本軍による虐待を告発した元「慰安婦」たち
の訴えに衝撃を受け、以降、日本政府に対して謝罪と国家補償を履行するよ
う勧告し続けている。

　しかし、金学順さんの告発から20余年もの年月が過ぎ、次々に元「慰安婦」
たちが他界している一方、「慰安婦」問題は依然として未解決である。この
重大な人権問題が国際的に喚起されながら、20余年にもわたって解決され
ないのは一体どういうことなのか。

　まず、1993年8月に日本政府（宮沢内閣）が発表した「慰安婦関係調査結
果発表に関する河野内閣官房長官談話」（「河野談話」）の全文を掲げよう。河
野談話は、日本政府が1991年12月から行ってきた調査の結論として発表し
たものだ。以後、日本政府は今日に至るまでこれを公式の見解とする立場を
国際社会に表明している。

218

第12章 「従軍慰安婦」問題

　いわゆる従軍慰安婦問題については、政府は、一昨年12月より、調査を進めて来たが、今般その結果がまとまったので発表することとした。

　今次調査の結果、長期に、かつ広範な地域にわたって慰安所が設置され、数多くの慰安婦が存在したことが認められた。慰安所は、当時の軍当局の要請により設営されたものであり、慰安所の設置、管理及び慰安婦の移送については、旧日本軍が直接あるいは間接にこれに関与した。慰安婦の募集については、軍の要請を受けた業者が主としてこれに当たったが、その場合も、甘言、強圧による等、本人たちの意思に反して集められた事例が数多くあり、更に、官憲等が直接これに加担したこともあったことが明らかになった。また、慰安所における生活は、強制的な状況の下での痛ましいものであった。

　なお、戦地に移送された慰安婦の出身地については、日本を別とすれば、朝鮮半島が大きな比重を占めていたが、当時の朝鮮半島は我が国の統治下にあり、その募集、移送、管理等も、甘言、強圧による等、総じて本人たちの意思に反して行われた。

　いずれにしても、本件は、当時の軍の関与の下に、多数の女性の名誉と尊厳を深く傷つけた問題である。政府は、この機会に、改めて、その出身地のいかんを問わず、いわゆる従軍慰安婦として数多の苦痛を経験され、心身にわたり癒しがたい傷を負われたすべての方々に対し心からお詫びと反省の気持ちを申し上げる。また、そのような気持ちを我が国としてどのように表すかということについては、有識者のご意見なども徴しつつ、今後とも真剣に検討すべきものと考える。

　われわれはこのような歴史の真実を回避することなく、むしろこれを歴史の教訓として直視していきたい。われわれは、歴史研究、歴史教育を通じて、このような問題を永く記憶にとどめ、同じ過ちを決して繰り返さないという固い決意を改めて表明する。

　なお、本問題については、本邦において訴訟が提起されており、また、国際的にも関心が寄せられており、政府としても、今後とも、民間の研究を含め、十分に関心を払って参りたい。

（外務省ホームページ http://www.mofa.go.jp/mofaj/area/taisen/kono.html より）

Part IV　グローバル社会とジェンダー

2　「慰安婦」問題の解決から遠ざかる日本

河野談話の意義

全文を読めばわかるとおり、河野談話は「慰安婦」問題を「女性の名誉と尊厳を深く傷つけた問題」と認め、これに対する「お詫びと反省の気持ち」を述べ、日本がその「気持ち」を「どのように表すか」を「今後とも真剣に検討」すること、そして「歴史研究、歴史教育を通じて、このような問題を永く記憶にとどめ、同じ過ちを決して繰り返さないという固い決意」を表明したものだ。

河野談話が発表された背景はこうだ。1990年、韓国女性団体連合などが「慰安婦」問題について、日本政府に真相究明と謝罪、補償を求める共同声明を発表する。が、日本政府は「民間業者が女性を連れて歩いた」として、「慰安婦」に関する国の責任を認めようとしない。そんな不誠実な対応に抗議して、韓国の金学順さんが初めて91年8月に実名で「慰安婦」にされた体験を公にした。続いてアジア各地から多くの女性が証言するようになる。元「慰安婦」たちの求めたことはシンプルである。旧日本軍による虐待を日本政府が認めて謝罪し、国家補償を行い、歴史研究と歴史教科書などを通して「慰安婦」に関する歴史事実を次世代に伝えて教訓とし、未来に過ちを繰り返さないということだ。彼女たちの提起は国際社会に衝撃を与え、世界が日本の対応を注視するようになった。そこで発表されたのが河野談話だった。

河野談話は、日本政府が近隣諸国・世界の国々からの信頼を回復するために不可欠な姿勢表明であった。もしも、その後の日本政府が河野談話の決意を実行して過去の戦争犯罪に真摯に向き合い元「慰安婦」に謝罪・補償を行っていれば、国際社会はこれを名誉ある行動として支持し、日本は尊敬を受けていたことだろう。

戦時性暴力は重大な戦争犯罪

日本には「慰安婦」問題を「日本ばかりが外国から悪く言われている」といった「日本バッシング」の問題であるかのように思いこんでいる人もいる

220

が、そんな思い込みではこの問題のもつ重要な意義が見落とされてしまう。「日本軍慰安婦」問題は、より普遍的な「戦時性暴力問題」の一部であり、戦時性暴力を象徴する歴史的事実だということを明確にしておこう。

　元「慰安婦」たちの告発は、世界の人権をめぐる歴史を大きく前進させる役割を果たした。それまでの「戦争にはつきもの」だとして軽視されてきた戦時性暴力が、彼女たちの告発をきっかけに国際社会に強く認識されるようになったのである。従来、性被害は被害を受けた女性や家族の「恥」であるかのように被害者に沈黙が強いられるのが常だった。それだけに元「慰安婦」たちのカミングアウトは90年代の世界に衝撃と感銘を与え、国際社会は日本軍「慰安婦」問題を通して戦時性暴力が許してはならない人権侵害であり、重大な戦争犯罪であるとの認識を確立させていった。戦時性暴力は現在も続いている。旧ユーゴやルワンダなど、世界各地の武力紛争下で女性への暴力がくりかえされているが、それらを終わりにしなければならない。「日本軍慰安婦」問題を契機に戦時性暴力が重大な戦争犯罪として認識されるようになった結果、国際刑事裁判所ローマ規程第7条G項（1998年）にも性奴隷制が人道に対する犯罪として明確に規定されることになった。元「慰安婦」たちはこのように世界の人権認識を高めることに偉大な貢献を果たしたといえる。

　もしも日本政府が「河野談話」の基調を守り発展させていれば、このような戦時性暴力を否定する世界の流れに寄与することができたし、平和と人権に価値を置くその姿勢が世界から国際社会に高く評価されたことだろう。だが、残念なことに、それは今日に至るまで実現していない。

高まる国際社会からの非難

　90年代以後、国連人権委員会やILOなどの国際機関、また女性や人権や法律などさまざまな分野の国際NGOも「慰安婦」の正義を支持し、日本政府に謝罪と補償を行うように勧告してきた。ところが日本政府は河野談話以後の20余年間、元「慰安婦」の声も国連などからの再三の勧告も受けつけなかった。元「慰安婦」が納得できるような公式の謝罪も国家補償も行われないままだ。

221

Part Ⅳ　グローバル社会とジェンダー

　「慰安婦」問題が未解決のままであることは、近隣諸国と日本との友好関係を傷つけ、日本が国際社会からの信用を失う大きな要因となってきた。1995 年に政府の後援で発足した「女性のためのアジア平和国民基金」は、補償問題を金銭問題にすり替え、国家の責任を回避するものとして内外から批判を受けた。元「慰安婦」たちが提起した補償請求裁判では、時効や国家無答責を理由に国の責任が否認され、原告の請求がことごとく棄却されている。歴史教科書からは「慰安婦」に関する叙述が次々に削除されてしまう。首相や大臣、国会議員や自治体の長といった公職にある人々によって元「慰安婦」を侮辱するような言動が何度も繰り返されてきた。

　日本の市民が国家補償の実現のために努力しなかったわけではない。民間の努力としての調査・研究はめざましく進展し、これまでに莫大な数の報告書や論文や図書が刊行されている。草の根の市民運動では数々のグループが証言集会や元「慰安婦」の補償請求裁判への支援に取り組み、「日本軍性奴隷制度を裁く女性国際戦犯法廷」（2000 年。その内容は、章末「発展的な学びのために」の VAWW-NET による本を参照）の開催、アクティブ・ミュージアム「女たちの戦争と平和資料館」（WAM）の設立、ソウルの日本大使館抗議行動に連帯する水曜行動など、さまざまな活動が展開されてきた。2008 ～ 12 年には住民たちからの働きかけを受けて、38 の自治体議会が「慰安婦」問題の早期解決に向けて政府に誠実な対応を求める意見書・決議を採択している。

　しかし、日本政府は「慰安婦」問題の解決から遠ざかる一方だ。2007 年には安倍首相（当時、第一次内閣）が国会で「慰安婦」の強制性を否定する発言を行い、続いて自民、民主両党の右派議員らが米紙ワシントン・ポストに「慰安婦」の「強制連行はなかった」と主張する意見広告を行った。こうした主張は国際社会を驚かせ、米国・オランダ・カナダの下院、国連人権委員会、フィリピン・台湾・EU など、世界各国の議会・国際機関から日本政府に対する非難決議が相次いだ。2012 年末に第二次安倍政権が発足すると、「河野談話の見直し」キャンペーンが盛大に組織され、「慰安婦」をめぐるヘイト・スピーチが異常に広がっている。現在の日本は、河野談話をなかったことにしてしまい、真逆の方向へと進もうとしているようだ。

第12章　「従軍慰安婦」問題

氾濫するヘイト・スピーチ

2009年、それまでに何度も「戦時性的強制被害者問題の解決の促進に関する法律（案）」を社民党・共産党とともに国会に提出していた民主党の政権が誕生した。が、この法案はまったく提出されなくなり、民主党政権下にも「慰安婦」問題解決のための進捗はなかった。むしろ、野田首相が11年に来日した韓国の李明博大統領に対してソウルの在韓日本大使館前にある「慰安婦の碑」の早期撤去を要求するなど日韓関係は悪化し、民主党政権時代に「慰安婦」問題はいっそう解決から遠のいてしまう。

12年末の総選挙で政権は自民党に戻り、一貫して河野談話を否定する立場で活動してきた安部晋三氏を首相とする内閣が発足する。「慰安婦」の訴えを捏造だと貶め、「河野談話の見直し」論を扇動するような潮流が勢いを増し、昨今は街頭でヘイト・スピーチの集団行動が各地で行われ、新聞や雑誌にも河野談話を間違いだったとする反「慰安婦」言説があふれている。

何かの新聞記事をきっかけに「慰安婦」問題に取り組む個人や団体、大学などに対する嫌がらせや誹謗中傷の嵐が巻き起こることもある。たとえば2014年前半には、ある国立大学の韓国人准教授が授業で「慰安婦」問題を扱ったドキュメンタリー映画『終わらない戦争』を上映したところ、「河野談話の見直し」派の新聞がこれを「韓国の政治的主張の発信基地に成り下がった」といったセンセーショナルな記事にして第一面に掲載し、その記事が出るや、大学に「反日教育」を行っていると非難する電話が殺到したという事件も起きている。『終わらない戦争』は、4つの国の5人の被害者、研究者、政治家などの聞き取りを収録し、日本軍「慰安婦」問題を重層的に取り上げており、「慰安婦」問題とはどのような問題として提起されているのかがよくわかる優れたドキュメンタリーである。だが、「韓国の政治主張」・「反日教育」といった誹謗によって上映が妨げられれば、学生たちは「慰安婦」問題について知り考えることのできる機会を不当に奪われてしまう。日本科学者会議広島支部幹事会が抗議声明（「『産経新聞』報道を契機とする言論への圧力を許さず、学問の自由を守ろう」2014年5月23日）で指摘したように、このような事態は学問の自由・学生が学ぶ権利を脅かすものである。2014年後

223

Part IV　グローバル社会とジェンダー

金東元監督製作の映画『終わらない戦争』（2008年、60分）の案内画像より

半にはさらに事態が悪化し、かつて「慰安婦」問題に関する記事を書いた元新聞記者と元記者が勤める大学が誹謗中傷の的にされ、元記者を解雇しなければ大学を爆破するといった脅迫行為まで行われた。

授業で「慰安婦」問題を取り上げる

　私は日本近現代史・女性史が専門なので、毎年授業で「従軍慰安婦」問題を取り上げている。その20年余りを振り返ってみて、つくづくと感じることの一つは、学生たちは世の中の風潮をうつす鏡だということだ。マスメディアのもつ力はすごい。その時期にテレビや新聞がこの問題をどう扱っているかによって、学生たちの受けとめ方は全然違う。元「慰安婦」の訴えや国際社会からの勧告について、それらを重く受けとめて正確な事実を報道しているか。あるいは、「慰安婦」問題を不当な日本バッシングであるかのように白眼視し、事実をねじ曲げて報道しているか。それによって、学生たちの意識は大きく変わる。

　さらに、近年は学生がインターネットからの情報に依存する度合いが大きいが、インターネット上には、公共的責任を問われる新聞やテレビではいくらなんでも流せないような質の悪い情報、事実無根の誹謗中傷、悪意にみちた名誉毀損が横行し、「慰安婦」に対するデマゴギーが増殖している。日本

のヘイト・スピーチの現状は国際社会から非難を受けているが、「慰安婦」はその標的にされてきた代表格だ。そんな風潮は学生の意識にも自然と反映する。学生が正確な情報に接するチャンスは乏しく、またチャンスがあっても自分には関係のないことだと聞き流す人が多い。社会にあふれるヘイト・スピーチをとくに疑うこともなく、「外国人が騒いでいる胡散臭い話」、「日本が悪く言われていて心外なこと」として、予断や反感をもつ人も珍しくない。そんな時代の空気を呼吸していると、大学の授業で「慰安婦」問題を扱うことさえ何か危険なことのように思われてくる有様だ。

3 「慰安婦」問題の解決を妨げる女性蔑視

ヘイト・スピーチの常套句・「売春婦」

しかし、今日の風潮がそうであればそれだけ、ジェンダー・ジャスティスの追求を目的とする女性学においては、「慰安婦」問題を扱う意義はますます大きくなる。なぜなら「慰安婦」とは本質的に女性に対する暴力の問題であり、この問題が国際的に喚起されながら20余年にもわたって解決されず、しかもこれをめぐるヘイト・スピーチが横行しているという状況は、とりもなおさず日本の政治と社会が女性に抑圧的であることを意味するからだ。

20余年もの間、なぜ日本は「慰安婦」問題を解決できなかったのか。その大きな理由の一つは、社会に根強い女性蔑視・差別的女性観ではないだろうか。元「慰安婦」の訴えを排斥する反「慰安婦」キャンペーンの常套句は「売春婦」だ。そこでは日本にかつて公娼制度があり売春が合法であった事実を以て、「慰安婦がしたのは強制されない商行為」・「慰安婦は売春婦だから謝罪や補償は無用」といった言説がくりかえし流布されてきた。「慰安婦＝公娼／売春婦」というレッテル貼りによって、元「慰安婦」たちを侮辱し、彼女たちの信用性を失わせようということである。

Part IV　グローバル社会とジェンダー

「慰安婦≠公娼」論で済むのか

　もちろん、これに対して多くの反論・批判が行われてきた。最もよく行われる反論は、「従軍慰安婦」の連行や使役は、当時の公娼制度を定めた法令「娼妓取締規則」（1900年）などに則ったものではなく、当時の法に照らしても犯罪にあたる誘拐や人身売買が行われていたということである。元「慰安婦」の訴えを支持する日本人の多くが、そのようにして「慰安婦」問題の格別な重大性を強調してきた。すなわち、「慰安婦≠公娼」論であり、「従軍慰安婦と公娼とはまったく違う」という論拠から「慰安婦」に対する補償の正当性を主張するのである。が、このような「慰安婦≠公娼」論は、公娼制度に対する批判がおおむね脆弱で、時には肯定的でさえある。

　これに対して女性史の成果をふまえた反論は、「慰安婦＝公娼／売春婦」というレッテル貼りが効果的な攻撃として機能する、その女性抑圧的枠組みから批判しようとする。すなわち、女性史の視点からの反論は、公娼制度の実態が女性を買売して拘禁し、日常的に客や楼主の暴力にさらす性奴隷制度であったという事実を重視し、「娼妓取締規則」のみならず、地方庁や植民地でさまざまな名称を以て実施された公娼制度（公権力による売春統制のシステム）の総体を国家的性暴力として問題にする。「慰安婦」政策を公娼制度史の中に位置づけ、公娼制度の存在は「慰安婦」政策を正当化するどころか、その国家的罪悪を証拠立てているものだと主張するのである。

　私自身は鈴木裕子や宋連玉、山下英愛ら、公娼制度と軍隊「慰安婦」のつながりを早くから解明した女性史研究者に学び、軍国主義を背景とする近代公娼制度の確立から15年戦争下の軍隊「慰安婦」政策へ、さらに敗戦後のRAA[2]から米軍「慰安婦」へという公娼制度（公権力による売春統制のシステム）の連続性を指摘してきた。戦時下の「慰安婦」問題だけを歴史から切り取って、それだけを「解決」することはできないと考えている。

売春婦憎悪は女性憎悪

　いずれにせよ、公娼制度の存在をもって日本軍の行為を正当化することは論理的に筋が通らず、不可能なのである。

第12章 「従軍慰安婦」問題

　ところが反「慰安婦」キャンペーンでは、そんな理性的な批判には何の関心も示されない。論理性も合理性もなく、「売春婦は出ていけ」「売春婦がウロウロしている」「慰安婦はカネめあての売春婦だ」といった暴言、差別的・侮蔑的で扇情的な罵詈雑言がばらまかれる。

　そして本当に深刻なことは、「慰安婦は売春婦だ」「カネがめあてだ」といった言説に人々が納得してしまい、「なんだそうだったのか」とばかりに受容し、元「慰安婦」たちの言うことなど「どうせウソだろう」と片づけてしまう、その日本社会の人権感覚・女性に対する侮蔑意識である。

　なぜそれが「女性」に対する侮蔑意識なのか？　「売春婦」が侮蔑されるのは当然ではないか？　もし誰かがそう首をかしげるなら、「売春婦」は女性ではないのか？とその人に質問を返すことにしよう。

　女性抑圧社会には普遍的なことだが、女性を「ふしだらな悪い女・売春婦」と「ちゃんとした女性・良家の子女」に二分化するような差別的女性観は日本社会にも根深い。この二分化自体が差別的だが、この観念の強靱さたるや、社会意識の基底にある岩盤のように、ちょっとやそっと叩いてもびくともしない。その二分法はあらゆるところで顔を出し、「慰安婦」問題でも表出する。「慰安婦」問題に関する自著についてわざわざ「売春婦型と奴隷型」という副題をつけた歴史学者もいる。公娼制度下で身を売る日々を生きた無数の日本人女性たちは前者、すなわち「公娼／売春婦」とイメージされ、外国の各地から自らの被害を訴え出た女性たちは、日本の軍や官憲に強制的に「慰安所」に連行された無垢な少女、すなわち後者としてイメージされてしまう。

置き去りにされる日本人「慰安婦」

　そんな二分法のもとで周辺化され、置き去りにされてきたのが日本人「慰安婦」だ。「慰安婦」問題は、朝鮮や中国、東南アジアなどの他民族の女性の被害だと認識されることが多い。外国人元「慰安婦」からの訴えを支持する日本人の間でも、日本人「慰安婦」を視野に入れている人は少ない。

　この観点から前述の「戦時性的強制被害者問題の解決の促進に関する法律（案）」をみてみると、日本人をわざわざ排除する条項がある。これに批判的な

227

Part IV　グローバル社会とジェンダー

女性史研究者の山下英愛は、法案を作成し推進した人たちと議論したところ、「日本人"慰安婦"を支援する人たちから自分たちは何も言われていない」、「私たちに法案をつくれと言ってくるのはアジアの女性たち、韓国の女性たちだ。そういう要求があるから今つくっているということだ」、日本人「慰安婦」のための法案は、「(日本人からの) 要求がないから無理なんだ」と言われたという。

　このエピソードからは、この法案が外国対応のためにつくられたという経緯がうかがわれる。が、外国対応を主目的にしたとしても、戦時性的強制を受けた女性の人権を擁護するための立法なら、日本人を排除する理由はない。わざわざ国籍条項を加えたのは、「日本人「慰安婦」＝公娼／売春婦＝補償の必要なし」という観念が暗黙のうちに是認されていたからではないだろうか。

　外国の元「慰安婦」から「言われた」からそれを支持する (だけ) という姿勢は、「慰安婦」問題を「外国による日本バッシング」だと反感を抱くのと同じメダルの表裏かもしれない。両者は共通して、アジアの女性を性奴隷化させる歴史的社会的背景だった公娼制度の暴力を問題にせず、前者は「慰安婦≠公娼」論によって友好的外国対応をとり、後者は「慰安婦＝公娼」論によって排他的外国対応をとっているだけともいえる。

　日本の元「慰安婦」支援運動のなかには、「慰安婦≠公娼」論を唱える人が当初から多かった。河野談話が発表された時期のことを思い出す。ある集いの会場で、元「慰安婦」の証言を聞いて同情心でいっぱいになったらしい日本人が、「日本の女は公娼制度があったから本人も納得していたが、アジアの被害者たちは少女たちに暴力で売春を強制した。日本の罪は深い」と訴えかける場面に居合わせて、戸惑いを感じた。その人は、公娼制度のことを本当に知っているだろうか。どうして、公娼にされた日本人女性の苦痛がたいしたことのないものだなどといえるのか、と。

　2000年に開かれた日本軍性奴隷制度を裁く女性国際戦犯法廷の頃までに、しだいに変化は表れていた。私はこの法廷に日本検事団の専門家証人として招かれ、日本軍性奴隷制度被害者であるかどうかは「慰安婦」の前歴によらず、軍隊「慰安所」で性的虐待を受けたという事実こそが基準となること、また公娼制度はそれ自体が軍国主義的な性奴隷制度であったことを説明した。

そのような女性史認識に対する一定の理解と共感がその時期には感じられた。

　ところがその後の日本社会の右傾化、特に近年のすさまじい反「慰安婦」キャンペーンの影響なのか、元「慰安婦」の正義を支持しているらしい人々の議論においてさえ再び公娼制度と慰安婦制度の差異や、「慰安婦」に対する強制性をことさらに強調するトーンが強まっている。公論の水準が再び「強制があったかどうか」へと引き戻されている動向に危惧を禁じ得ない。

4　日本人「慰安婦」──３人の人の語りに耳を澄ませる

　1991年以降、アジア各地の多くの元「慰安婦」のカミングアウトが世界を瞠目させた一方、日本人元「慰安婦」は誰一人名乗りでてこなかった。が、耳を澄ませれば、日本人「慰安婦」について語る人々の痛切な声が聞こえてくる。本節では、そんな３人の人の話を紹介しよう。

「何故、日本人のことを放っておくのか」

　　福岡のⅠさんは、元日本兵。補償請求裁判を起こした韓国人元「慰安婦」たちを支援する日本人活動者たちに対して、実妹と親戚の姉妹ら３人もの身内が軍隊「慰安所」へ送られたことを語った。親戚の姉妹は、インドネシアのアンボンにあった軍「慰安所」にいた。実妹は、看護婦の仕事だと騙されて南方で「慰安婦」にされ、自殺して果てた。

　Ⅰさんは、この事実を思い出すといまだに死んでも死に切れない思いにとらわれる、と語る。彼女たちをいったい誰が連れていって、誰が利権を得ていたのか、真相を知りたいと願い、復員後、市役所の援護局などにも出向いてみたが、まったく相手にされなかった。アンボンにいた親戚の女性の一人は日本に戻り、結婚し養子を迎える。再会したⅠさんが身を案じて問いかけると、「誰に言っても同じこと。子どもに知られたら生きておられん。子どものためにほっといてくれ」と言ったという（平尾 2004）。

　Ⅰさんの語りは「慰安婦」に関する貴重な口述史料だ。実妹の受難は、「日

Part IV　グローバル社会とジェンダー

本人慰安婦の前歴は公娼で、納得の上で慰安婦になった女性」だというステレオタイプのイメージに反して、日本人少女もまた詐欺や暴力によって「従軍慰安婦」にされたケースがあったことを示す。また、アンボンにいた女性が語った「子どもに知られたら生きておられん」との言葉には胸を衝かれる。「慰安婦」にされたことを致命的な不名誉として恥じる、女性に負わされた社会的・精神的な傷の深さが伝わってくる。

　Ｉさんは、日本人活動者たちに対して、「政府もあんたがたも韓国人の慰安婦の支援ばかりして何故、日本人のことをほおっておくのか」と、激しい口調で言い募り、「謝罪と補償を求めて名乗り出た日本人がいないからだ」と言っても、聞こうとしなかったという（平尾 2004）。

　外国人「慰安婦」は社会的に大きく取り上げられるのに、日本人「慰安婦」のことは放置されている。その状況に納得がゆかないからこそ、Ｉさんは日本人「慰安婦」の話をしにきた。だから、「謝罪と補償を求めて名乗り出た日本人がいないからだ」との返事では納得できなかったのだろう。日本人「慰安婦」は、「謝罪や補償を求めて名乗り出る」ようにと支援も励ましも受けてこなかったのであって、「名乗り出なかった」のは支援が行われない原因ではなく結果だからだ。

　戦時性強制に関する法案の作成過程にもみえたように、元「慰安婦」を支援する多くの日本人にとって、元「慰安婦」が名乗りでたからこそ支援しているのであり、「名乗り出なければ支援できない」というのが偽らざる心境なのかもしれない。しかし、韓国でもフィリピンでも運動が始まったのは元「慰安婦」が名乗り出たからではない。女性団体や人権団体が歴史の闇に葬られつつあった「慰安婦」の存在を放置せず、彼女たちが名乗り出るのに先行して「慰安婦」問題に真摯な取り組みをしており、名乗り出た元「慰安婦」には社会的な受け皿がつくられていた。日本人「慰安婦」が名乗り出てこなかったことをもって日本人「慰安婦」の放置を弁明することはできない。

恥さらし・面汚しだと白眼視された女性たち

　美輪明宏さんには、「従軍慰安婦」を歌った「祖国と女達」という曲があ

る（コラム参照）。美輪さんは、満州から長崎に引き揚げてきた「慰安婦」たちと身近に接している。戦時下に営業を停止していた遊郭は、敗戦後、占領軍相手に再開されていた。彼女たちはそこに戻ってきて、いろんな思い出話をしたという。美輪さんは、女性たちの話を聴いて義憤に駆られ、「祖国と女達」という歌を作ったと、ブログの中で語っている（2013年6月）。

　その女性たちの体験は凄絶だ。長崎の丸山遊郭に売られた貧しい家の娘たちは、戦時下の遊興禁圧で遊郭が閉鎖・営業停止になると行き場をなくし、「満州に良い仕事があるぞ。カフェとか遊郭があるから、そっちへ行って稼げばいい」という大政翼賛会の甘言を信じて渡航する。が、行ってみたら、話が違って「従軍慰安婦」だった。「慰安所」は、筵みたいなものを敷いて、筵みたいなものを立てたような粗末な場所。真っ黒いコーリャン（穀物）のおにぎりを枕元に置いて食べながら、木札をもって行列しているずらりと並んでいる兵隊たちの相手をさせられた。銃の練習もさせられ、「馬賊」や「匪賊」が来ると兵隊と一緒に戦った。が、戦って死んだら、「日本婦人がそういうことをしていたというと恥になる」と、死体のモンペも脱がされて中国服に着替えさせられて、放り出された。

　埋葬も火葬もせず、野ざらし・雨ざらし。山犬の食い荒らすままになった。戦争に負けると軍の将校と家族が先にトラックで逃げてしまい、彼女たちは置いてきぼり。移民団や開拓団と一緒に命からがら引き揚げてきて帰郷すると、村の恥さらしとか面汚しとか言われ、家へ帰ったら、自分は父母、一家のために売られて行ったのに、「お前のやっていたことが世間様に知られたら、家の恥になる、出て行ってくれ」と。

　美輪さんは、日本人の慰安婦たちはたくさんいたが、あまりにも過酷な目に遭ったためにその体験を語らないできた、と指摘する。

　　もうそれはどこに恨みを持っていったらいいのか、それは悲憤慷慨ですね。それを行き場所が無いから、自分が従軍慰安婦だったというのを隠しているんですよ。だから日本人の従軍慰安婦は一人も出てきませんでしょう。そういう事情があるんですね。（http://kajipon.com/kt/peace-i.html 参照）

Part IV　グローバル社会とジェンダー

「慰安婦」にされたこの女性たちは、軍に奉仕をさせられながら「日本の恥」とされ、いなかったことにされてしまう。故郷でも家族でも「恥さらし、面汚し」と排斥される。どこにももって行き場のないルサンチマンを抱え込まねばならなかった。

日本には、国家が買売春を統制して利益を得る長い公娼制度の歴史があり、近代の廃娼運動においては、大日本帝国の体面と皇軍の栄光を汚辱する「醜業婦」として公娼／売春婦を排斥する見地が強かった。しかもその公娼制度は、それが性奴隷制度だった事実への反省にたって廃棄されたのではなく、女性の売春を悪として禁じる「売春防止法」（1956年制定）によって終った。国家が負うべき公娼制度の罪と罰は、売春女性に転嫁された。

そんな「醜業婦」観が根深い日本にあって、日本人「慰安婦」が自ら名乗り出ないのは理にかなったことだ。だから、日本人「慰安婦」が名乗り出ないことが問題なのではない。彼女たちを「恥さらし・面汚し」とみなして放逐し、棄民した、日本の政治と社会の女性抑圧的なありようこそ真の問題なのである。美輪明宏さんのように元「慰安婦」たちの悲憤慷慨に心をよせて耳を澄ませる人がいれば、女性たちは語ることができただろう。

遊郭を生き延びた女性の連帯発言

大阪の谷上梅子さんは、韓国の元「慰安婦」を迎えた支援集会に参加し、公娼だった自分の過去を話して連帯の発言をした女性だ。

この集会で梅子さんは「とうてい他人事とは思えない」と会場から発言し、「従軍慰安婦」と変わりない虐待を日本国内で受けたこと、自分も「従軍慰安婦」になる寸前だったことを語った。家は貧しく、小学校に行ったのは入学式の日だけ。幼い頃から子守や歌や踊りの芸をして家計を助け、18歳で借金のかたに奈良県天川村の御茶屋に売られた。その後岐阜県の大垣旭遊郭楼、大阪のなんば新地、九州の八幡白川町へと次々に転売され、白川には7年間もつとめた。借金でがんじがらめにされ、逃げても警察に捕まり、遊郭へ送り返される。7年間泣かない日はなかった。

梅子さんは、公娼制度の実態が「自由意思で行う商行為」とは程遠い性奴

232

隷制であり、警察がこの制度を管理統制していた事実を語る生き証人だ。戦時下には大阪からも借金を背負った多数の女性が外地の「慰安所」に転売されており、梅子さんも危うく「満州」へ売られかけた。

　梅子さんが自分の経験をカミングアウトできたのは、地域の部落解放運動・女性運動の支えがあったからだ。仲間の励ましのなかで、それまでは恥だと隠し心の傷として抱えていた身売りの経験を語るようになった。識字学級で字を学び、苦難の日々を生き抜いてきた自分の人生を綴った作文「心までは売らへんかったで」は、部落解放文芸賞を受賞する。地域の「慰安婦」問題の学習や反戦平和の取り組みにも加わり、仲間とともにかつて売られた遊郭を訪ねるフィールドワークにも行き、自分の過去をみつめなおす。地域の若い親たちは梅子さんを敬愛し、その闘いを継承しようと彼女の生き方を劇にし、地域で上演する活動にも取り組んだ。梅子さんの苦難を、貧困と差別のなかで生きた女性に普遍的な苦難ととらえ、次の世代に語り継ぐべき貴重な歴史の証言だと受けとめる地域の運動の存在が、梅子さんを勇気づけたのである。

　この集会に出席していた挺身隊問題対策協議会（日本軍「慰安婦」問題の解決のために結成された韓国の団体）代表の尹貞玉さんは、梅子さんの発言に感銘を受けた。その後、尹さんは別の機会に梅子さんを訪ね、日本の性奴隷制度について深く理解するために、遊郭や性病検診の実態などについての教示を願ったという。梅子さんの死後、尹さんは梅子さんとの出会いを回顧し、梅子さんが自分個人の苦労より人の苦しみを思いやり、自分の生そのものをもって一生懸命に平和への道を教えた、「時代が要求する心を持った人」であったと追悼している（藤目 2011：272-279）。

5　「慰安婦」問題の解決に向けて

　外国人女性たちからの告発をきっかけに「慰安婦」問題に取り組むようになった日本人の多くは、彼女たちが受けた被害の深刻さに震撼し、無垢な少女の強制連行としての「慰安婦」問題に関心を集中させてきた。が、外国人

Part IV　グローバル社会とジェンダー

少女の悲惨さが「納得ずくの公娼／売春婦だった日本人女性」と対置して強調されるとき、日本人「慰安婦」はいっそう疎外されてしまう。しかし、梅子さんは自身の体験から韓国の元「慰安婦」の苦しみに共感して連帯し、韓国の元「慰安婦」問題に取り組む人々を力づけた。このように性奴隷制の歴史に根ざした連帯の関係性がかつて日本に侵略された被害諸国と日本の市民の間に築かれることにこそ、「慰安婦」問題が解決へと近づく希望をもつことができるのではないか。

　「慰安婦」問題をみつめると、生半可でない日本のミソジニー（女性嫌悪、女性蔑視）に気づく。歴史的には、日本人女性を性奴隷化する公娼制度を土台として、日本は植民地にも公娼制度を扶植し、戦時下には占領した各地に無数の軍「慰安所」をつくった。自国の女性を性奴隷化する国だからこそ、戦時下に他民族の女性を奴隷化することもためらわなかった。また、「強制はなかった」、「慰安婦は公娼／売春婦だから問題はない」といった主張の横行は現在的な問題だ。それは「慰安婦」であれ娼妓であれ、性奴隷制の下で心身に深い傷を負わされた女性の痛苦を侮辱して否定するものであり、カミングアウトした被害者に対するセカンド・レイプである。このように、「慰安婦」問題が未解決であることは日本のミソジニーの表出であり、「慰安婦」問題の解決はその呪縛をふりはらい女性の人権が尊重される社会を築くためにも必要不可欠な課題だといえる。

（藤目ゆき）

注

1）「従軍慰安婦」という語は、日本で最も知られている語だが問題が多い。「従軍」というと「自発的に軍に同行し、戦地に赴いた民間人」という誤解を招きかねず、「慰安婦」には慰めと安らぎの提供者という日本軍本位で肯定的な語感があり、甘言・詐欺・誘拐・監禁・強姦という人権蹂躙の実態を隠し、「慰安婦」にされた女性を疎外することにつながる。そのため、「いわゆる」という語や括弧をつけて表記されることが多い。国連などでは Military Sexual Slavery（軍隊性奴隷）という用語が定着している。

2）敗戦直後の 1945 年 8 月 18 日、日本政府は全国の地方庁に対して進駐軍のための「性

第 12 章 「従軍慰安婦」問題

的慰安施設」の設立を指令した。RAA（Recreation and Amusement Association／特殊慰安施設協会）はこれに応えて組織された業者組織。RAA 関連施設で多くの女性が進駐軍「慰安婦」とされ、これが戦後日本の売春統制の出発点となった。

参考文献

藤目ゆき 2015、『「慰安婦」問題の本質 ── 公娼制度と日本人「慰安婦」の不可視化』白澤社

平尾弘子 2004 年 3 月、2004 年 6 月、「封印された過去 ── 日本人慰安婦」『関釜裁判ニュース』前編第 44 号：10-12、後編第 45 号：10-13

木下直子 2011 年 12 月、「日本人「慰安婦」の被害者性：1990 年代初頭の言説、運動を振り返って」（『ジェンダー研究』14：89-113 頁、東海ジェンダー研究所

美輪明宏 2004、『戦争と平和　愛のメッセージ』岩波書店

宋連玉 2009、『脱帝国のフェミニズムを求めて』有志舎

鈴木裕子編集・解説 2013、『資料集　日本軍「慰安婦」問題と「国民基金」』梨の木舎

山下英愛 2009、「日本人「慰安婦」をめぐる記憶と言説：沈黙が意味するもの 」加藤千香子、細谷実 編著『暴力と戦争』明石書店

吉見義明 2013 年 8 月、「橋下発言をどうみるか ── 日本軍「慰安婦」問題再考」『世界』846

・発展的な学びのために・

藤目ゆき 1997、『性の歴史学 ── 堕胎罪・公娼制度大成から優生保護法・売春防止法体制へ』不二出版

　　日本近現代史を性と生殖の視点から照射し、日本女性のあゆみを描き出す。「従軍慰安婦」を近現代日本の公娼制度（国家的買売春統制）の中に位置づけている。1998 年、山川菊栄賞受賞。

M.R.L. ヘンソン（藤目ゆき訳）1995、『ある日本軍「慰安婦」の回想 ── フィリピンの現代史を生きて』岩波書店

　　フィリピンで最初に元「慰安婦」として名乗り出た女性の自伝。祖母・母の時代から書き起こし、日本軍による虐待・後遺症を抱えて生きた戦後の生活・カミングアウトしてからの思いを綴る。

Part IV　グローバル社会とジェンダー

VAWW −NET Japan 編 2000–2002、『日本軍性奴隷制を裁く 2000 年女性国際戦犯法廷の記録』全 6 巻、緑風出版

　　2000 年 12 月に東京で開廷された日本軍性奴隷制度を裁く女性国際戦犯法廷は、国際的な市民の協力で実現した民衆法廷。第 1・2 巻が法廷開廷にむけた理論・思想編、第 3・4 巻が調査・実証編、第 5・6 巻が法廷実践編（ドキュメント・起訴状・判決）で構成されている。

・ 課　題 ・

1. 大学では、日本人の学生、在日外国人の学生、留学生が同じキャンパスで学んでいるはずだ。互いに話し合い、「慰安婦」問題に関する認識や問題解決の方法について意見を交流してみよう。

2. 各地の自治体には男女共同参画センターがある（「女性センター」などの名称もある）。そこを訪ね、「慰安婦」問題に関する映像ライブラリーを探し、視聴してみよう。

3. 「慰安婦」問題に取り組む近隣の草の根のグループを探してみよう。証言の集いやパネル展など多様な取り組みが行われているので、それらを見学したり、活動に取り組む人たちにインタビューをするなどして、自分がこの問題の解決にどのような貢献ができるか考えてみよう。

Column

「祖国と女達」（従軍慰安婦の唄）

　美輪明宏は、1935 年長崎市生まれ。家は丸山遊郭の近くでカフェや料亭を営業しており、子どもの頃から水商売の世界に生きる女性たちは身近な存在だった。そして戦争を体験し、たくさんの悲劇に接する。出征する息子に「死ぬな」とすがりつき、軍人に殴打されて血を流した母親、色糸で編まれた肌着を着ていただけで軍靴で蹴られ、殴り殺された女子挺身隊の女学生、原爆が投

第 12 章　「従軍慰安婦」問題

下された長崎の地獄。戦争は、理不尽で悲惨なことばかり。17 歳でシャンソン歌手としてデビューし、1957 年「メケメケ」が大ヒット、一躍人気者になる。が、戦争の不条理、悲惨に対する反戦の思いから、戦争犠牲者たちのことを作詞、作曲して歌い始めた。歌で闘うシンガー・ソング・ライターの誕生だ。戦争で死んだ人たちの叫びを歌う「亡霊達の行進」や、悪魔より悪い悪魔だと戦争犯罪者への怨嗟を歌った「悪魔」、そして「祖国と女達」（従軍慰安婦の唄）。それらは「ヨイトマケの唄」とともに 1975 年、美輪明宏の初のオリジナルアルバム『白呪』に収録された。「祖国と女たち」の歌詞は次のとおり。

　　　北は青森から南は沖縄　売られ買われて今日も旅行く
　　　違うお国訛りで慰めあいながら　捕虜の女囚も同じ仲間さ
　　　荒れ果てた肌にやせこけた頬　今日も覚悟の最後の化粧　万歳　万歳

　　　毎日百から二百　兵隊相手に朝日が昇り月が落ちるまで
　　　いずれ死んでゆくことが　決まっている男　虚ろに空を見つめる女
　　　涙も渇れはて痛みもないさ　そこには神も仏もいない　万歳　万歳

　　　誰の子かわからぬ赤子残して死んだ女やら
　　　銃を片手に愛する若い兵士と散った女やら　歌える女は子守唄を唄う
　　　あまりの怖さに狂った女　嫌な将校に斬られた女　万歳　万歳

　　　男はなんていいんだろう　羨ましいじゃないか　勲章もらえて恩給も付
　　　くさ　死ねば死んだで名誉の戦死とやらで立派な社に奉られるんだろ
　　　私も男に生まれていたら今ごろきっと勲章だらけ　万歳　万歳

　　　戦に負けて帰れば　国の人たちに勲章のかわりに唾をかけられ
　　　後ろ指をさされて陰口きかれ　抱いた男たちも今は知らん顔
　　　祖国の為だと死んだ仲間の幻だいて今日も街に立つ　万歳　万歳
　　　ニッポン万歳　大日本帝国万歳　大日本帝国万歳　大日本帝国万歳
　　　　　　　　　　　　　　　　　　　　［JASRAC 出 1500026-501］

　　　　　　　　　　　　　　　　　　　　　　　　　　　　　（藤目ゆき）

第13章

女性差別撤廃条約と人権

1 人権保護のための条約の意義

　本章で検討する女性差別撤廃条約は、その正式名称を「女子に対するあらゆる形態の差別の撤廃に関する条約」[1]といい、女性に対する差別をなくそうとする条約である。他方、日本には日本国憲法があり、その14条は、「すべて国民は、法の下に平等であつて、…性別…により、政治的、経済的又は社会的関係において、差別されない」と規定し、女性に対する差別を禁止している。基本的な内容は、同じである。しかし、異なるところもある。それは、女性差別撤廃条約が、条約という、国家間の約束事を書き込んだ文書であるのに対して、日本国憲法は、日本が単独で作成し、日本国内で作用するものであることである。

　なぜ、この条約は、日本の憲法と同じ趣旨の規定をおいているのだろうか？また、日本が同じ趣旨の規定をもっているのであれば、日本がこの条約に加わることにどのような意味があるのだろうか？　もっとも、同じ趣旨の規定をもつといっても、日本国憲法の女性差別の禁止の規定は、一、二行程度の文であるが、この条約は女性差別のために十数カ条を費やしており、段違いに詳しい。ただ、そうだとしても、この条約の内容が大したものではなかったり、結局は、日本国憲法と同じものであり、日本の法制度や社会に及ぼす影響がほとんどないというのであれば、この条約は、日本にとってさほど意

238

第 13 章　女性差別撤廃条約と人権

味をもたない。人権の保護を目的とする条約の目的は、各国の人権状況の改善にある。女性差別撤廃条約が日本の人権状況の改善に役立ち、または役立つ要素があれば、この条約は日本にとって意味があり、そうでなければ意味はないといえるからである。

　それでは、日本にとって女性差別撤廃条約は意味をもつものかどうか、意味があるとするならば、それはどのような点であるのか？　本章は、まだまだなじみのない人権条約の一つである女性差別撤廃条約を取り上げて、このような課題を検討しようとするものである。そのため、まず、本章を読みすすむために必要な基礎知識として、人権の国際的保障という現象について説明し（第2節）、ついで、女性差別撤廃条約の内容を概観する（第3節）。その後、条約が日本にもつ意味を考えるため、日本がこの条約を批准する際にみられた日本の法制度の変化を検討し（第4節）、ついで、条約の履行監視機関による日本の条約履行状況の評価を簡単にみる（第5節）。最後に、本章が問いかけた問題に関する私の結論を示す（第6節）。

2　人権の国際的保障

人権の国際的保障

　人が生きていく上で、「これは、おかしくはないか？」と思われることがある。そのときに、「それをおかしいと思うあなたは正しい」といってくれるものがあれば、それは心強いだろう。本章で取り扱う人権というのは、その心強い味方になってくれるものの一つである。人権とは、簡単にいえば、「人が人である」というただそれだけの理由によって、人が生まれながらにしてもっている基本的な権利のことである。具体的にどのような権利をもっているのか？　日本では、日本国憲法の第3章がそれを列挙している。たとえば、私は、いわれのない差別を受けたり、話したいことも話せないならば、それは変だと思う。そういうとき、日本国憲法は、私に対して、理不尽な差別を受けるいわれがなく、また、話したいことを話してかまわないといってくれ

239

Part IV　グローバル社会とジェンダー

る。差別の禁止と表現の自由は憲法でそれぞれ保障されているからである（憲法14条と21条）。人権は、人が、より人間らしい、生き生きとした人生をまっとうするために、ときに必要となる道具である。

現代の国際社会では、人権は、各国の憲法その他の法令によって保護されるのが普通である。しかし、一国による人権保障には次の2点で限界がある。第一に、歴史の経験からみて、人権侵害を最も行いやすいのは国、とくに物理的な実力機関（軍や警察など）をもつ行政府である。したがって、一国だけに人権保障を委ねておくことには不安がある。憲法で人権が保障されていても、それが力ずくで踏みにじられることもあるからである。第二に、人権を保障する憲法その他の法令は改正が可能であり、その改正は、その国の意思だけ可能である。日本では、日本国憲法96条に基づいて憲法14条や21条の削除は可能である。そうなると、日本は、国民を差別したり、都合の悪いことを言わせないようにすることもできる。

それでよいのだろうか？　第二次世界大戦前の国際社会であれば、その答えは「それでよい」または「やむを得ない」であった。国際社会の法である国際法が、国内の人権保障の問題はその国が自由に決めてよいとしていたからである。しかし、第二次世界大戦後の国際社会は正反対の答えを出すようになった。国際法が、すべての国が保障するべき最低限の基準を設けるようになったからである。

それはなぜか？　第二次世界大戦前、ドイツやイタリア、日本ではファシズムやナチズムといった全体主義的体制が支配し、国内で人権侵害を行いながら（たとえば、ナチス・ドイツによるユダヤ系住民の大量殺害）、最終的に戦争の引き金を引いた（もちろん、第二次世界大戦の原因はそれだけではない）。これをみた国際社会、とくに欧米諸国は、人権保障の問題と平和の維持の問題とが密接に関係していることを認識したのである。戦後の国際関係の基本デザインを定めた国際連合憲章は、いくつかの規定でそのような認識を表明している。55条がその典型例である。同条は、「諸国間の平和的且つ友好的関係に必要な安定及び福祉の条件を創造するために」国連が促進するべきものの一つとして、「人種、性、言語又は宗教による差別のないすべての者の

ための人権及び基本的自由の普遍的な尊重及び遵守」を挙げる。人権の尊重が国家間の平和と友好の前提条件とされるのである。

国際社会は、この認識のもとに第二次世界大戦後に、各国の人権状況に積極的に関与することになった。そして、そのための手段の一つとして、国際社会において保障されるべき人権を定める条約を作成し、各国にそれに加わるように呼びかけるようになった。

条約は、国際法の一種である。国際法とは、国家を主たる構成員とする国際社会において、主として国家間の関係を規律する法である。国と国との約束事を定めた法といってよい。その約束事は、主に条約と慣習国際法で決められている。条約は、国家の約束事を紙の上に書いたもの（成文法）であり、慣習国際法とは、紙の上には書かれていないものの、国が守るべきものと認められるもの（不文法）である。

国際法、とくに条約による人権保障はなぜ必要なのか？　条約は国家間の約束事であるから、そこで平等権や表現の自由の保障が定められているとすると、その条約に加わった国（締約国または当事国）は、これらの権利を守らなければならない。一国の憲法は、その国だけでそれを踏みにじったり、改正をすることができるが、条約によって他の国と約束することになれば、勝手にその約束を反故にすることはできなくなる。現在の国際社会は、このようにして人権を保障しようとしているのである。女性差別撤廃条約もそのような条約の一つである。条約と憲法とが、仮に同じことを規定していたとしても、それはそれで意味があるということになる。

人権条約の実体規定と実施措置

人権を保障するためには少なくとも二つのことが必要である。第一は保障されるべき人権とは何かを明らかにすること、第二はそのような人権が守られるようにするため、または人権が侵害された場合にその被害者を救済するための制度を設けることである。日本国憲法は、第3章で保障されるべき人権を列挙し、人権が侵害された場合には裁判所を通じた救済制度を設けている。

人権条約の場合にもその二つを定めている。この場合、保護される人権を

Part IV　グローバル社会とジェンダー

列挙し、それを保障するべき国家の義務を規定するのが「実体規定」、そのような義務を履行させるようにし、また、その義務違反がある場合に、それを是正させ、人権侵害を受けた被害者を救済する手続を定めるのが「実施措置（国際的実施措置）」と呼ばれる。

　それぞれの人権条約は、国による条約の履行を監視するための国際組織・機関（履行監視機関）[2] を設置している。これを通じて国際的に履行を監視しようとするのであり、より具体的にはこの機関が実施措置を運用する。実施措置には次の四つの種類がある。第一は報告制度である。これは、条約の締約国が、その条約が定める義務を国内でどのように履行しているのかを報告し、条約の履行監視機関がそれを審査する制度である。第二は国家通報制度である。これは、ある締約国Ａが、他の締約国Ｂが条約上の義務を履行していないと考える場合、ＡがＢを相手方として、履行監視機関に申立を行い、その手続により解決を図ろうとする制度である。第三は個人通報制度である。これは、条約上の権利を締約国によって侵害されたと考える個人が、その締約国を相手方として、履行監視機関に申立を行い、その手続により解決を図ろうとする制度である。第四は裁判制度である。これは、法的拘束力のある判決を通じて国家の義務違反の有無を決定し、それによって、条約の履行確保を図る制度である。

　いかなる実施措置を採用するのかは、それぞれの人権条約による。裁判制度は、ヨーロッパ人権条約、米州人権条約およびバンジュール憲章という、それぞれヨーロッパ、米州およびアフリカに存在する地域的な人権条約においてのみ採用されている。しかし、女性差別撤廃条約といった世界規模の条約で裁判制度を採用するものはない。世界規模の条約は、報告制度、国家通報制度または個人通報制度の全部または一部を採用するにとどまっており、その結果、履行監視機関が示す判断（とくに条約解釈や条約違反の有無の判断）には法的拘束力はない。言い換えれば、締約国はその判断に従わなくても法的には問題はない。ただ、その判断は基本的に公表されるから、それにより、その判断に従う圧力が国にかかることもある。そのような事実上の力によって条約の履行を促し、条約違反の是正がなされることが期待されるのである。

242

第 13 章　女性差別撤廃条約と人権

条約の国内法上の地位

　条約といえば、何か遠い存在のように思われるかもしれない。しかし、そうではない。日本の法制度では、条約は、それを批准することによって国内的効力をもつ。条約は、日本の憲法や民法などの法令と同様に、日本の国内法になると考えてよい。

　また、日本の国内法令、とくに、国レベルの制定法には上下関係がある。最高位に位置するのは、自ら「最高法規」と自認する日本国憲法である（98条1項）。この憲法のもとに、国会が制定する法律、内閣や各省庁などの行政府が制定する命令がつづいていく。この上下関係の意味するところの一つは、下位法は、上位法の定めるところに反することができないということである。もし、ある法律の規定が憲法に反していたとすれば、その規定は無効となる（98条1項）。法律と命令との間にも同様のことがいえる。

　それでは、条約は、この上下関係のどこに位置するのか？　憲法学説上の通説や政府の解釈、裁判所の解釈によれば、条約は、日本国憲法よりも下位ではあるが、法律以下の法令よりも上位にある。2015年1月1日現在で、日本の法令の数は、憲法が1、法律が1,933、命令が6,145である[3]。条約よりも上位にあるのは憲法ただ一つであるのに対して、条約は、民法や刑法など、誰もが聞いたことのある法律をはじめとする約8,000あまりの日本の法令よりも上位にある（図1参照）。それらの法令は条約の規定に抵触すれば、理論的には無効となる。そのようなことを考えれば、女性差別撤廃条約は、けっこう身近なところにあることがわかる。

（　）内は、2015年1月1日現在の法令数。
図1　日本における女性差別撤廃条約の地位

Part IV　グローバル社会とジェンダー

3　女性差別撤廃条約の概要

　女性差別撤廃条約は 1979 年 12 月 18 日に国連総会により採択され、1981年 9 月 3 日に発効した。締約国数は 2015 年 1 月 1 日現在で 188 カ国である。国際社会の国の数は 200 カ国弱である（国連加盟国は 193 カ国である）から、国際社会のほとんどの国が加わっている条約である。

　条約は、前文と 30 カ条の本文からなる。本文は 6 部構成をとり、第 1 部（1条-6 条）は、女性差別の定義や、締約国の一般的義務などを、第 2 部から第4 部まで（7 条-16 条）は、具体的な諸分野における差別の撤廃を規定する。また、第 5 部は実施措置を定め、第 6 部は最終条項を規定する。ここでは、女性差別撤廃条約の実体規定と実施措置を概観しておこう。

女性に対する差別の定義

　条約が撤廃しようとする「女子に対する差別」とは、「性に基づく区別、排除又は制限であつて、政治的、経済的、社会的、文化的、市民的その他のいかなる分野においても、女子（婚姻をしているかいないかを問わない。）が男女の平等を基礎として人権及び基本的自由を認識し、享有し又は行使することを害し又は無効にする効果又は目的を有するものをいう」（1 条）。簡単にいえば、性別に基づいて、合理的な理由なく、男性には課せられない不利益を女性に課すことである。

　この定義には二つの形態の差別が含まれている。条約には「効果又は目的」という文言がある。差別的「目的」をもつものが直接差別であり、差別的「効果」をもつものが間接差別である。間接的な男女差別とは、一般に、外見上は性別以外の基準で区別をするものの、その基準の適用により、一方の性の者に対して他方の性の者よりも不合理な不利益な結果をもたらすものをいう。条約はその両者を撤廃しようとする。

　この定義に該当するものの、条約にいう女性差別とはならないものが二つある。第一は、「事実上の平等の促進を目的とする暫定的な特別措置」（4 条1 項）である。これは、事実としてみられる差別を撤廃するため、男性には

244

認められない優遇措置を女性にとることをいう。いわゆるアファーマティブ・アクションがその典型例である。この種の措置は、女性差別や人種差別など、長期にわたって執拗に存続している差別を解消し、それを将来に残さないために、ある時点で必要とされることがある。ただ、この種の措置によって異なる措置が固定化されたり、いわゆる逆差別が生ずることになってはならないから、条約は、この種の措置はその目的が達成されたときには廃止されなければならないとする（同項ただし書）。

　第二は、「母性を保護することを目的とする特別措置」（4条2項）である。ここにいう「母性保護」とは、条約起草過程から判断して、妊娠、出産および産後の期間に与えられるべき保護措置をいう。妊娠、出産および保育に直接関係するものであり、出産前後の期間に限って認められるものである。女性に対するそれ以外の優遇措置（一般的女性保護規定。日本でいえば、たとえば生理休暇）は条約に反し、いずれは廃止するべきものとされる。もっとも、この点については賛否両論がある。

女性差別の撤廃の必要性と条約の立脚点

　こういった女性差別の撤廃はなぜ必要なのか？　条約は、女性差別は次のような弊害をもたらすからであると答える。①権利の平等原則と人間の尊厳の尊重原則に反すること、②男女平等の条件で自国の政治的・社会的・経済的・文化的活動に参加する上で障害となること、③社会および家族の繁栄の増進を阻害すること、および④女性の潜在能力を自国および人類に役立てるために完全に開発することを一層困難にすること、である（前文7項）。

　この答えの多くのものは説明するまでもないであろう。ただ、人間の尊厳に反するということについて少し考えておこう。人間の尊厳とは、簡単に言えば、一人ひとりの人間が人としてもつ価値を尊重することをいう。なぜ、女性差別が人間の尊厳に反するのか？　人はさまざまな努力を積み重ね、目の前の課題を乗り越えてゆくことによって、人生を切り開いていく。他方、性別は生まれながらのものであり、多くの者にとって変更が不可能である。これは個人の努力によってもいかんともしがたい事実であり、それによって

245

Part IV　グローバル社会とジェンダー

差別され、選択の幅を狭められるとしたら、これほど不合理なことはない。そうであれば、女性差別は人間を個人として尊重することにはならず、人間の尊厳と相容れない。だから、女性差別はなくさなければならないのである。

　では、なくすべき女性差別の原因はどこにあるのか？　条約は、締約国の義務として次のことを求める。①「両性のいずれかの劣等性若しくは優越性の観念又は男女の定型化された役割に基づく偏見及び慣習その他あらゆる慣行の撤廃を実現するため、男女の社会的及び文化的な行動様式を修正する」ための措置をとること（5条1項）、②「家庭についての教育に、社会的機能としての母性についての適正な理解並びに子の養育及び発育における男女の共同責任についての認識を含めることを確保する」ための措置をとること（同条2項）、である（以上に関し前文13項および14項をも参照）。

　性別に基づく優越論や役割論は、しばしば女性に対する差別の根底にあるものであり、差別を生み出すものである。条約はこれを「偏見」と断じ、それに基づく行動様式の変更を求めている。また、「社会的機能としての母性」、すなわち出産と子育てが差別の根拠とされることもある。条約は、子どもの養育責任が女性にのみあるのではなく、これを男女の共同責任であるとして、この点でも伝統的な考え方の修正を求める。優越論・役割論の否定と、この養育における男女の共同責任の強調は、差別の根源にあるものを断とうとするものであり、ここに、条約のよってたつ一つの基盤があるといえる。

国家の義務

　条約は、その2条において国の基本的義務を定め、6条以下において個別の分野における差別の撤廃のためにとるべき措置を規定する。たとえば、「政治的及び公的活動における男女差別の撤廃」（7条）や、「国籍に関する男女平等」（9条）、教育や雇用における男女差別の禁止（10条および11条）などである。

　ここでは、2条が規定する基本的な義務の特徴をみておこう。次の2点である。第一は、条約が、国による差別のみならず、「個人、団体又は企業による女子に対する差別を撤廃する」こと（2条(e)）、つまり、私人が私人に対

第13章　女性差別撤廃条約と人権

して行う差別をも撤廃の対象としていることである。「女性差別のない社会」を実現しようとしているのに、国がそれを行うのであれば話にならない。したがって、国による差別の禁止や差別行為の根拠となる法令の改廃などを求めることは当然である。また、一般に憲法や条約は、国が人権侵害をしないよう、その手足を縛ることを第一の目標としている。すなわち、憲法や条約の禁止は、まず国に向けられたものである。これに対し、女性差別撤廃条約は、さらに私人間の差別の撤廃をも求める。なぜか？　女性差別は、たとえ法令上の差別がなくなったとしても、優越論・役割論のような根強い「偏見」に基づいて社会に残存するというのが、どの国や社会でもしばしばみられる現象であるからである。これに手をつけることなしには、条約の目標とする「女性差別のない社会」を実現することはできない。また、差別の被害者にとっては、それが国によるものでないからといって、その理不尽さや自身が受ける苦痛が軽減されるわけではない。とりわけ、教育や就職などの人生の重要な局面において差別を受けるとすれば、その被害は甚大である。したがって、私人間で行われる差別をも条約が撤廃の対象としているのは、これもある意味で当然である。

　第二は、条約が、女性差別となる法律や規則のみならず、「慣習及び慣行を修正し又は廃止するための」措置をとることをも求めていることである（同条(f)）。法令の改廃は、国が決断をすれば可能であるが、社会に残る慣習や慣行は、人々の意識に基づくものであるから、その撤廃は必ずしも容易ではない。しかし、差別は、慣習や慣行の形で執拗に存続するものであるから、そこまで踏み込んでゆかないと差別の根絶は期待できない。条約は、それを求めている。

　以上のように条約は、国による差別から私人による差別まで、法令上の差別から慣行・慣習にみられる差別まで、社会の隅々にわたって徹底して差別を撤廃しようとしている。

条約の実施措置

　条約は、その履行監視機関として、23名の委員からなる「女子に対する

Part IV　グローバル社会とジェンダー

差別の撤廃に関する委員会」（女性差別撤廃委員会。以下、単に「委員会」ということがある）を設置する。委員は、「徳望が高く、かつ、この条約が対象とする分野において十分な能力を有する専門家」であり、個人の資格で職務を遂行する（17 条 1 項）。すなわち、委員は、出身国の指示を受けず、条約の規定と自身の専門知識と良心に基づいて行動するのである。委員会は 1982 年からその活動を開始した。

　条約の実施措置には報告制度と個人通報制度がある。このうち、条約採択時から条約本体のなかで規定されていたのは報告制度である。締約国は、条約発効後 1 年以内に、その後は 4 年ごとに、条約の実施のためにとった措置などに関する報告を、委員会による検討のために提出し（18 条 1 項）、委員会は、これを審議する。委員会は、締約国の報告審議に基づき「一般的な性格を有する勧告」（「一般的勧告」）を行うことができる（21 条 1 項）。「一般的勧告」は、条約の履行にかかわる一般的な留意事項や、特定の規定または特定の側面に関する条約解釈などを締約国全体に向けてなされるものである[4]。また、委員会は、1990 年代から、個々の締約国の報告書の審議の後に、審議の対象となった特定の締約国に宛てた「最終見解（Concluding observations）」を採択するようになった。そこでは、個々の締約国の条約履行上の優れた事項や問題点が示される[5]。

　条約の第二の実施措置は個人通報制度である。これは 1999 年 10 月に採択された「女子に対するあらゆる形態の差別の撤廃に関する条約の選択議定書」（2000 年 12 月に発効）が定める制度である。議定書は、女性差別撤廃条約とは別の条約であり、これに加わるかどうかは条約締約国の自由である。報告制度とは異なり、個人通報を受理し、審議する委員会の権限を認めた締約国、すなわち、この議定書の締約国にのみ適用される。議定書締約国数は、2015 年 1 月 1 日現在で 105 カ国であり、条約締約国の約半数がその締約国になっている。なお、日本は同議定書の締約国ではなく、個人通報制度は日本には適用されない。

第 13 章　女性差別撤廃条約と人権

4　女性差別撤廃条約の批准と国内法整備

　日本は、1985 年に女性差別撤廃条約を批准した。条約の批准は、日本の法制度にどのような変化をもたらしたのか？　日本は、この条約を批准するために、国籍法、雇用および教育という三つの分野で国内法を整備した。それぞれ、代表的なもののみをあげ、この条約と日本とのかかわりあいをみておこう。

国籍の分野

　国籍の分野では、出生による国籍取得の方法が改められた。父系優先血統主義から父母両系血統主義への転換である。まず、国籍の取得について述べておこう。ほとんどの人は国籍をもっている。しかし、その国籍は、いったいいつ得たのだろうか？　それは、まずは「生まれた瞬間」であり、多くの人は終生これを変えることはない。この「出生による国籍の取得」について、一般に、各国はその取得の基準として出生地主義か血統主義のいずれかを採用している。出生地主義は、両親の国籍のいかんにかかわらず、子供の生まれた場所（国）を基準とし、血統主義は、子供の出生地のいかんにかかわらず、両親の国籍を基準として、国籍を付与するものである。血統主義は、両親のいずれの国籍を基準とするかにより、さらに父の国籍を優先する父系優先血統主義と、父母の双方を等しく基準とする父母両系血統主義に分かれる。出生地主義や血統主義は、単独で基準とされるというよりも、いずれかを主たる基準とし、他方を従たる基準とするのが通常である。

　日本国籍について定める法律は国籍法である。国籍法は、当初より血統主義を原則とし、出生地主義を補充的に用い、1984 年の改正までは父系優先血統主義を採用していた。改正前の国籍法 2 条は、子供に日本国籍を付与する場合として、①「出生の時に父が日本国民であるとき」、②「出生前に死亡した父が死亡の時に日本国民であったとき」、③「父が知れない場合又は国籍を有しない場合において、母が日本国民であるとき」、および ④「日本で生れた場合において、父母がともに知れないとき、又は国籍を有しないと

249

Part IV　グローバル社会とジェンダー

き」としていた。①〜③が血統主義、④が出生地主義である。血統主義の規定をみると、①および②を満たさない場合にはじめて、③の母の国籍が子供の日本国籍取得基準となるから、父の血統が優先されていたことになる。

これに対して、改正後の国籍法2条は、上記①を「出生の時に父又は母が日本国民であるとき」とし、上記③を削除した。父母のいずれかが日本国籍を有するものであれば、その子は日本国籍を取得することができるようになったのである。なぜ、このような改正が行われたのか？　それは、女性差別撤廃条約9条2項が「締約国は、子の国籍に関し、女子に対して男子と平等の権利を与える」と規定していたからである[6]。

雇用の分野

雇用の分野では、「雇用の分野における男女の均等な機会及び待遇の確保等女子労働者の福祉の増進に関する法律」（「男女雇用機械均等法」）が成立した[7]。それまでの法令では、国家公務員および地方公務員については雇用における差別は禁止されていた。しかし、民間企業については、労働基準法4条が賃金における男女差別を禁止していたものの、肝心の労働者の募集や採用、配置、昇進などに関して差別を禁止する法令はなかった。

これに対して、条約11条は、「締約国は、男女の平等を基礎として同一の権利、特に次の権利を確保することを目的として、雇用の分野における女子に対する差別を撤廃するためのすべての適当な措置をとる」として、就職およびその後の男女差別の撤廃を求める。男女雇用機会均等法は、この規定を受けて成立したものである[8]。

教育の分野

日本が女性差別撤廃委員会に提出した第1回報告書には、教育の分野において、条約の規定とは「一部これにそぐわない扱いがなされていた」と記述している。家庭科教育についてである。当時までは、中学校における家庭科教育において、男子生徒には技術系重視の、女子生徒には家庭系重視の教育が行われた。教科書も異なり、クラスも男女別であった。また、高校では、

家庭科は女子生徒のみが必修であった。

　日本の報告書は、これを「これまで女子が一般的に負ってきた役割等の歴史的、伝統的な背景等」を理由として、「教育的配慮として」行われてきたとする。しかし、条約10条は、教育の分野における男女平等、とくに、「同一の教育課程、同一の試験、同一の水準の資格を有する教育職員並びに同一の質の学校施設及び設備を享受する機会」を男女ともに保障することを求めている（同条(b)）。そのため、中学・高校のカリキュラムを改め、同一の家庭科教育を男女ともに必修とすることとした。

5　女性差別撤廃委員会による日本の報告書の審議

　日本は、これまで7回にわたって報告書を提出し、委員会による審議の機会も4回あった（第1回報告書は1988年に、第2回・第3回報告書はあわせて1994年に、第4回・第5回報告書はあわせて2003年に、第6回報告書は2009年にそれぞれ審議されている。第7回報告書は2014年に提出されているが、2015年1月1日現在で、まだ審議はされてない）。国際社会からみると日本はどのようにみえるのか？　ここでは、2009年の第6回報告書審議の後に委員会が採択した「最終見解」の若干の項目を紹介しておこう（この見解は、内閣府の訳文（http://www.gender.go.jp/whitepaper/h22/zentai/html/shisaku/ss_shiryo_2.html）を用い、以下で「para.-」と記す場合には、同見解のパラグラフを示す）。

「定型化された役割」論

　委員会は、日本において、「男女間の不平等が存在しているにもかかわらず、女性の人権の認識と促進に対する『反動』が報告」されており、「家父長制に基づく考え方や日本の家庭・社会における男女の役割と責任に関する深く根付いた固定的性別役割分担意識が残っている」としてこれに懸念を表明する。委員会は、「こうした固定的性別役割分担意識の存続が、特にメディア

Part IV　グローバル社会とジェンダー

や教科書、教材に反映されており、これらが教育に関する女性の伝統的な選択に影響を与え、家庭や家事の不平等な責任分担を助長し、ひいては、労働市場における女性の不利な立場や政治的・公的活動や意思決定過程への女性の低い参画をもたらしている」と指摘する（para.29）。これに対し、委員会は、教育や啓発措置などによる性的役割分担意識の解消を求めるとともに、女性に対する差別を助長する「言葉による暴力」に対処する必要性をも指摘する（para.30）。

　先に述べたように、男女の役割論の否定は、この条約のよってたつ基盤の一つであり、差別の生み出す要因の一つとされているものである。その解消なくして、女性差別の撤廃はおぼつかない。しかし、その解消には時間を要することも確かである。

複合差別

　委員会は、「社会全体及びコミュニティ内において、締約国のマイノリティ女性は性別や民族的出自に基づく複合差別に苦しんでおり、こうした状況について情報や統計データが不十分であること」を遺憾とし（para.51）、「アイヌの人々、同和地区の人々、在日韓国・朝鮮人、沖縄女性を含むマイノリティ女性の現状に関する包括的な調査を実施する」ことを求めている（para.52）。

　一般に二つ以上の理由に基づいて差別を受けることを複合差別という。国際社会が、複合差別に注目するようになったのは比較的最近である。委員会は、暫定的特別措置（4条1項）に関する「一般的勧告25」（2004）のなかで、女性のある集団は、女性であることを理由とする差別による苦しみに加え、人種、民族、宗教、障がい、年齢、階級、身分やその他の理由に基づく多重な形の差別によって苦しんでいるかもしれないとし、締約国は、このような多重な形態の差別と女性らへの複合的な悪影響を撤廃するために、必要があれば暫定的特別措置をとるよう勧告している（同勧告12項）。

　日本では、複合差別に対する認識や注目の度合いはいまだ低い。被差別集団の集団内部で行われているものであるから、集団に加えられている差別以

上にみえにくいという一面もある。しかし、複合差別による被害は重い。そのような差別を発掘し、その撤廃にも力を注がなければならない。

女性に対する暴力

女性に対する暴力との関係で委員会が指摘する事項は多岐にわたるが、特に懸念の対象となったものは次のことである。①女性・女児に対する暴力の多発、②「配偶者からの暴力の防止及び被害者の保護に関する法律」が改正されたものの、親密な関係にある者に対するすべての暴力を対象としていないこと、および保護命令の発動までに要する時間が被害を拡大・悪化させるおそれがあること（以上、para.31）、③性暴力犯罪者の起訴には、被害者の告訴を要すること、強姦罪の罰則が軽いこと、および近親姦及び配偶者強姦が明示的に犯罪とされていないこと（para.33）、④女性や児童の性的搾取（paras.35-36）、⑤いわゆる「慰安婦」の状況（para.37）、⑥人身取引事案（とくに、女性や女児のそれ）の発生（paras.39-40）などである。

委員会は、女性に対する暴力に対処するため、委員会の一般勧告19（1992）の活用を要請する（para.32）。委員会は、すでに「一般的勧告12」（1989）で「ジェンダーに基づく暴力」が差別の一形態であることを認めていたが（同勧告1項）、「一般勧告第19」は、より詳しく女性に対する暴力の問題を取り扱う。委員会によれば、条約1条が規定する差別の定義は、「ジェンダーに基づく暴力、すなわち、女性であることを理由として女性に対して向けられる暴力や、女性に対して過度に影響を及ぼす暴力を含む。それは、身体的、精神的又は性的危害若しくは苦痛を加える行為、かかる行為の威嚇、強制、及びその他の自由の剥奪を含む」（同勧告6項）。

委員会は、さらに、女性に対する暴力の要因の一つについて、「女性が劣等である、又は定型化された役割を有するとみなす伝統的な態度は、家族による暴力及び虐待、強制結婚、持参金殺人、酸を使用した暴力、女性性器の切除といった暴力又は強制を伴う広く行きわたった慣行を永続化させる」と述べている（同勧告12項）。

253

Part IV　グローバル社会とジェンダー

民法の差別的規定

　委員会は、日本の「民法における婚姻適齢、離婚後の女性の再婚禁止期間、及び夫婦の氏の選択に関する差別的な法規定が撤廃されていないこと」、「戸籍制度及び相続に関する規定によって嫡出でない子が依然として差別を受けていること」について懸念を表明し、そのため、民法の「差別的な規定」の廃止などを要請する（para.17）。

　関連する民法の規定は主に次のとおりである。①婚姻最低年齢を男性18歳、女性16歳とする731条、②女性が、前婚の解消・取消の日から6カ月を経過した後でなければ再婚することができないとする733条1項、③夫婦が、夫または妻の氏を称するとする750条、④婚外子の相続分を、嫡出子の相続分の半分とする（旧）民法900条4号、である。

　委員会は、①について「男女共に婚姻適齢を18歳に設定すること」、②について「女性のみに課せられている6カ月の再婚禁止期間を廃止すること」、③について「選択的夫婦別氏制度を採用することを内容とする民法改正のために早急な対策を講じる」こと、④について「嫡出でない子とその母親に対する民法及び戸籍法の差別的規定を撤廃する」ことを要請している（para.18）。

　①の最低婚姻年齢に関する委員会の立場をみておこう。委員会は、婚姻や家族関係に関する「一般的勧告21」（1994）において、婚姻最低年齢は男女ともに18歳であるべきだという。その理由は、①婚姻により男女は重要な責任を引き受けることになるから、男女が完全な成熟度と行為能力を得るまで婚姻は認められるべきではないこと、②世界保健機関（WHO）によれば、未成年者、とくに少女が婚姻し子をもつことは、その健康に悪影響を及ぼし、また、教育が妨げられ、その結果、女性の経済的自立が制限されること（同勧告36項）、③このことは、女性の人格に影響を与えるのみならず、女性のスキルの発展や自立を制限し、雇用へのアクセスを困難とすること（同勧告37項）、である。また、最低婚姻年齢が男女差について、委員会は、男女間で異なる婚姻最低年齢を設けることが、女性の知的発達の度合いが男性とは異なる、または、婚姻に際して女性の身体的および知的発達の段階は無関係であるという誤った前提にたつものであるから、廃止されるべきであるとい

第13章 女性差別撤廃条約と人権

う（同勧告38項）。

　なお、上記④について、2013年9月4日の最高裁大法廷決定（民集67巻6号1320頁）は、民法900条4号ただし書前段の規定が、憲法14条1項に違反するとした。そのため、同年12月12月5日の民法改正により、違憲とされた規定が削除され、嫡出子と嫡出でない子の法廷相続分は同じになった。

6　女性差別撤廃条約の意義

　女性差別撤廃条約は日本にとって意味をもつ条約であるのか？　本章は、それを問いかけた。私の回答は、条約の批准は日本の法制度に重要な変化をもたらし、その影響は現在まで続いており、また、今後も大きな影響をもつ可能性があるということである。その理由は次の3点である。

　まず、条約の内容についてである。条約が男女の優越論や定型的な役割論を否定することからはじめたことは、きわめて重要である。また、差別の禁止に関する原則論だけではなく、個々の分野において達成するべき詳細な措置を包括的に、また法的拘束力をもって示したのは、この条約がはじめてである。その意味で、その内容において条約のもつ意味は大きい。

　第二に、日本がこの条約を批准した際には、日本の法制度に大きな変化をもたらした。憲法でも是正できなかった父系優先血統主義が改められ、また、まがりなりにも民間企業による雇用差別を根本的に考え直す法律が成立したし、将来の世代に役割論を再生産する効果をもちうる家庭科教育も改められた。また、条約の批准がもたらしたこれらの変更は、その後の日本の社会にも影響を及ぼした。たとえば、条約批准時にあれほど反対論があった男女雇用機会均等法が、1997年の改正時には、さしたる議論もなく、労働者の募集・採用・配置・昇進などにおける男女差別を禁止したことは、それを示しているように思われる。

　第三に、条約批准後も、日本の法制度は国際社会から継続的に監視されている。女性差別撤廃員会による報告書の審議がそれである。すでに、その勧

Part IV　グローバル社会とジェンダー

告を受けて改善がみられたものもあるが、依然として改善をみていない事項
も多い。男女の定型化された役割論の根強い存続は、女性差別を差別を生み
出し、それを再生産する下地がなおあるということである。それを自覚的に
改めていくべきことを、委員会も教えてくれる。また、条約の有効な活用の
ためには、選択議定書の批准・加入がきわめて重要であり、それが実現する
ならば、日本の法制度は、より一層の改善がみられることになることは疑い
ない。その批准は、きわめて重要な課題である。

（村上正直）

注

1）　日本は、この条約を批准するに際に、英語正文の "women" を「女子」と訳出し、
これが公定訳（官報に掲載された、政府が決定し、国会が承認した訳文）となっている。
一般に、学術論文などでは公定訳に従った用語法を用いることも多い。この訳語は、「女
子」という言葉を用いてきた従来の日本の法令上の用語との整合性をはかる趣旨のも
のとされるが、「女性」という言葉を使用するべきであるとする意見も多い。本章では、
条約の条文をそのまま引用する場合には公定訳を用いるが、それ以外の場合には「女性」
という言葉を用いる。

2）　「条約機関（treaty body）」と呼ばれることもある。

3）　この数字は、政府の「法令データ提供システム」（http://law.e-gov.go.jp/announce.
html）が 2015 年 1 月 1 日現在で提供する法令数である。

4）　一般的勧告の日本語訳は、内閣府の HP で得ることができる（http://www.gender.
go.jp/international/int_kaigi/int_teppai/index.html）。

5）　女性差別撤廃条約の条文、日本の報告書、委員会の最終見解などの日本語訳などは、
外務省の HP（http://www.mofa.go.jp/mofaj/gaiko/josi/index.html）や内閣府の HP
（http://www.gender.go.jp/international/int_kaigi/int_teppai/index.html）で入手する
ことができる。なお、委員会の「最終見解」の訳語については、その他にも「最終コ
メント」や「最終所見」、「総括所見」などの訳語がある。

6）　出生後に国籍を取得する方法には帰化があるが、条約批准時に国籍法 6 条が定める
日本国民の配偶者の帰化条件に関する男女間の相違も改められた。

7）　この法律は、「勤労婦人福祉法」の改正法として成立し、1997 年の法改正により、現
在では「雇用の分野における男女の均等な機会及び待遇の確保等に関する法律」とい

256

第 13 章　女性差別撤廃条約と人権

う名称になっている。

8）　なお、雇用の分野では、その他に労働基準法も改正され、母性保護規定の拡充・強化と一般的女子保護規定の緩和・廃止が行われた。

9）　このような努力義務規定は 1997 年に改正され、これらにおける男女差別は禁止されることになった。

・発展的な学びのために・

国際女性の地位協会編 2005、『新版 女性の権利』岩波ジュニア新書
　　　女性差別撤廃条約の理念と内容を条文毎に平易に解説したものであり、女性差別撤廃条約の全貌を知るために便利である。なお、国際女性の地位協会の『国際女性』（尚学社）や、国際人権法学会の年報『国際人権』（信山社）は、女性差別撤廃条約その他の人権条約、各国の人権状況などについての最新情報や論稿、資料などを掲載しおり、参考になる。

国際女性の地位協会編 2010、『コンメンタール 女性差別撤廃条約』尚学社
　　　女性差別撤廃条約を条文毎に解説している点で上記の文献と同様であるが、専門性の高い著書である。執筆には、国内法や国際法などの専門家があたっており、日本の研究者の総力を結集して著されたものといえる。

林陽子編著 2011、『女性差別撤廃条約と私たち』信山社
　　　性的役割分業や雇用、出産・育児、ハラスメントや性暴力など、女性差別撤廃条約にかかわる日本の法制度のいくつかについて検討を加えたもの。執筆者は、弁護士であり、実務家の立場からみた条約と日本法との関係がコンパクトに論じられている。

Part IV　グローバル社会とジェンダー

・課　題・

1. 日本による女性差別撤廃条約の履行に関し、女性差別撤廃委員会の最終コメントは何を問題とし、何を勧告しているのか？　それを調べてみよう。

2. 委員会が問題視する日本の民法の規定についてどのように考えるか？また、その他、委員会が指摘する問題点をどのように考えるか？

3. 男女のいずれかのみの入学を認める学校や大学がある。男女別学制は男女平等に反するか？

第13章　女性差別撤廃条約と人権

女性差別撤廃条約と専業主婦

　男女共同参画社会やジェンダーといった言葉には異論もある。「男らしさ」や「女らしさ」といった考え方を否定して日本の伝統・文化を破壊したり、専業主婦を否定したりするのはけしからんということらしい。

　問題はいろいろとあるが、条約が専業主婦という生き方を否定しているのかどうかを考えてみたい。たしかに、条約は女性が社会で活躍するにあたって遭遇するであろう、さまざまな障害を排除しようとする。しかし、それは、これまで「男性は仕事、女性は家庭」という考え方があまりに強固に社会にあったからである。条約がこれらの障害を取り除こうとしているのは、女性が仕事に生きようとするのであれば、それはそれでよく、そのための環境整備に努めることが肝要であると考えていること、また、そのような生き方を社会的な逸脱とみられることのないような社会をつくることが重要であると考えていることによる。男性についても同様である。男性が「専業主夫」になってもかまわないではないか。

　要するに、条約は、とくに女性について、人生のさまざまな分岐点で個人の自由な選択ができるようにしようとしているということである。極端に言えば、条約が求めているのはこれだけだといってもよい。だから、女性が専業主婦として生きることを選択したとしても、条約はなんらこれを否定しない。また、「男らしさ」や「女らしさ」といったものは、歴史のなかのある特定の時点で考えられている男女像にすぎないから、日本の伝統・文化を破壊するなどといった大げさなことをいう必要もない。日本には、卑弥呼や女性天皇がいたのであり、彼女たちは、その時代のリーダーだったのである。

　日本は、1985年に女性差別撤廃条約を批准し、条約は日本法と同様の法的地位を獲得した。日本は、すでにこのときに、性別による優越論や役割論を否定し、育児の男女共同責任論をとることを、その国内法として受け入れたのであり、これらは、日本の国内法上の原則である。そして、この条約は、それ以後の日本の男女共同参画政策の出発点となった。それでもなお、男女の役割論や、「男らしさ」・「女らしさ」にこだわるのであれば、それは、時計の針を30年ばかり戻すことを主張していることになる。

　　　　　　　　　　　　　　　　　　　　　　　　　（村上正直）

執筆者紹介

村岡貴子（むらおか　たかこ）［第 1 章］
　大阪大学国際教育交流センター（大学院言語文化研究科兼任）教授。専門は日本語教育学、アカデミック・ライティング教育研究、専門日本語教育研究。
　主な著作：『専門日本語ライティング教育──論文スキーマ形成に着目して』（大阪大学出版会）2014 年、共著『論文作成のための文章力向上プログラム──アカデミック・ライティングの核心をつかむ』（大阪大学出版会）2013 年、共編著『インターカルチュラル・コミュニケーションの理論と実践』（くろしお出版）2016 年

ジェリー・ヨコタ（Gerry Yokota）［第 2 章］
　大阪大学大学院言語文化研究科教授。専門は文学・舞台芸術・ジェンダー論。
　主な著作：*The Formation of the Canon of Noh: The Literary Tradition of Divine Authority*（大阪大学出版会）1997 年
　主な編著：*Gender and Japanese History*, 2 vols.（大阪大学出版会）1999 年

北原　恵（きたはら　めぐみ）［第 3 章］
　大阪大学大学院文学研究科教授。専門は表象文化論、美術史、ジェンダー論。
　主な著作：『アート・アクティヴィズム』（インパクト出版会）1999 年、『攪乱分子＠境界』（インパクト出版）2000 年、編著『アジアの女性身体はいかに描かれたか』（青弓社）2013 年、共著『〈性〉の分割線』（青弓社）、『戦争の政治学』（岩波書店）、論文「《御前会議》の表象」（「甲南大学紀要　文学編」第 151 号）2008 年

スコット・ノース（Scott North）［第 4 章］
　大阪大学大学院人間科学研究科教授。専門は社会学・労働問題。
　主な著作・論文："Deadly Virtues: Inner-Worldly Asceticism and Karōshi in Japan." *Current Sociology* 59, 2. 2011. The Work-Family Dilemmas of Japan's Salarymen. In *Men, Wage Work and Family*, edited by Paula McDonald and Emma Jeanes. Routledge. 2012. Hiding Fatherhood in Corporate Japan. In *Globalized Fatherhood: Emergent Forms and Possibilities in the New Millennium*, edited by Marcia Inhorn, Wendy Chavkin, and Jose-Alberto Navarro. Berghahan Books. 2014.

執筆者紹介

牟田和恵（むた　かずえ）［第5章］
奥付の編者紹介を参照。

山本ベバリーアン（Beverley Anne Yamamoto）［第6章］
大阪大学人間科学研究科教授。専門は教育社会学・医療社会学（ジェンダー、セクシュアリティー、多文化共生社会、教育の国際化）。
主な著作："Designing a safeguarding tool for Japanese professionals to identify, understand and respond to adolescent sexual behaviour", Environmental Health and Preventive Medicine. 2015. 共編著『「往還する人々」の教育戦略――グローバル社会を生きる家族と公教育の課題』（明石書店）2013年、Gender Politics of War Memory: The Asia-Pacific and Beyond.（eds）. Osaka University Press. 2012.

佐倉智美（さくら　ともみ）［第7章］
作家。甲南大学非常勤講師。専門は社会学、ジェンダー論、クィア理論。
主な著作：『性同一性障害の社会学』（現代書館）2006年、『明るいトランスジェンダー生活』（トランスビュー）2004年、「子どもにとってのGIDと社会のコンフリクト」（日本小児保健協会機関誌『小児保健研究』Vol.72 No.2）2013年

木村涼子（きむら　りょうこ）［第8章］
大阪大学大学院人間科学研究科教授。専門は教育社会学・歴史社会学。
主な著作：『学校文化とジェンダー』（勁草書房）1999年、共編『ジェンダーで考える教育の現在――フェミニズム教育学をめざして』（解放出版社）2008年、『〈主婦〉の誕生――婦人雑誌と女性たちの近代』（吉川弘文館）2010年

水島郁子（みずしま　いくこ）［第9章］
大阪大学大学院高等司法研究科教授。専門は労働法・社会保障法。
主な著作：「ドイツにおける男女共生社会に向けた社会政策」嵩さやか・田中重人編『雇用・社会保障とジェンダー』（東北大学出版会）2007年、共編『よくわかる社会保障法』（有斐閣）2015年

斉藤弥生（さいとう　やよい）［第 10 章］

大阪大学大学院人間科学研究科教授。専門は社会福祉学、行政学、介護研究。

主な著作：『スウェーデンにみる高齢者介護の供給と編成』（大阪大学出版会）2014 年、Saito,Yayoi, Abe Auestad, Reiko, and Kari Waerness (eds.), *Meeting the Challenges of Elder Care: Japan and Norway*, Kyoto University Press and Trans Pacific Press, 2010. 『体験ルポ　日本の高齢者福祉』（岩波新書）1994 年

島岡まな（しまおか　まな）［第 11 章］

大阪大学大学院高等司法研究科教授。専門は、刑法、ジェンダー刑法、フランス刑法。

主な著作：編著『ワークスタディ刑法・総論（第 2 版）』（不磨書房）2002 年、同『ワークスタディ刑法・各論』（不磨書房）2002 年、「フランスにおける性刑法の改革」大阪弁護士会人権擁護委員会性暴力被害検討プロジェクトチーム編『性暴力と刑事司法』（信山社）2014 年、「フランスの性犯罪対策」女性犯罪研究会編『性犯罪・被害』（尚学社）2014 年

藤目ゆき（ふじめ　ゆき）［第 12 章］

大阪大学大学院人間科学研究科教授。専門は日本近現代史・女性学。

主な著作：『「慰安婦」問題の本質 —— 公娼制度と日本人「慰安婦」の不可視化』（白澤社）2015 年、『女性史からみた岩国米軍基地 —— 広島湾の軍事化と性暴力』（ひろしま女性学研究所）2010 年、「日本のフェミニズムと性売買問題 —— 軍事主義と売春禁止主義の結合」『女性・戦争・人権』8、2007 年、『性の歴史学 —— 公娼制度・堕胎罪体制から売春防止法・優生保護法体制へ』（不二出版）1998 年

村上正直（むらかみ　まさなお）［第 13 章］

大阪大学大学院国際公共政策研究科教授。専門は国際法・国際人権法。

主な著作：「外国人の出入国と家族の保護 —— 権限ある当局が考慮するべき事項に関する若干の検討」神余隆博・星野俊也他編『安全保障論 —— 平和で公正な国際社会の構築に向けて』（黒澤満先生古稀記念論集）（信山社）2015 年、「難民認定申請者の収容」浅田正彦編『二一世紀国際法の課題』（有信堂）2006 年、『人種差別撤廃条約と日本』（日本評論社）2005 年

編者紹介

牟田和恵（むた　かずえ）

大阪大学大学院人間科学研究科教授。専門は社会学・女性学。
主な著書：『部長、その恋愛はセクハラです！』（集英社）2013
年、『家族を超える社会学』（新曜社）2009年、『ジェンダー家
族を超えて——近現代の生／性の政治とフェミニズム』（新曜社）
2006年、『実践するフェミニズム』（岩波書店）2001年、『戦略
としての家族——近代日本の国民国家形成と女性』（新曜社）
1996年

大阪大学新世紀レクチャー

改訂版　ジェンダー・スタディーズ
—— 女性学・男性学を学ぶ ——

2009年3月31日　初版第1刷発行	［検印廃止］
2011年7月12日　初版第3刷発行	
2015年3月31日　改訂版第1刷発行	
2017年3月8日　改訂版第2刷発行	

編　者　牟田和恵

発行所　大阪大学出版会
代表者　三成賢次

〒565-0871　大阪府吹田市山田丘2-7
大阪大学ウエストフロント
電話：06-6877-1614
FAX：06-6877-1617
URL：http://www.osaka-up.or.jp

印刷・製本所　（株）遊文舎

ⒸKazue Muta *et al.* 2009　　　　　　　Printed in Japan
ISBN978-4-87259-497-3　C3036

Ⓡ〈日本複製権センター委託出版物〉
本書を無断で複写複製（コピー）することは、著作権法上の例外を除き、
禁じられています。本書をコピーされる場合は、事前に日本複製権セ
ンター（JRRC）の許諾を受けてください。